T0246369

LAS LEYES
PARA TODOS
LOS DÍAS

ROBERT GREENE

LAS LEYES
PARA TODOS LOS DÍAS

Meditaciones sobre poder, seducción,
maestría, estrategia y naturaleza humana

OCÉANO

LAS LEYES PARA TODOS LOS DÍAS
Meditaciones sobre poder, seducción, maestría,
estrategia y naturaleza humana

Título original: THE DAILY LAWS
          366 Meditations on Power, Seduction, Mastery,
          Strategy, and Human Nature

© 2021, Robert Greene, Inc.

Traducción: Enrique Mercado y Luis Carlos Fuentes

Diseño de portada: Ivonne Murillo
Fotografía de Robert Greene: Susan Anderson

D.R. © 2024, Editorial Océano de México, S.A. de C.V.
Guillermo Barroso 17-5, Col. Industrial Las Armas
Tlalnepantla de Baz, 54080, Estado de México
info@oceano.com.mx

Cuarta reimpresión: septiembre, 2024

ISBN: 978-607-557-644-2

Impreso en México / Printed in Mexico

A la memoria de Brutus, el gato más maravilloso que haya vivido jamás

Índice

Prefacio

Desde el inicio de nuestra existencia como especie, los humanos hemos dependido de nuestra conexión con la realidad para poder sobrevivir y triunfar. Para nuestros ancestros esto significó que tuvieran que volverse altamente sensibles a su entorno y ser capaces de percibir cualquier cambio en el clima, de anticipar la presencia de depredadores, de reconocer dónde había oportunidades de encontrar alimento. Tenían que estar atentos, alertas y pensando continuamente en lo que el entorno les trataba de decir.

En una atmósfera semejante, con tanto estrés y con la vida o la muerte como consecuencia ante cualquier descuido, el cerebro humano evolucionó como un instrumento capaz de ayudar a los individuos no sólo a detectar peligros, sino también a controlar poco a poco ese entorno traicionero. En el momento en que nuestros ancestros se volvían hacia el interior de ellos mismo y se entregaban a sus deseos y fantasías, la realidad los castigaba severamente por sus delirios y sus malas decisiones.

Hoy, muchos cientos de miles de años después, tenemos el mismo cerebro diseñado para el mismo propósito. Pero como hemos ido obteniendo cada vez más control sobre nuestro entorno y las presiones físicas han disminuido dramáticamente, los peligros se han vuelto mucho más sutiles —ahora adoptan la forma de personas (no de leopardos) y su engañosa psicología, y de los delicados juegos políticos y sociales que debemos jugar. Y dado que estos peligros son mucho menos evidentes, nuestro más grande problema es que nuestra mente tiende a volverse menos sensible al entorno; nos volvemos hacia el interior de nosotros mismos, absorbidos por nuestros sueños y fantasías. Nos volvemos ingenuos.

Para agregar más a esta peligrosa mezcla, nuestra cultura tiende a llenarnos la cabeza con toda clase de nociones falsas, haciéndonos creer cosas sobre lo que el mundo y la naturaleza humana deberían ser, en lugar de lo que en realidad son. Nosotros aceptamos todo eso como verdadero y actuamos con base en esos conceptos erróneos, y exactamente igual que en el pasado, el entorno y la realidad terminan castigándonos por nuestro comportamiento ilusorio. Tal vez no perdamos la vida, pero nuestra carrera y nuestras relaciones toman caminos equivocados. Culpamos a otras personas por nuestros males, cuando todo el tiempo el problema estuvo dentro de nosotros, enraizado en nuestra ingenuidad y en las fantasías que hemos absorbido, las cuales inconscientemente guían nuestras acciones.

Las siguientes son algunas de las falsas nociones más comunes en nuestra cultura que pueden hacer que nos extraviemos: por ejemplo, cuando se trata de nuestra carrera, creemos que la escuela a la que fuimos, a quién conocemos y con quién estamos conectados es la llave para nuestro éxito futuro. Pensamos que cometer errores o fracasar o tener cualquier tipo de conflicto deber ser evitado a toda costa, y que necesitamos apresurarnos a hacer dinero, a obtener atención y a llegar a la cima. Imaginamos que el trabajo debería ser divertido, que el aburrimiento es malo y que podemos tomar atajos para llegar a ser realmente buenos en algo.

Tenemos la idea de que la creatividad es algo con lo que nacemos, un don natural. Sentimos que todos somos iguales y que las jerarquías son cosa del pasado.

Con la gente funcionamos bajo la creencia de que la mayoría de nuestros amigos y colegas nos aprecian y desean lo mejor para nosotros. Pensamos que aquéllos con un patrón de malas conductas pueden ser confiables si dicen que se han reformado, que la gente llena de convicción e indignación debe estar diciendo la verdad, y que los que están en el poder, incluidos nuestros jefes, no son inseguros. Imaginamos que la gente que es extremadamente amable y servicial no puede estar enmascarando una naturaleza oscura y retorcida, que aquellos que defienden ideas progresistas tienen un carácter igualmente virtuoso y que las personas serán agradecidas por cualquier favor que hagamos por ellas.

Respecto a nosotros mismos, pensamos que es importante ser honestos y decir a los demás exactamente lo que estamos pensando. Sentimos que es bueno exhibir nuestras mejores cualidades —nuestra inteligencia, nuestra laboriosidad, etcétera. Pensamos que, si nos suceden cosas malas, simplemente somos víctimas y no responsables de ningún modo. Por supuesto que vemos que otras personas son narcisistas, agresivas, envidiosas, presuntuosas y manipuladoras, pero creemos que se trata sólo de unas manzanas podridas y que nosotros no tenemos ninguna de esas cualidades.

Lo que suele suceder es que a una edad relativamente temprana, agobiados por tales delirios, entramos al mundo laboral y de pronto la realidad nos golpea en la cara. Descubrimos que algunas personas tienen egos frágiles y pueden ser taimadas y no ser de ningún modo lo que aparentan. Nos sorprendemos por su indiferencia o por sus repentinos actos de traición. Ser nosotros mismos y decir lo que pensamos puede acarrearnos toda clase de problemas. Acabamos por darnos cuenta de que el mundo laboral está plagado de juegos políticos para los que nadie nos preparó.

Algunas de nuestras decisiones profesionales, basadas en el deseo de obtener dinero y atención, nos llevan al agotamiento emocional, al desencanto y a callejones sin salida. Y al no mirarnos a nosotros mismos de una forma honesta y al pasar por alto nuestros propios defectos y debilidades, terminamos atrapados en patrones de comportamiento que no podemos controlar. Con el paso de los años, y a medida que se van juntando las malas interpretaciones, los pasos equivocados y las decisiones poco realistas, podemos convertirnos en seres amargados, confundidos y lastimados.

Las leyes para todos los días está diseñado para revertir todos esos patrones tóxicos y reconectarte con la realidad. Se enfoca en las distintas delusiones que todos hemos absorbido y busca sintonizar tu mente con los rasgos de la naturaleza humana más arraigados y con la manera en que realmente funciona nuestro cerebro. Su meta es transformarte en un realista radical, de modo que cuando el libro haya concluido, tú puedas continuar, por tu propia cuenta, viendo a la gente y a los acontecimientos a través de esta lente clarificadora y volviéndote cada vez más sensible ante los peligros y las oportunidades de tu entorno social. Está basado en veinticinco años de intensa investigación en los temas de poder, persuasión, estrategia, maestría y naturaleza humana, y es la síntesis de todas las lecciones de mis libros.

Los capítulos de los primeros tres meses te ayudarán a deshacerte de todas las voces externas que te dicen qué ruta profesional debes seguir, y en lugar de eso te reconectarás con tu propia voz, con lo que te hace único, con tu propósito y tu llamado en la vida. Una vez que esta conexión esté hecha, tendrás una guía para tomar todas tus decisiones profesionales subsecuentes. Estos capítulos te mostrarán que lo que importa no es la educación ni el dinero, sino tu persistencia y la intensidad de tu deseo de aprender; que los fracasos, los errores y los conflictos a menudo son la mejor educación que hay; y cómo la verdadera creatividad y la maestría surgen de todo esto.

Los siguientes tres meses te entrenarán para ver la naturaleza política del mundo laboral y lo peligroso que es tomar las apariencias por realidad. Te ayudarán a reconocer los tipos tóxicos antes de que éstos te sumerjan en su torbellino emocional, y te enseñarán a burlar conscientemente a los grandes manipuladores que hay allá afuera.

Los tres meses que siguen intentarán mostrarte cómo funcionan la verdadera persuasión y la influencia —no pensando primero en ti y diciendo lo que tienes en la cabeza, sino penetrando en la mentalidad de los demás y apelando a su propio interés personal. Te ayudarán también a convertirte en un estratega superior en la vida, potenciando efectivamente esas causas en las que crees tan profundamente y cumpliendo tus metas.

Y los últimos tres meses te sumergirán en las motivaciones subyacentes que impulsan el comportamiento humano, incluyendo el tuyo. Por medio de hacer que reflexiones sobre quién eres y que te des cuenta de que eres un humano imperfecto como todos los demás, obtendrás no sólo una mayor empatía y aceptación hacia la gente, sino también la llave para cambiar tus propios patrones negativos. Estos capítulos te mostrarán que, al enfrentar tus miedos más profundos sobre la mortalidad, tú puedes abrirte a la verdadera y asombrosa naturaleza de la vida y apreciar todos esos momentos de los que aún no has absorbido su sublimidad.

Los capítulos han sido extraídos de cinco de mis libros y de una parte del libro en el que estoy trabajando actualmente, *La ley de lo sublime*; de entrevistas y conversaciones a lo largo de los años; y de entradas de blog y ensayos en línea que he escrito. Al final de cada capítulo comparto el título y la referencia del libro de donde proviene, de modo que puedas profundizar tu estudio sobre cualquier idea en especial. Cada mes tiene un título específico y un subtema, y comienza con un ensayo corto. Los ensayos ilustran la conexión de las ideas de mis libros con mis propias experiencias, las dificultades con que me he encontrado y las lecciones realistas que he aprendido de ellas.

Puedes leer este libro en desorden, saltándote las partes que desees, buscando las ideas que mejor se adapten a los problemas que tengas en este momento particular de tu vida. Pero es mejor leer *Las leyes para todos los días* en orden, comenzando con la fecha en que el libro cayó en tus manos. De esta manera, el libro te sumergirá en cada tema, infiltrando tu mente y ayudándote a desarrollar el hábito esencial de ver las cosas tal cual son. Como parte de este hábito, es mejor tomar notas tan seguido como puedas, relacionando los capítulos con tus propias experiencias pasadas y presentes. Y es todavía mejor poner en práctica de vez en cuando algunas de estas ideas y reflexionar sobre las experiencias resultantes en el mundo real.

Finalmente, considera a *Las leyes para todos los días* como un *Bildungsroman*. El Bildungsroman —del alemán "novela de formación" o "novela de aprendizaje"— fue un género literario que comenzó en el siglo XVIII y que continúa hasta el presente. En estas historias, los protagonistas, a menudo bastante jóvenes, entran a la vida llenos de nociones ingenuas. El autor los lleva a la aventura por una tierra donde abundan los bribones, los canallas y los tontos. Poco a poco, a medida que el mundo real los va educando, los protagonistas aprenden a desprenderse de sus ilusiones y llegan a darse cuenta de que la realidad es infinitamente más interesante y rica que todas las fantasías con las que habían sido alimentados. Resurgen iluminados, probados en batalla y sabios más allá de su edad.

Las leyes para todos los días te llevará a ti, el protagonista, en una aventura similar a través de una tierra llena de peligros y de tipos tóxicos de gente, te ayudará a desprenderte de tus ilusiones y a endurecerte para las batallas que te esperan, de manera que puedas encontrar alivio y placer en ver a la gente y al mundo bajo su verdadera luz.

> No se nos ha otorgado la sabiduría, tenemos que descubrirla por nosotros mismos luego de una travesía por tierras salvajes que nadie más puede hacer por nosotros... Las vidas que tú admiras, las actitudes que te parecen nobles, no son el resultado de haber sido entrenadas en casa por un padre o por maestros en una escuela, han surgido de un origen de un orden muy distinto, como reacción ante todo lo malo o lo común que prevalecía a su alrededor. Ellas representan una lucha y una victoria.
>
> —MARCEL PROUST

Enero

Tu tarea en la vida

PLANTANDO LAS SEMILLAS DE LA MAESTRÍA

Todos nacemos únicos. Esta unicidad está marcada genéticamente en nuestro ADN. Somos un fenómeno que ocurre una sola vez en el universo —nuestra configuración genética exacta nunca ha existido antes y nunca volverá a repetirse. En todos nosotros, esta unicidad comienza a expresarse durante la infancia a través de ciertas inclinaciones primarias. Son *fuerzas* en nuestro interior que vienen de un lugar más profundo que las palabras conscientes no pueden expresar. Nos empujan a vivir ciertas experiencias y nos alejan de otras. A medida que esas fuerzas nos muevan para aquí o para allá, influyen en el desarrollo de nuestras mentes de maneras muy particulares. Pongámoslo de la siguiente forma: durante tu nacimiento se planta una semilla. Esa semilla es tu unicidad. Quiere crecer, transformarse y florecer hasta alcanzar todo su potencial. Tiene una fuerte energía natural para lograrlo. Tu tarea en la vida es hacer que esa semilla florezca, es expresar tu unicidad a través de tu trabajo. Tienes un destino que cumplir. Cuanto más fuerte lo sientas y lo mantengas —como una fuerza, una voz, o en la forma que sea— más grandes serán tus posibilidades de cumplir con esta tarea de vida y alcanzar la maestría. El mes de enero se trata de descubrir y desarrollar tu tarea en la vida, tu propósito, aquello para lo que estás aquí.

Desde muy niño —tal vez desde los ocho años— yo sabía que quería convertirme en escritor. Sentía un enorme amor por los libros y las palabras. Al principio, cuando era joven, pensaba que sería novelista, pero luego de graduarme de la
universidad tuve que mantenerme, y me di cuenta de que ser novelista era demasiado impráctico. Y así, viviendo en Nueva York, incursioné en el periodismo
como una forma de ganar por lo menos algo de dinero. Entonces un día, muchos
años después de trabajar como escritor y editor, estaba almorzando con un hombre que acababa de editar un artículo que yo había escrito para una revista. Luego de beberse su tercer martini, finalmente admitió por qué me había invitado
a almorzar. "Deberías considerar seriamente cambiar de carrera", me dijo. "No
tienes madera de escritor. Tu trabajo es demasiado indisciplinado. Tu estilo es
muy extraño. Tus ideas… el lector promedio simplemente no se identifica con
ellas. Entra a la escuela de derecho, Robert. O a la de negocios. Ahórrate el dolor."

Al principio estas palabras fueron como un puñetazo en el estómago. Pero en
los meses que siguieron, comprendí algo sobre mí mismo. Me había metido a una
carrera que no era apropiada para mí, y mi trabajo reflejaba esta incompatibilidad.
Tenía que salirme del periodismo. Darme cuenta de esto fue el inicio de un periodo errante en mi vida. Viajé por todo Europa. Trabajé en cualquier empleo que se
pueda imaginar. Fui empleado de la construcción en Grecia, enseñé inglés en Bar-
celona, trabajé como recepcionista en París y como guía de turistas en Dublín, fui
aprendiz en una compañía inglesa que hacía documentales para la televisión. In-
tenté escribir novelas y obras de teatro. Regresé a Los Ángeles, California, donde
nací y crecí. Estuve empleado en una agencia de detectives, entre otros trabajos
extraños. Entré a la industria cinematográfica como asistente de un director,
como investigador, desarrollador de historias y guionista. Durante estos largos
años de errancia tuve un total de unos sesenta empleos distintos. Para 1995, mis
padres (que Dios los bendiga) comenzaban a preocuparse seriamente por su hijo.
Yo tenía treinta y seis años y parecía perdido e incapaz de estabilizarme en nada.
También tenía momentos de gran duda e incluso depresión, pero realmente no
me sentía perdido. Algo dentro de mí me empujaba y me guiaba.

Yo buscaba y exploraba, estaba hambriento de experiencias y escribía continuamente. Ese mismo año, cuando estaba en Italia en un empleo más, conocí a un hombre llamado Joost Elffers, un productor de libros. Un día, mientras

caminábamos por los muelles de Venecia, Joost me preguntó si tenía alguna idea para un libro.

De pronto, aparentemente salida de la nada, una idea brotó de mí. Le conté a Joost que constantemente leía libros de historia y que las anécdotas que leía sobre Julio César y los Borgia y Luis XIV eran exactamente las mismas historias que yo había atestiguado con mis propios ojos en todos los distintos empleos que había tenido, sólo que menos sangrientas. Las personas quieren poder y quieren disfrazar esas ganas de poder. Así que juegan juegos. Disimuladamente manipulan e intrigan, todo mientras presentan una cara agradable e incluso piadosa. Yo iba a exponer esos juegos.

Mientras improvisaba esta presentación, que con el tiempo se convertiría en mi primer libro, *Las 48 leyes del poder*, sentí que algo se acomodaba dentro de mí. Sentí cómo manaba esa enorme sensación de emoción. Se sentía natural. Se sentía como el destino. Cuando vi que él estaba emocionado, me emocioné todavía más. Dijo que le encantaba la idea, que me pagaría para mantenerme mientras escribía la mitad del libro y entonces trataríamos de venderlo a alguna casa editorial, siendo él mismo el diseñador y el productor del libro. Cuando volví a casa a Los Ángeles y comencé a trabajar en *Las 48 leyes*, supe que aquélla era mi oportunidad en la vida, mi camino para escapar a todos los años de errancia. Entonces aposté mi resto. Puse en ello cada gramo de energía que poseía, porque o hacía de este libro un éxito, o acabaría mi vida siendo un fracasado. Y vertí en ese libro todas las lecciones que había aprendido, toda mi práctica como escritor, toda la disciplina que había adquirido en el periodismo, todas las buenas y malas experiencias que había acumulado en mis sesenta empleos, todos los jefes horribles con los que había tenido que lidiar. Y el lector pudo sentir mi emoción acumulada al escribir el libro y, para mi gran sorpresa, y más allá de cualquier cosa que hubiera podido imaginar, el libro fue un tremendo éxito.

Ahora, recordando todo esto unos veinticinco años después, me doy cuenta de que esa cosa que me empujaba y me guiaba (que ya mencioné más arriba) era un sentido de propósito, un sentido de destino. Era como si esa voz interior me susurrara: "No te rindas. Sigue intentando. Sigue intentando". Esa voz, que se me apareció por primera vez cuando era niño, me estaba guiando hacia la tarea de mi vida. Me tomó muchos años, muchos experimentos, muchos errores y obstáculos, pero siempre me mantuvo avanzando y extrañamente esperanzado.

Y ahora, muchos libros después, sigo dedicado a esa tarea. Como todas las personas, necesito de ese sentido de propósito para guiarme día tras día. Cada libro que escribo tiene que sentirse como que es parte de ese destino, como que está predestinado a suceder. Y ese sentido de propósito que he tenido durante toda mi vida, y que se hizo mucho más claro hace veinticinco años, es lo que creo que me ha guiado a través de todos los momentos difíciles de mi vida. Y creo que podría hacer lo mismo por cualquiera, una vez que lo sientes dentro de ti, una vez que lo buscas.

La verdadera lección en esto es que tomó un largo tiempo llegar allí, con muchos giros y vueltas. Incluso puede llegar más tarde en la vida —en tus treinta o cuarenta, o más. Pero mi existencia cambió para siempre en el momento en que abracé la tarea de mi vida.

1 de enero

·

Descubre tu llamado

Cada cual tiene su suerte en las manos, como un escultor la materia que convertirá
en figura. Pero con ese tipo de actividad artística es igual que con los demás: nacimos
apenas con la capacidad de realizarla. La habilidad para hacer de ese material lo que
queramos debe aprenderse y cultivarse atentamente.
—Johann Wolfgang von Goethe

Posees una fuerza interior que te guía a tu tarea en la vida: lo que estás destinado a cumplir en el tiempo de tu existencia. En la infancia esta fuerza era clara
para ti. Te dirigía a actividades y temas acordes con tus inclinaciones naturales,
que despertaban una curiosidad honda y primaria. En años posteriores, esa fuerza tiende a aparecer y desaparecer a medida que haces más caso a tus padres y
compañeros, a las ansiedades diarias que te desgastan. Ésa puede ser la fuente
de tu infelicidad: tu falta de contacto con lo que eres y lo que te vuelve único. El
primer paso a la maestría siempre es interno: saber quién eres y recuperar esa
fuerza innata. Una vez resuelto esto, hallarás tu profesión y todo lo demás se
aclarará. Nunca es demasiado tarde para iniciar este proceso.

Ley cotidiana: La maestría es un proceso y descubrir tu vocación es el punto
de partida.

Maestría, I: Descubre tu llamado: tu tarea en la vida

2 de enero

•

Vuelve a conectarte con tu obsesión infantil

Cuando Marie Curie, futura descubridora del radio, tenía cuatro años, un día entró en el estudio de su padre y se quedó paralizada ante una vitrina que contenía toda clase de instrumentos de laboratorio para experimentos químicos y físicos. Volvería una y otra vez a esa habitación para contemplar aquel instrumental, imaginando todos los experimentos que podría llevar a cabo con esos tubos y aparatos de medición. Años más tarde, cuando entró por primera vez a un laboratorio de verdad y realizó algunos experimentos, recuperó al instante su obsesión de la infancia: supo que había encontrado su vocación.

Ley cotidiana: Estabas obsesionado con eso cuando eras niño por una razón. Vuelve a conectarte con él.

Maestría, I: Descubre tu llamado: tu tarea en la vida

3 de enero

•

La voz

La forma de recuperar el sentido de la vida y el valor de la vida es recuperando el poder de la experiencia, teniendo voces de impulso interiores y siendo capaz de escuchar esas voces de impulso interiores.
—ABRAHAM MASLOW

Cuando era joven estaba fascinado con las palabras. Recuerdo que en cuarto año la maestra nos puso una actividad en la que escribió la palabra *carpenter* y nos pidió que encontráramos tantas palabras como pudiéramos, únicamente con esas letras. "*Ant*", "*pet*", "*car*", etcétera.* Y yo pensé: "¡Wow! ¿Se pueden tomar las letras de este modo y recombinarlas para formar nuevas palabras?". Estaba embelesado. Estas atracciones infantiles son difíciles de poner en palabras. Abraham Maslow las llamó "voces de impulso". Él se dio cuenta de que los niños saben lo que les gusta y lo que les disgusta desde una edad muy temprana. Eso es extremadamente humano y poderoso. Tú también tenías esas voces de impulso. Odiabas un tipo de actividad y amabas otro. No te gustaban las matemáticas, pero te atraían las palabras. Te entusiasmaba cierta clase de libros y rápidamente te quedabas dormido con otras. La importancia de reconocer tales inclinaciones tempranas es que son indicaciones claras de una atracción que no está contaminada por los deseos de otras personas. No es una cosa que haya sido insertada en ti por tus padres, lo cual se da a través una conexión más superficial, algo más verbal y consciente. Al venir de un lugar más profundo, estas inclinaciones sólo pueden ser tuyas, reflejos de tu química propia.

Ley cotidiana: Hoy haz algo que te encantaba hacer de niño. Trata de reconectarte con tus voces de impulso.

Robert Greene en conversación en Live Talks Los Ángeles, 11 de febrero de 2019

---

* *Carpenter, ant, pet, car* = carpintero, hormiga, mascota, coche. *(N. del T.)*

4 de enero

•

Ya está dentro de ti

*Tarde o temprano, algo parece llamarnos a una senda particular. Quizá recuerdes
ese "algo" como una señal en tu infancia, cuando un impulso salido de la nada,
una fascinación o un giro peculiar de los acontecimientos, se te presentó como una
anunciación: "Esto es lo que debo hacer, lo que debo tener. Esto es lo que soy".*
—JAMES HILLMAN

Conforme vas volviéndote más experimentado, sueles perder contacto con esas
señales de tu esencia primaria. Éstas bien pueden haber quedado sepultadas
bajo todas las demás materias que has estudiado. Pero es probable que tu poder
y tu futuro dependan de que recuperes esa esencia y vuelvas a tus orígenes.
Persigue señales de tales inclinaciones en tus primeros años. Busca sus huellas
en reacciones viscerales a algo simple; en el deseo de repetir una actividad que
nunca te cansaba; en un tema que estimulaba en ti un grado inusual de curiosidad; en sensaciones de poder ligadas a actos particulares. Esto ya está dentro
de ti. No tienes que crearlo; sólo debes cavar y reencontrar lo que ha estado es-
condido en ti desde el principio. Si recuperas esa esencia, a cualquier edad, algún
elemento de tal atracción primitiva volverá a la vida y te señalará un camino
que, a la larga, bien podría convertirse en tu tarea en la vida.

Ley cotidiana: Pregúntale a alguien que recuerde tu infancia qué rememora
de tus intereses. Vuelve a familiarizarte con esas primeras pasiones.

Maestría, I: Descubre tu llamado: tu tarea en la vida

5 de enero

•

Conoce qué es lo que te atrae y sumérgete en ello

El antropólogo y lingüista contemporáneo Daniel Everett (1951) creció en un pueblo vaquero en la frontera entre California y México. Desde muy tierna edad se sintió atraído por la cultura mexicana que lo rodeaba. Todo en ella le fascinaba: el sonido de las palabras de los trabajadores migrantes, la comida, las costumbres, tan diferentes a las del mundo anglosajón. Se sumergió lo más que pudo en esa lengua y cultura. Esto se convertiría en un interés de por vida en el otro: la diversidad de culturas en el planeta y lo que esto significa para nuestra evolución.

Ley cotidiana: ¿Por qué cosas siempre te has sentido atraído? Sumérgete en ello hoy.

Maestría, I: Descubre tu llamado: tu tarea en la vida

6 de enero

•

El cambio es la ley

Al lidiar con tu carrera y sus cambios inevitables, piensa de este modo: no estás atado a ningún puesto particular; no debes lealtad a una carrera ni compañía. Por el contrario, estás comprometido con tu tarea en la vida y su expresión plena. Tienes que encontrarla y guiarla correctamente. Y nadie está obligado a protegerte ni ayudarte. *Estás solo.* El cambio es inevitable, sobre todo en un momento tan revolucionario como el nuestro. Y en vista de que estás solo, de ti depende anticipar los cambios en tu profesión. Adapta tu tarea en la vida a las circunstancias. No te aferres a formas pasadas de hacer las cosas, porque esto garantizará tu rezago y pagarás las consecuencias. Sé flexible y busca adaptarte siempre.

Si el cambio se te impone, como le ocurrió a Freddie Roach, resiste la tentación a reaccionar en exceso o compadecerte de ti mismo. Roach volvió instintivamente al ring porque entendió que lo que le apasionaba no era el box *per se*, sino los deportes competitivos y la estrategia. Pensando de este modo, pudo dar nueva dirección a sus inclinaciones dentro del boxeo. Como él, no abandones las habilidades y experiencia que ya has adquirido; busca una forma nueva de aplicarlas. Pon la mira en el futuro, no en el pasado. Estos reajustes creativos suelen llevarnos a un camino mejor; nos sacan de nuestra complacencia y nos fuerzan a reevaluar nuestro destino.

Ley cotidiana: Adapta tus inclinaciones. Evita tener metas y sueños rígidos. El cambio es la ley.

Maestría, I: Descubre tu llamado: tu tarea en la vida

7 de enero

•

El dinero y el éxito

A muchas personas, la búsqueda de dinero y nivel social les brinda motivación y concentración. Consideran el hecho de entender su llamado en la vida una pérdida de tiempo y una noción anticuada. A la larga, no obstante, esta forma de pensar rinde los resultados más imprácticos. Todos conocemos los efectos de la "hiperintención": si necesitas desesperadamente dormir, es menos probable que lo logres. Forzados a dar la mejor charla posible en una conferencia, el resultado nos angustia tanto que la presentación sufre las consecuencias. Si estamos desesperados por encontrar una pareja íntima o hacer amigos, tenderemos a alejarlos. Si, por el contrario, nos relajamos y pensamos en otras cosas, seremos más propensos a caer dormidos, dar una buena charla o atraer a los demás. Las cosas más placenteras de la vida suceden como consecuencia de algo no directamente buscado y esperado. Cuando queremos inventar momentos felices, tienden a desilusionarnos. Lo mismo vale para la obstinada búsqueda de dinero y éxito. Muchos de los individuos más exitosos, famosos y ricos no parten de la obsesión con el dinero y el prestigio. Un ejemplo importante de ello es Steve Jobs, que amasó una gran fortuna en una vida relativamente corta. Lo cierto es que las cosas materiales le importaban muy poco. Su meta era crear los diseños mejores y más originales, y cuando lo hizo, la fortuna lo siguió.

Ley cotidiana: Concéntrate en mantener un alto sentido de propósito y el éxito fluirá hacia ti de forma natural.

Las leyes de la naturaleza humana, 13: Avanza con un propósito.
La ley de la falta de dirección

8 de enero

•

Ocupa tu propio nicho

De niño en Madrás, la India, a fines de la década de 1950, V. S. Ramachandran supo que era diferente. No le interesaban los deportes ni las demás actividades usuales de los chicos de su edad; le gustaba leer sobre la ciencia. En su soledad, solía pasear por la playa, y pronto se fascinó con la increíble variedad de conchas que la corriente arrastraba. Dio en coleccionarlas y en estudiar el tema en detalle. Pronto se sintió atraído por las variedades de conchas más extrañas, como la xenófora, organismo que recolecta desechos de conchas y los usa como camuflaje. En cierto sentido, él mismo era como la xenófora: una anomalía. En la naturaleza, las anomalías suelen tener un importante propósito evolutivo: pueden conducir a la ocupación de nuevos nichos ecológicos, ofreciendo así mayores posibilidades de sobrevivencia. Al paso de los años, transfirió ese interés infantil a otros temas: anormalidades anatómicas humanas, fenómenos químicos peculiares, etcétera. Fue a la escuela de medicina y luego se convirtió en profesor de psicología visual en la University of California en San Diego. Se interesó en el fenómeno del dolor fantasma, la intensa molestia que personas a quienes se les ha amputado un brazo o una pierna siguen sintiendo en el miembro perdido. Los experimentos que hizo con personas aquejadas por ese dolor produjeron fantásticos descubrimientos sobre el cerebro, así como una nueva manera de aliviar ese mal. El estudio de trastornos neurológicos anómalos sería el tema al que él dedicaría el resto de su vida. Era como si se cerrara el círculo de los días en que coleccionaba las más extrañas conchas.

Ley cotidiana: Acepta tu extrañeza. Identifica lo que te hace diferente. Fusiona esas cosas y conviértete en alguien anómalo.

Maestría, I: Descubre tu llamado: tu tarea en la vida

9 de enero

•

Encuentra inspiración en tus héroes

De chico en Carolina del Norte, John Coltrane se sentía diferente y extraño. Era mucho más serio que sus compañeros de clase; experimentaba anhelos emocionales y espirituales que no sabía cómo verbalizar. Fue a dar a la música como pasatiempo, adoptando el saxofón y tocando en la banda de la preparatoria. Años después vio actuar en vivo al gran saxofonista y jazzista Charlie *Bird* Parker y los sonidos que producía lo tocaron en lo profundo. Algo primario y personal salía del saxofón de Parker, una voz de muy adentro. Coltrane descubrió de repente el medio para expresar su singularidad y dar voz a sus aspiraciones espirituales. Se puso a practicar el instrumento con tal intensidad que una década más tarde se convirtió en, quizás, el principal jazzista de su tiempo. Comprende lo siguiente: para dominar un campo tienes que amar su contenido y sentir una profunda afinidad con él. Tu interés debe trascender el campo mismo y rayar en lo religioso. En el caso de Coltrane no fue la música, sino dar voz a fuertes emociones.

Ley cotidiana: ¿Hay personas cuyo trabajo influye en ti de manera poderosa? Analiza esto y úsalos como modelos.

Maestría, I: Descubre tu llamado: tu tarea en la vida

10 de enero

•

Abraza tu rareza

El acto más valiente es seguir pensando por ti mismo.
—COCO CHANEL

¿Qué decimos sobre los maestros? "Son únicos en su clase." Nunca antes ha habido un Steve Jobs. Nunca ha habido un Warren Buffet. Nunca ha habido un Albert Einstein. Son únicos. Ellos aceptaron lo que los hacía únicos. Sí, viene con algo de dolor. Con mis libros, particularmente *Las 48 leyes del poder*, podrás odiarlo, podrás pensar que es satánico, pero puedo garantizarte que nunca has leído o visto un libro que se vea así. Las secciones que creé, los párrafos iniciales, las citas a los lados, las figuras —el libro me refleja a mí y a mi rareza. La editorial estaba asustada. Querían un libro más convencional. Y yo dije: "No. Sé que no he publicado nada antes, pero me voy a quedar con lo que tengo aquí". Me quedé con lo que era raro y extraño en mí.

Ley cotidiana: Quédate siempre con lo que te hace ser raro, extraño, diferente, anormal. Ésa es tu fuente de poder.

Entrevista para el podcast *Curious with Josh Peck,* 4 de diciembre de 2018

11 de enero

•

¿Qué te hace sentir más vivo?

A veces la inclinación personal sale a la luz por medio de una actividad que produce una sensación de fuerza intensa. De niña, a Martha Graham le frustraba enormemente su incapacidad para hacerse entender por los demás de manera profunda; las palabras parecían insuficientes. Un día vio por primera vez un espectáculo dancístico. La bailarina principal tenía una capacidad notable para expresar ciertas emociones mediante el movimiento; esto era algo visceral, no verbal. Poco después, ella misma comenzó a tomar clases de danza y comprendió de inmediato que ésa era su vocación. Sólo bailando se sentía viva y expresiva. Años más tarde inventaría una forma de danza totalmente nueva y revolucionaría el género.

Ley cotidiana: Haz algo que te haga sentir hoy en la cima de tu ser.

Maestría, I: Descubre tu llamado: tu tarea en la vida

12 de enero

•

El obstáculo es el camino

Hay personas que en su niñez no toman conciencia de sus inclinaciones o profesión futura, sino de sus limitaciones, con dolor extremo. No son buenas para cosas que otras parecen encontrar fáciles o manejables. La idea de un llamado en la vida les es ajena. En algunos casos, interiorizan los juicios y críticas de los demás y acaban viéndose como esencialmente deficientes. De no tomar precauciones, ésta podría ser una profecía condenada a cumplirse. Nadie ha enfrentado más terriblemente este destino que Temple Grandin. En 1950, a los tres años de edad, se le diagnosticó autismo. Un doctor sugirió internarla de por vida. Con la ayuda de terapeutas del habla, pudo evitar ese destino y asistir a la escuela normal. Poco a poco desarrolló un intenso interés por los animales y por el autismo mismo. Esto la llevó a elegir una carrera en las ciencias. Con sus excepcionales poderes de razonamiento, fue capaz de arrojar luz sobre el fenómeno del autismo y explicarlo de un modo que nadie más ha podido. De alguna manera había logrado vencer todas las obstrucciones aparentemente insuperables en su camino y hallar un sendero a su tarea en la vida que le acomodaba a la perfección. Cuando confrontas tus limitaciones, te vez impelido a responder de maneras creativas. Y como lo fue para Temple Grandin, puede ser de una manera que nadie más haya hecho o pensado antes.

Ley cotidiana: Enfrenta una de tus limitaciones —una de las obstrucciones en tu camino— hoy. Ve más allá, supérala, piensa en tu alrededor. No huyas de eso. Fue creado para ti.

Maestría, I: Descubre tu llamado: tu tarea en la vida

13 de enero

•

Domina las pequeñas cosas

Cuando enfrentes deficiencias en lugar de fortalezas e inclinaciones, asume esta estrategia: ignora tus debilidades y resiste la tentación de ser como los demás. En cambio, dirige tu atención a las cosas menudas para las que eres bueno. No sueñes ni hagas grandes planes para el futuro; concéntrate en adquirir destreza en esas habilidades simples e inmediatas. Esto te dará seguridad y servirá de base para otras actividades. Si procedes así, paso a paso, darás con tu tarea en la vida. Recuerda que no siempre se te revelará por medio de una inclinación grandiosa o promisoria. Podría aparecer bajo el disfraz de tus deficiencias, obligándote a centrarte en el par de cosas para las que eres inevitablemente bueno. Trabajando en estas habilidades, aprenderás el valor de la disciplina y verás frente a ti las recompensas de tus esfuerzos. Al igual que la flor de loto, tus habilidades se extenderán a partir de un centro de fuerza y seguridad. No envidies a quienes parecen estar naturalmente dotados; esto suele ser una maldición, pues dichas personas rara vez aprenden el valor de la diligencia y la concentración, y después pagan las consecuencias. Esta estrategia se aplica, asimismo, a todo revés y dificultad que experimentemos. En esos momentos suele ser prudente apegarse a las pocas cosas que conocemos y hacemos bien, y restablecer nuestra seguridad en nosotros mismos.

Ley cotidiana: En caso de duda, concéntrate en las cosas que sabes que haces bien. Expándete hacia fuera desde el centro.

Maestría, I: Descubre tu llamado: tu tarea en la vida

14 de enero

•

Evita el falso camino

Un camino falso en la vida es, por lo general, algo que nos atrae por malas razones: dinero, fama, atención, etcétera. Si lo que necesitamos es atención, es frecuente que experimentemos un vacío interior que esperamos llenar con el falso amor de la aprobación pública. Puesto que el campo que elegimos no responde a nuestras inclinaciones más profundas, rara vez hallamos la realización que anhelamos. Nuestro trabajo paga las consecuencias, y la atención que recibimos al principio empieza a menguar, lo cual es un proceso doloroso. Si lo que determina nuestra decisión es el dinero y la comodidad, es muy probable que actuemos por ansiedad y afán de complacer a nuestros padres. Quizá sea por cariño y preocupación que ellos nos guían hacia algo lucrativo, pero debajo de esto podría haber algo más, como cierta envidia de que tengamos más libertad de la que ellos disfrutaron de jóvenes. Tu estrategia debe ser doble: primero, date cuenta lo más pronto posible de que has elegido una carrera por razones equivocadas, antes de que tu seguridad en ti mismo se vea afectada. Y segundo, rebélate contra las fuerzas que te alejaron de tu verdadero camino. Desdeña la necesidad de atención y aprobación: te hará perder el rumbo. Experimenta enojo y resentimiento contra las fuerzas paternales que quieren imponerte una vocación extraña. Es parte saludable de tu desarrollo seguir un sendero distinto del de tus padres y establecer tu identidad propia. Permite que tu rebelión te llene de energía y propósito.

Ley cotidiana: Si estás en el camino falso, salte de él. Encuentra energía en la rebelión.

Maestría, I: Descubre tu llamado: tu tarea en la vida

15 de enero

•

Deja que un sentido de propósito te guíe

Así como un día rebosante trae consigo dulces sueños,
una vida bien empleada procura una muerte dulce.
—LEONARDO DA VINCI

Lo que más nos hace falta en el mundo moderno es un gran propósito en la vida. En el pasado, la religión organizada solía proporcionar eso. Pero hoy vivimos en un mundo secular. Los animales humanos somos únicos; debemos crear nuestro mundo propio. No reaccionamos simplemente a los acontecimientos con base en nuestro libreto biológico. Pero en ausencia de una dirección específica, tendemos a tambalear. No sabemos cómo llenar y estructurar nuestro tiempo. Nuestra vida no parece tener un propósito definido. Quizá no estemos conscientes de este vacío, pero nos contamina en todas las formas imaginables. Sentir que estamos llamados a hacer algo es la manera más positiva de dotarnos de propósito y dirección. Ésta es una búsqueda casi religiosa para cada uno, la cual no debe verse como egoísta o antisocial. De hecho, está relacionada con algo mucho más grande que nuestra vida individual. Nuestra evolución como especie ha dependido de la creación de una gran diversidad de habilidades y maneras de pensar.

Ley cotidiana: Piensa en los momentos en los que te sentiste profunda y personalmente conectado con una actividad. Piensa en el placer que te trajo. En esas actividades hay signos de tu verdadero propósito.

Maestría, I: Descubre tu llamado: tu tarea en la vida

16 de enero

•

No hay llamados superiores

Ten en mente que tus contribuciones a la cultura pueden adoptar muchas formas. No es indispensable que seas un emprendedor o una gran figura en el escenario del mundo. Puedes operar sencillamente como una persona en un grupo u organización, siempre que conserves un punto de vista propio y definido, y lo uses para ejercer una influencia beneficiosa. Tu camino puede implicar trabajo y destreza físicos: te enorgulleces por la excelencia del trabajo, al dejar un sello particular de calidad. O podrías criar a una familia de la mejor manera posible. En cualquier caso, deberás llegar lo más lejos posible en el cultivo de tu singularidad y la originalidad que la acompaña. En un mundo repleto de personas intercambiables, tú no podrás ser reemplazado. Eres único en tu género. Tu combinación de habilidades y experiencia no es reproducible. Esto representa una libertad verdadera y es el poder supremo que los seres humanos estamos en condiciones de poseer.

Ley cotidiana: Ningún llamado es superior a otro. Lo que importa es estar atado a una necesidad e inclinación personal, y que tu energía te impulse a mejorar y a aprender de la experiencia sin cesar.

Las leyes de la naturaleza humana, 13: Avanza con un propósito.
La ley de la falta de dirección

17 de enero

•

La verdadera fuente de la creatividad

Muy a menudo la gente asocia creatividad con algo intelectual, una particular manera de pensar. Lo cierto es que la actividad creativa implica todo el ser: nuestras emociones, niveles de energía, carácter y mente. Para hacer un descubrimiento, para inventar algo que atraiga a la gente, para producir una obra de arte significativa inevitablemente se requiere tiempo y esfuerzo. Esto suele suponer años de experimentación, varios reveses y fracasos y la necesidad de mantener un alto nivel de concentración. Debes tener paciencia y fe en que lo que haces rendirá algo importante. Podrías tener la mente más brillante, pletórica de conocimientos e ideas, pero si eliges el tema o problema equivocado por abordar, puedes quedarte sin energía e interés. En este caso, todo tu talento intelectual será inútil.

Ley cotidiana: Trabaja en lo que te conecta emocionalmente y las ideas vendrán a ti.

Maestría, V: Descubre la mente dimensional: La fase creativa-activa

18 de enero

•

Deja de ser tan amable

Cada uno de nosotros lleva consigo una sombra, que entre menos encarne en su vida consciente, más oscura y densa será.
—CARL JUNG

Pagas un precio más alto por tu gentileza y deferencia que por mostrar conscientemente tu sombra. Primero, para seguir este último camino debes comenzar por respetar tus opiniones más que las ajenas, en particular cuando se trata de tu área de experiencia, del campo en el que te has sumergido. Confía en tu talento innato y en las ideas que se te ocurren. Segundo, adquiere en tu vida diaria el hábito de imponerte más y ceder menos. Hazlo bajo tu control y en momentos oportunos. Tercero, deja de preocuparte por lo que la gente piensa de ti; sentirás una liberación enorme. Cuarto, admite que a veces tendrás que ofender y hasta herir a quienes bloquean tu camino, tienen valores intolerables o te critican sin razón. Sírvete de esos momentos de patente injusticia para sacar a relucir tu sombra y muéstrala con orgullo. Quinto, siéntete en libertad de comportarte como un niño impúdico y voluntarioso que se burla de la estupidez e hipocresía de otros. Por último, ríete de las convenciones que los demás siguen con tanto escrúpulo.

Ley cotidiana: Ten en cuenta que el poder radica en afirmar tu singularidad, incluso si eso ofende a algunas personas en el camino. Estudia tu lado oscuro ahora.

Las leyes de la naturaleza humana, 9. Enfrenta tu lado oscuro.
La ley de la represión

19 de enero

•

Escucha a tu autoridad interior

Estás aquí no para gratificar tus impulsos y consumir lo que otros han hecho, sino para crear y contribuir también: servir a un propósito superior. Para servir a ese propósito superior, debes cultivar tus singularidades. Deja de escuchar tanto las palabras y opiniones de los demás, que te dicen quién eres y lo que debe agradarte y desagradarte. Juzga las cosas y las personas por ti mismo. Cuestiona lo que piensas y el motivo de que te sientas de cierta manera. Conócete bien: tus gustos e inclinaciones innatos, los campos que te atraen por naturaleza. Trabaja todos los días en mejorar las habilidades acordes con tu espíritu y propósito singulares. Contribuye a la necesaria diversidad de la cultura creando algo que refleje tu excepcionalidad. Acepta lo que te vuelve diferente. No seguir este curso es la verdadera razón de que en ocasiones te sientas deprimido. Los momentos de depresión son un llamado a escuchar de nuevo a tu autoridad interior.

Ley cotidiana: Reflexiona sobre esos momentos de la vida en los que fuiste activo (seguiste tu propio camino) y esos momentos en los que fuiste pasivo (seguiste lo que otros querían). Compara las emociones que experimentaste.

Las leyes de la naturaleza humana, 15: Haz que quieran seguirte.
La ley de la inconstancia

20 de enero

•

Ve la maestría como salvación

¡La desdicha que te oprime no está en tu profesión sino en ti! ¿Qué hombre en el mundo no juzgaría intolerable su situación si eligiera un oficio, arte o cualquier forma de vida sin experimentar un llamado interior?
—JOHANN WOLFGANG VON GOETHE

El mundo está lleno de problemas, muchos de ellos causados por nosotros mismos. Resolverlos requerirá un esfuerzo y creatividad enormes. Valernos de la genética, la tecnología, la magia o la simpatía y la espontaneidad no nos va a salvar. Necesitamos energía no sólo para hacernos cargo de los asuntos prácticos, sino también para forjar nuevas instituciones y sistemas acordes con las nuevas circunstancias. Debemos crear nuestro propio mundo o moriremos de inactividad. Tenemos que recuperar el concepto de maestría que nos definió como especie hace millones de años. Esta maestría no tiene el propósito de dominar la naturaleza o a los demás, sino de determinar nuestro destino. La actitud pasiva de tintes irónicos no es relajada ni romántica, sino patética y destructiva. Tú debes dar ejemplo de lo que un maestro es capaz de alcanzar en el mundo moderno. Tienes que contribuir a la causa más importante de todas: la sobrevivencia y prosperidad de la raza humana, en un periodo de estancamiento. Debes convencerte de esto: la gente tiene la mente y calidad de cerebro que se merece, por sus actos en la vida.

Ley cotidiana: Debes ver tu intento de alcanzar la maestría como algo extremadamente necesario y positivo.

Maestría, I: Descubre tu llamado: tu tarea en la vida

21 de enero
•

Depender de otros es miserable

No hay nada peor que sentirse dependiente de los demás. La dependencia te vuelve vulnerable a todo tipo de emociones —traición, decepción, frustración— que hacen estragos en tu equilibrio mental. Ser autosuficiente es crítico. Para depender menos de los demás y de supuestos expertos, debes ampliar tu repertorio de habilidades. Y debes confiar más en tu juicio. Compréndelo: tendemos a sobreestimar las capacidades de otras personas —después de todo, ellas se esmeran en aparentar que saben lo que hacen— y a subestimar las nuestras. Compensa esto confiando más en ti y menos en los demás. Es importante recordar, sin embargo, que ser autosuficiente no significa sobrecargarte de pequeños detalles. Debes ser capaz de distinguir entre asuntos menores que más vale dejar a los demás y asuntos importantes que requieren tu atención y cuidado.

Ley cotidiana: Es sencillo: depender de los demás es miserable; depender de ti mismo es poderoso.

Las 33 estrategias de la guerra, Estrategia 3: En la confusión de los hechos, no pierdas tu presencia de ánimo: la estrategia del contrapeso

22 de enero

•

Usa la resistencia y los estímulos negativos

Cada negativo es un positivo. Las cosas malas que me pasan,
de alguna manera las hago buenas.
—50 Cent

La clave para triunfar en cualquier campo es desarrollar primero habilidades en diferentes áreas que más tarde puedas combinar en formas únicas y creativas. Sin embargo, ese proceso puede ser tedioso y opresivo, porque te darás cuenta de tus limitaciones y relativa falta de habilidades. Consciente o inconscientemente, la mayoría de las personas eluden ese tedio, dolor y cualquier forma de adversidad. Intentan situarse donde recibirán menos críticas para minimizar su riesgo de fracaso. Sigue la dirección opuesta. Acepta las experiencias negativas, las limitaciones y hasta el bochorno como un medio perfecto para elevar tus niveles de habilidad y tu propósito.

Ley cotidiana: Acepta las experiencias negativas. ¿Cuándo fue la última vez que fallaste, te sentiste avergonzado, te criticaron? ¿Qué estabas haciendo? ¿Qué te enseñó la experiencia?

Las leyes de la naturaleza humana, 13: Avanza con un propósito.
La ley de la falta de dirección

23 de enero

•

Crea una escala de metas descendentes

Operar con metas a largo plazo te otorgará inmensa claridad y determinación. Esas metas —un proyecto o negocio que crear, por ejemplo— pueden ser relativamente ambiciosas, lo suficiente para que saquen a relucir lo mejor de ti. El problema, sin embargo, es que tenderán a generar ansiedad cuando consideres todo lo que debes hacer para cumplirlas desde tu actual punto de vista. Para manejar esa ansiedad, crea una escala de metas menores a lo largo del camino, hasta llegar al presente. Esos objetivos se simplifican conforme desciendes por la escala, y puedes alcanzarlos en periodos relativamente cortos, lo que te dará momentos de satisfacción y una sensación de progreso. Divide siempre tus tareas en partes pequeñas. Cada día o semana debes tener micrometas. Esto te ayudará a concentrarte y a evitar enredos o desvíos que desgasten tu energía. Recuerda sin cesar al mismo tiempo la meta mayor, para que no pierdas el rumbo ni te empantanes en detalles. Regresa con periodicidad a tu visión original e imagina la inmensa satisfacción que tendrás cuando fructifique. Esto te dará claridad e inspiración para continuar. Integra asimismo al proceso cierto grado de flexibilidad. En determinados momentos, reevalúa tu avance y ajusta las diversas metas de ser necesario; aprende todo el tiempo de la experiencia y adapta y mejora tu objetivo original.

Ley cotidiana: Recuerda que lo que persigues es una serie de resultados y logros prácticos, no una lista de sueños sin realizar y proyectos abortados. Trabajar con metas pequeñas y correctamente ubicadas te permitirá avanzar en tal dirección.

Las leyes de la naturaleza humana, 13: Avanza con un propósito.
La ley de la falta de dirección

24 de enero

•

Combina tus fascinaciones

Si eres joven y acabas de iniciar tu carrera, tendrás que explorar un campo relativamente amplio relacionado con tus inclinaciones; por ejemplo, si eres afín a las palabras y la escritura, prueba todos los diferentes tipos de redacción hasta que encuentres el más adecuado para ti. Si eres mayor y posees más experiencia, toma las habilidades que ya has desarrollado y busca un modo de adaptarlas en la dirección de tu verdadero llamado. Steve Jobs, por ejemplo, fusionó sus dos grandes fascinaciones: la tecnología y el diseño.

Ley cotidiana: Recuerda que el llamado podría consistir en combinar varios campos de tu interés. Mantén abierto el proceso hasta el final; tu experiencia te señalará el camino.

Las leyes de la naturaleza humana, 13: Avanza con un propósito.
La ley de la falta de dirección

25 de enero

•

Cámbiate a ti mismo desde dentro, poco a poco

Los humanos tendemos a concentrarnos en lo que podemos ver con nuestros ojos. Es la parte más animal de nuestra naturaleza. Cuando observamos los cambios en la vida de los demás, cuando vemos la buena suerte que alguien tuvo al conocer a una persona con las conexiones y el financiamiento adecuado. Vemos el proyecto que atrae el dinero y la atención. En otras palabras, vemos los signos visibles de las oportunidades y el éxito en nuestras propias vidas, pero estamos captando una ilusión. Lo que realmente permite que ocurran cambios tan dramáticos son las cosas que ocurren dentro de una persona. La lenta acumulación de conocimiento y habilidades, las mejoras paulatinas en sus hábitos de trabajo y la capacidad de soportar la crítica. Cualquier cambio en la fortuna de una persona es meramente la manifestación visible de toda esa preparación profunda a lo largo del tiempo. Al esencialmente ignorar este aspecto interno invisible, fallamos en cambiar cualquier cosa fundamental dentro de nosotros mismos. Y así, en poco tiempo alcanzamos nuestro límite. Una vez más nos sentimos frustrados, ansiamos un cambio, nos sujetamos de algo rápido y superficial y seguimos siendo prisioneros para siempre de estos patrones recurrentes en nuestra vida. La respuesta es revertir esta perspectiva: dejar de obsesionarse por lo que otra gente dice o hace. Dejar de obsesionarse por el dinero, las conexiones, la apariencia externa de las cosas. En lugar de eso, concentrarse en los pequeños cambios internos que sientan las bases de un cambio más grande en la fortuna. Es la diferencia entre aferrarte a una ilusión y sumergirte en la realidad. Y la realidad es lo que te va a liberar y te va a transformar.

Ley cotidiana: ¿En qué trabajarías si nadie estuviera mirando? ¿Si el dinero no fuera importante?

TED Talk, "La clave para transformarte a ti mismo", 23 de octubre de 2013

26 de enero

•

Evita las contrafuerzas de la maestría

Lo que debilita esa fuerza en nuestro interior, lo que hace que no la sientas o incluso dudes de que exista es el grado en que sucumbes a otra fuerza en la vida: las presiones sociales a adaptarte. Esta *contrafuerza* puede ser muy poderosa. Quieres encajar en un grupo. Inconscientemente podrías sentir que lo que te vuelve distinto es vergonzoso o desagradable. También tus padres suelen actuar como contrafuerza. Tal vez quieran orientarte a una profesión lucrativa y confortable. Si estas contrafuerzas adquieren demasiado impulso podrías perder todo contacto con tu singularidad, con lo que en verdad eres. Tus inclinaciones y deseos adoptarán como modelo los de los demás. Esto puede ponerte en un camino muy peligroso. Terminarás eligiendo una carrera que en realidad no te sienta bien. Tu deseo e interés menguarán poco a poco y tu trabajo pagará las consecuencias. Acabarás por ver el placer y la realización como algo ajeno a tu trabajo. Tu creciente indiferencia por tu carrera hará que no prestes atención a los cambios en tu campo, con lo que te rezagarás y pagarás un precio por ello. Cuando tengas que tomar decisiones importantes, titubearás o seguirás a los demás, porque no tendrás una dirección o radar interno que te guíe. Habrás perdido contacto con tu destino perfilado al nacer. Evita esa suerte a toda costa.

> Ley cotidiana: El procedimiento para cumplir tu tarea en la vida y alcanzar la maestría puede comenzar, en esencia, en cualquier momento. La fuerza oculta en ti está presente siempre, lista para ser utilizada. Pero sólo si puedes silenciar el ruido de los demás.

Maestría, I: Descubre tu llamado: tu tarea en la vida

27 de enero

•

El verdadero secreto

El ansia por el atajo mágico y las simples fórmulas de éxito ha sobrevivido hasta nuestros días. Pero, al final, todas esas búsquedas giran en torno a algo que no existe. Y mientras te pierdes en estas fantasías interminables, ignoras el único poder real que en realidad posees. Y a diferencia de las fórmulas mágicas o simplistas, los efectos materiales de este poder pueden verse en la historia: en los grandes inventos y descubrimientos, construcciones y obras de arte majestuosas, la destreza tecnológica que poseemos, todas las producciones de la mente magistral. Este poder brinda a quien lo posee la conexión con la realidad y la aptitud para cambiar el mundo con que los místicos y magos del pasado sólo pudieron soñar. Al paso de los siglos, la gente ha levantado una barrera en torno a la maestría. La ha llamado "genio" y la ha creído inaccesible. La ha visto como resultado de privilegios, talento innato o la alineación correcta de las estrellas. La ha hecho parecer tan elusiva como la magia. Pero esa barrera es imaginaria. El verdadero secreto es éste: nuestro cerebro es producto de seis millones de años de desarrollo y, más que nada, esta evolución buscó llevarnos a la maestría, el poder latente en todos nosotros.

> Ley cotidiana: Trabaja para crear la mente que deseas. Al liberar la mente magistral dentro de ti te pondrás a la vanguardia de quienes exploran los vastos territorios de la fuerza de voluntad humana.

Maestría, Introducción

28 de enero

•

El camino no es lineal

Comienza eligiendo un campo o puesto que responda más o menos a tus inclinaciones. Este puesto inicial te brindará margen de maniobra, así como importantes habilidades por aprender. No comiences con algo demasiado elevado y ambicioso; debes ganarte la vida y establecer un poco de seguridad en ti. Una vez en este sendero, descubrirás ciertas rutas laterales que te atraerán, mientras que otros aspectos de tu campo te dejarán frío. Tendrás que hacer entonces las adecuaciones necesarias y pasar quizás a un campo afín para seguir conociéndote mejor, aunque ampliando siempre tu base de habilidades. Toma lo que haces por los demás y hazlo tuyo. Pasado cierto tiempo, darás con un campo, nicho u oportunidad particular que te ajustará a la perfección. Lo reconocerás cuando lo encuentres porque despertará en ti una grata sensación infantil de asombro y emoción. Una vez que halles tu campo todo se aclarará. Aprenderás más rápido y mejor. Tu nivel de habilidad llegará a un punto en que podrás independizarte del grupo en el que operas y trabajar solo. En un mundo en el que es mucho lo que no podemos controlar, esto te conducirá a la forma suprema de poder. Determinarás tus circunstancias. Como tu propio maestro, dejarás de estar sujeto a los caprichos de jefes tiránicos y compañeros intrigantes.

Ley cotidiana: Ve tu carrera o vocación como un viaje con muchas curvas, más que en línea recta.

Maestría, I: Descubre tu llamado: tu tarea en la vida

29 de enero

•

Conviértete en quien eres

Hace dos mil seiscientos años, el antiguo poeta griego Píndaro escribió: "Sé tú mismo sabiendo quién eres". Con esto quiso decir lo siguiente: naciste con una composición y tendencias particulares, que te señalaron como una pieza del destino. Ésta es tu esencia. Algunas personas nunca son ellas; dejan de confiar en sí mismas; se pliegan a los gustos ajenos y terminan poniéndose una máscara que esconde su verdadera naturaleza.

Ley cotidiana: Si indagas quién eres prestando atención a la voz y fuerza dentro de ti, podrás convertirte en aquello que estás destinado a ser: un individuo, un maestro.

Maestría, I: Descubre tu llamado: tu tarea en la vida

30 de enero
•

Confía en el proceso

Supongamos que vamos a aprender a tocar el piano. Al principio somos extraños. Cuando emprendemos nuestro estudio del piano, el teclado parece más bien intimidatorio; no entendemos la relación entre las teclas, los acordes, los pedales y todo lo demás que interviene en la creación de música. Aunque quizás enfrentemos estas situaciones novedosas con la emoción de lo que aprenderemos o haremos con nuestras nuevas habilidades, pronto nos percatamos de la ardua labor que nos espera. El gran peligro es que cedamos al aburrimiento, la impaciencia, el miedo y la confusión. Dejamos de observar y aprender. El proceso se interrumpe. Si, por el contrario, controlamos esas emociones y dejamos que el tiempo siga su curso, algo extraordinario empieza a cobrar forma. A medida que observamos y seguimos el ejemplo de los demás, todo se aclara, porque aprendemos las reglas y vemos cómo las cosas operan y embonan entre sí. Si continuamos practicando, adquirimos fluidez; el dominio de las habilidades básicas nos permite aceptar retos nuevos y más emocionantes. Comenzamos a advertir entonces relaciones antes invisibles para nosotros. Poco a poco obtenemos seguridad en nuestra aptitud para resolver problemas o subsanar debilidades mediante la persistencia. En cierto momento pasamos de estudiantes a profesionales. En vez de limitarnos a aprender cómo los demás hacen las cosas, ponemos en juego nuestro estilo e individualidad. Con el paso del tiempo, y en tanto seamos fieles al procedimiento, otro salto tiene lugar: a la maestría. El teclado ya no nos es ajeno; lo interiorizamos hasta volverlo parte de nuestro sistema nervioso, de las yemas de nuestros dedos. Hemos aprendido tan bien las reglas que podemos ser ya quienes las rompen o reescriben.

Ley cotidiana: Confía en el proceso: el tiempo es el ingrediente esencial de la maestría. Úsalo a tu favor.

Maestría, Introducción

31 de enero

•

La fuente de todo poder

No intentes esquivar la labor de descubrir tu llamado ni creas que llegará a ti de manera natural. Aunque a algunos puede llegarles pronto en la vida o en un momento de súbita inspiración, la mayoría de nosotros requerimos una introspección y esfuerzo continuos. Experimentar con las opciones y habilidades relacionadas con tu personalidad e inclinaciones no sólo es el paso esencial para desarrollar un propósito elevado, sino quizás el más importante en la vida.

Ley cotidiana: Saber a fondo quién eres, cuál es tu singularidad, te hará mucho más fácil evitar los demás escollos de la naturaleza humana.

Las leyes de la naturaleza humana, 13: Avanza con un propósito.
La ley de la falta de dirección

Febrero

El Aprendizaje Ideal

TRANSFORMÁNDOTE A TI MISMO

En las historias de los grandes maestros, pasados y presentes, inevitablemente podemos detectar una fase en sus vidas durante la cual todos sus futuros poderes estuvieron en desarrollo, como la crisálida de una mariposa. Esta parte de su vida —un aprendizaje en gran medida autodirigido que dura de cinco a diez años— recibe poca atención porque no contiene historias de grandes logros o descubrimientos. A menudo, durante su Etapa de Aprendizaje, estos tipos no se diferencian mucho de los demás. Debajo de la superficie, sin embargo, sus mentes se están transformando de maneras que no podemos ver pero que contienen todas las semillas de su futuro éxito. Un examen más cercano de sus vidas revela un patrón que trasciende sus distintos campos, indicando una especie de Aprendizaje Ideal para la maestría. Debes visualizarte siguiendo sus pasos. Estás en un viaje en el que confeccionarás tu propio futuro. Es el momento de la juventud y la aventura —de explorar el mundo con una mente y un espíritu abiertos. De hecho, más adelante en la vida, cuando tengas que aprender una nueva habilidad o alterar la ruta que sigue tu carrera, te reconectarás con esa parte juvenil y aventurera de ti. Constantemente buscarás los retos, empujándote tú mismo fuera de tu zona de confort. Emplearás la dificultad como una forma de medir tu progreso. Éste es el espíritu que debes adoptar, y debes ver tu aprendizaje como una especie de aventura durante la cual te transformarás a ti mismo, y no como un soso adoctrinamiento para entrar al mundo laboral. El mes de febrero te ayudará a transformarte a través del Aprendizaje Ideal.

Cuando tenía veintidós años, tuve una experiencia que me enseñó algunas lecciones que he aplicado a lo largo de mi vida. Me acababa de graduar de la universidad, y decidí que iba a recorrer Europa por un tiempo y a practicar los idiomas que había aprendido en la escuela. Estaba ansioso por presumir mis habilidades lingüísticas (francés, alemán, español, italiano). Viajé por todo el continente, y entonces llegué a París. Me enamoré de ese lugar. Decidí que quería intentar quedarme allí por un tiempo. Pero había un problema: el francés que yo había aprendido a lo largo de tantos años en la universidad era terriblemente inadecuado. Los parisinos hablaban tan rápido que apenas si podía entender una palabra. Y cuando trataba de balbucear algo y destrozaba el francés, ellos se volvían realmente ariscos.

En todos esos años estudiando francés no había aprendido las expresiones básicas para las cosas simples que uno necesita cuando viaja, como ordenar comida en un restaurante, etcétera. Todos esos problemas me volvieron más bien tímido y reservado, y me hicieron no querer salir de mi habitación de hotel. Pero entonces tomé una decisión clave. Yo estaba solo y de verdad quería quedarme en París, y para hacer eso era crítico que aprendiera el idioma a un alto nivel. Así que me obligué a salir de mi habitación. Me forcé a hablar con los parisinos todos los días, durante varias horas. Siempre que podía evitarlo, no hablaba inglés y no me juntaba con otros estadunidenses. Cada vez que interactuaba con parisinos, los escuchaba con cuidado y ponía atención en las palabras y expresiones que no comprendía. Hacía preguntas. Tomaba notas. Absorbía profundamente todas sus frases, sus entonaciones y sus gestos. Conocí a una chica francesa a la que quise invitar a salir, y entonces tuve que esforzarme aún más para dominar el idioma.

Pronto mi esfuerzo comenzó a dar resultados. Conseguí un empleo como recepcionista en un hotel. Cada día me expresaba con mayor fluidez. Podía conversar con las personas de todos los días; estaba conociendo parisinos y mi círculo de amistades se iba expandiendo. De este modo aprendí que los parisinos no son para nada ariscos. Me invitaban a sus casas y yo podía sentir cómo habría sido crecer en esa mágica ciudad.

A veces cometía errores y la gente se burlaba de mí o se reía. Decidí que nunca iba a tomar aquello como algo personal. Incluso cuando cometía un error, yo mismo me burlaba de mí en el proceso. Los parisinos apreciaban mi humor auto-despectivo y mi esfuerzo y mi amor por su idioma. Luego de un año y medio en París, terminé con un manejo sólido del francés, el cual aún conservo, y algunas aventuras bastante memorables.

Fue una experiencia inmensamente satisfactoria. Y me enseñó varias lecciones. La primera es que, cuando quieres aprender algo, la motivación es la clave absoluta. En la universidad, durante esos dos o tres años en los que estudié francés, la apuesta no era lo suficientemente alta para hacerme aprender. Sólo se trataba de sacar una buena nota, pero ni mi vida ni mi felicidad ni mi trabajo dependían de ello. Allá en París, era hundirse o nadar. Tenía que aprender. Tenía que conseguir un empleo y conocer gente. Gracias a este factor altamente motivante, mi cerebro absorbía información a un ritmo mucho más acelerado. En un mes aprendí más francés que en dos o tres años de universidad porque estaba muy emocionado.

También aprendí lo importante que es la intensidad de tu concentración, de estar inmerso en algo. Al practicar todos los días, hora tras hora, teniendo el idioma sonando en mi oído, soñando en francés, mi atención era intensa y concentrada. Y gracias a eso, aprendí rápidamente.

Pero la lección más importante de todas es que en este mundo realmente se aprende haciendo las cosas, por medio de la práctica. No leyendo libros ni viendo tutoriales. Necesitas salir a la calle, interactuar con la gente, intentar hacer las cosas, aprender de tus errores, no tener miedo a equivocarte o a ser ridiculizado.

Esta lección me ha servido muy bien para todo lo que he intentado. Me dio la confianza necesaria para sentir que podía dominar cualquier cosa con este patrón básico. Cuando tuve que escribir mi primer libro, yo tenía mucho estrés porque quería que fuera un éxito, pero mi experiencia en París me sirvió de guía. Había aprendido la importancia de dedicarle tiempo todos los días, de ser disciplinado y de sentirme emocionado al mismo tiempo. Había aprendido el valor de la concentración intensa, y que entre más libros escribiera, más fácil se volvería. Apliqué lo mismo para hacer entrevistas. Aprendes al hacerlo, una y otra vez, practicando y practicando. Y a partir de allí, lentamente encuentras el placer, la felicidad que surge del proceso mismo y del hecho de dominar algo. Y esa felicidad y ese placer se quedan contigo por el resto de tu vida. Se quedan incrustados en tu cerebro.

Si quieres escribir un libro, escríbelo. Si quieres ser músico, haz música. Si quieres empezar un negocio, adelante, empiézalo. No tengas miedo de cometer errores y fracasar; se aprende más de los fracasos. Busca personas que sean maestros en la música o en los negocios y pégateles. Edúcate a sus pies, haz cualquier tarea que te asignen. Sumérgete en el mundo o en la industria que deseas dominar. Eso será mejor que todos los libros o los cursos que puedas leer o tomar en el mundo: aprende haciendo.

1 de febrero

•

Sométete a la realidad

Recibimos tres educaciones, una de nuestros padres, una de nuestros maestros de la escuela y una del mundo. La tercera contradice todo lo que las primeras dos nos enseñan.
—Barón de Montesquieu

Después de tu educación formal, entras en la etapa más crítica de tu vida: una educación práctica conocida como El Aprendizaje. Cada vez que cambias de carrera o adquieres nuevas habilidades, vuelves a entrar en esa etapa. El objetivo del Aprendizaje no es hacer dinero. No es obtener fama ni atraer la atención ni conseguir alguna posición cómoda con un título llamativo. El objetivo de un aprendizaje es literalmente transformarte. Tú entras al aprendizaje como alguien esencialmente ingenuo. Todos los hacemos. Eres alguien que aún no tiene las habilidades que necesita. Probablemente eres alguien un poco impaciente. Y al final, te vas a transformar en alguien que es hábil, que es realista, que entiende la naturaleza política de la gente y que aprende las reglas que gobiernan tu campo. Vas a desarrollar paciencia y una sólida ética de trabajo. Yo lo llamo realidad. La realidad es: en tu campo, durante cientos de años, la gente ha estado formulando reglas, procedimientos y prácticas que se han transmitido a través de la tradición. La medicina sería un ejemplo fácil, pero se aplica a todos los campos. Estas reglas y procedimientos representan la realidad, y tú no tienes ninguna conexión con ella cuando entras por primera vez en el campo. Tu objetivo es literalmente someterte. En el sentido más profundo de la palabra, te sometes a esta realidad. Reconoces que estás comenzando y que vas a sumergirte en ella, para que con el tiempo tú seas quien va a reescribir esas reglas —como hacen todos los maestros.

Ley cotidiana: Aprender a aprender es la habilidad más importante que uno puede adquirir.

Robert Greene, discurso sobre Maestría para la Oxford Union Society, 12 de diciembre de 2012

2 de febrero

•

Lo que el mentor necesita

En 2006 conocí a un hombre de diecinueve años llamado Ryan Holiday. Él era fan de mis libros y se ofreció a ser mi asistente de investigación. Yo había tenido la peor de las suertes contratando investigadores antes de él. El problema era que ellos no entendían cómo pensaba. Una de las primeras cosas que quedó clara con Ryan fue que él sí entendía mi manera de pensar, el tipo de libros que me gustaban, el tipo de historias que buscaba. Mucho antes de conocerme, él le dedicó tiempo a eso. Sólo por las ganas de descubrir mi proceso, leyó los libros que yo citaba en la bibliografía para conocer las fuentes originales que había utilizado. Hizo una ingeniería inversa de cómo había escritos mis libros. Entendió lo que yo buscaba. Ryan hizo un esfuerzo para descubrir qué era lo que de verdad me ayudaría. Me ahorró tiempo. Entonces tuve un problema con mi presencia en internet. Ryan dijo que podía mejorarla. Me ayudó a crear mi sitio web. Tenía verdaderas habilidades para hacerlo. Yo, que en aquel tiempo estaba en los cuarenta avanzados, no conocía tan bien el internet. Él me quitó un problema de las manos. Y como Ryan sabía que quería ser escritor, yo le pude ayudar a perfeccionar sus habilidades para investigar y escribir. Le enseñé cómo se hace un libro de cabo a rabo. Le enseñé el método de tarjetas de notas que yo creé y dominé, el cual utilizó para convertirse él también, con el tiempo, en un escritor altamente exitoso.

La relación mentor-aprendiz es mutuamente beneficiosa. Cuando estés en una posición inferior y estés buscando un favor de alguien poderoso, tienes que salir de ti mismo para pensar en sus necesidades. Obviamente, los mentores tienen mucho que darte. Pero, lo que es más importante, tú tienes algo que darles a ellos.

Ley cotidiana: Encuentra un maestro de quien puedas aprender, pero en lugar de pensar en cuánto pueden darte, piensa en cómo puedes ayudarles con su trabajo.

Entrevista para el podcast *Curious with Josh Peck,* 4 de diciembre de 2018

3 de febrero

•

Tienes un objetivo

La sabiduría no es un producto de la educación sino del intento de adquirirla durante toda la vida.
—ALBERT EINSTEIN

El principio es simple y debes grabarlo profundamente en tu memoria: la meta de todo aprendizaje no es el dinero, una buena posición, un título o un diploma, sino la transformación de tu mente y de tu carácter, la primera *transformación* en el camino a la maestría. Debes elegir los lugares y puestos de trabajo que te brinden las mayores posibilidades de aprendizaje. Los conocimientos prácticos son la mercancía suprema, que te pagará dividendos por décadas, muy superiores al mezquino aumento de sueldo que podrías recibir en un puesto aparentemente lucrativo que te ofrezca pocas oportunidades de aprendizaje. Esto significa perseguir retos que te hagan mejorar y fortalecerte, en los que obtendrás la más objetiva retroalimentación sobre tu desempeño y progreso. No elijas un aprendizaje que parezca fácil y cómodo.

Ley cotidiana: El conocimiento práctico es lo más preciado. Evaluar oportunidades utilizando un criterio: la mayor posibilidad de aprendizaje.

Maestría, II: Ríndete a la realidad: el aprendizaje ideal

4 de febrero

•

Valora el aprendizaje por encima de todo lo demás

Al avanzar en la vida, te volverás adicto a un salario abultado y esto determinará la dirección que sigas, lo que pienses y lo que hagas. A la larga, el tiempo que no dedicaste a adquirir habilidades te cobrará la factura y tu caída será dolorosa. Valora en cambio el aprendizaje sobre todo lo demás. Esto te llevará a todas las decisiones correctas. Optarás por la situación que te ofrezca más oportunidades de aprender, en particular un trabajo de acción directa. Elegirás un lugar con personas y mentores capaces de inspirarte y enseñarte. Un empleo con un salario mediocre tiene el beneficio adicional de enseñarte a arreglártelas con menos, habilidad vital muy valiosa. Nunca desdeñes un aprendizaje sin remuneración. De hecho, suele ser el colmo de la sabiduría hallar el mentor perfecto y ofrecerle gratuitamente tus servicios como asistente. Satisfecho de poder explotar tu ansioso espíritu a bajo costo, ese mentor tenderá a revelarte algo más que los usuales secretos del oficio. Al final, gracias a que valoraste el aprendizaje sobre lo demás, habrás sentado las bases para tu expansión creativa y el dinero no tardará en llegar.

Ley cotidiana: Obtén un buen consejo u orientación hoy de un maestro de tu profesión o de la vida.

Maestría, II: Ríndete a la realidad: el aprendizaje ideal

5 de febrero

•

Acumula habilidades

Hay mucho que saber y es poco el vivir, y no se vive si no se sabe.
—Baltasar Gracián

Tu principal objetivo durante la Etapa de Aprendizaje debe ser adquirir y acumular tantas habilidades de la vida real como sea posible, particularmente en áreas que personalmente te emocionan y te estimulan. Si más tarde en la vida la ruta de tu carrera cambia o tus habilidades se vuelven menos relevantes, sabrás cómo adaptarte, ajustando las habilidades que tienes y pudiendo adquirir más. En alguna época alcanzar la maestría era un arduo proceso porque la información necesaria para adquirir habilidades no era algo que se compartiera. Si lo que te interesaba eran las ciencias, tu única esperanza era pertenecer a la clase social correcta que te permitiera asistir a las pocas universidades que entrenaban científicos. Ahora, con el internet, estos muros alrededor de la información se han hecho añicos. Tienes que aprovechar la enorme oportunidad que ofrece el internet para acumular habilidades, a través de sus múltiples recursos en línea.

Ley cotidiana: Adquirir un conjunto de habilidades es la clave para navegar en el turbulento mundo laboral. La capacidad de posteriormente saber combinar estas habilidades es la mejor ruta hacia la maestría.

Robert Greene, "Cinco elementos clave para un nuevo modelo de aprendizaje", *The New York Time,* 26 de febrero de 2013

6 de febrero

•

Concíbete como un constructor

Sea cual fuere tu campo, concíbete como un constructor que usa materiales e ideas. Produces algo tangible con tu trabajo, algo que afecta a la gente en forma directa y concreta. Para erigir bien cualquier cosa —una casa, una organización política, una empresa o una película— debes conocer el proceso de construcción y poseer las habilidades necesarias para practicarlo. Eres un artesano que está aprendiendo a adherirse a los más altos estándares. Por todos estos motivos, debes pasar por un aprendizaje detallado. En este mundo no harás nada que valga la pena si no empiezas por desarrollarte y transformarte a ti mismo.

Ley cotidiana: Como un constructor, desarrolla los más altos estándares y la paciencia para el proceso paso a paso.

Maestría, II: Ríndete a la realidad: el aprendizaje ideal

7 de febrero

•

El único atajo a la maestría

*La libertad no consiste en negarse a reconocer nada por encima de nosotros, sino
en respetar algo que está por encima de nosotros; porque, al respetarlo, nos elevamos
a él, y, con nuestro mismo reconocimiento, probamos que llevamos dentro de nosotros
lo que es más elevado y que somos dignos de estar a la par de él.*
—Johann Wolfgang von Goethe

La vida es corta, y limitado tu tiempo para aprender y crear. Sin orientación, podrías perder años muy valiosos tratando de alcanzar práctica y conocimientos en fuentes diversas. En vez de esto, sigue el ejemplo de los maestros a lo largo de los siglos y busca el mentor adecuado. La relación *mentor-protégé* es la forma de aprendizaje más eficiente y productiva. Los buenos mentores saben adónde dirigir tu atención y cómo desafiarte. Su conocimiento y experiencia se vuelven tuyos. Ellos hacen inmediatos comentarios objetivos sobre tu trabajo, lo que te permite mejorar más rápido. Mediante una intensa interacción personal, asimilas una manera de pensar de gran poder y susceptible de adaptar a tu espíritu individual. Elige el mentor que mejor satisfaga tus necesidades y responda a tu tarea en la vida. Una vez que hayas interiorizado sus conocimientos, sigue adelante; no te quedes a su sombra. Tu meta debe ser siempre superar a tus mentores en brillantez y maestría.

Ley cotidiana: Elegir al mentor adecuado es como poder elegir a tus propios padres; la elección equivocada es fatal.

Maestría, III: Asimila el poder del maestro: la dinámica del mentor

8 de febrero

•

El mentor perfecto

A fines de la década de 1960, V. S. Ramachandran, estudiante de medicina en Madrás, tropezó con un libro titulado *Eye and Brain* (La vista y el cerebro), escrito por el eminente profesor de neuropsicología Richard Gregory. Este libro lo emocionó: el estilo con que estaba escrito, las anécdotas, los sugerentes experimentos que detallaba. Inspirado en él, hizo sus propios experimentos de óptica, y pronto se dio cuenta de que se ajustaba mejor a este campo que a la medicina. En 1974 ingresó al programa de doctorado en percepción visual de la Cambridge University. Él empezó a sentirse triste y solo en un país extraño. Un día, el propio Richard Gregory, profesor de la Bristol University, llegó a Cambridge a dar una conferencia. Ramachandran quedó hechizado. Gregory realizó interesantes demostraciones de sus ideas en el escenario; poseía una inclinación por lo teatral y gran sentido del humor. La ciencia debía ser así, pensó Ramachandran. Terminada la conferencia, él mismo se presentó. La afinidad entre ambos fue instantánea. Mencionó entonces a Gregory un experimento óptico que había estado ponderando y el profesor mostró sumo interés. Gregory invitó a Ramachandran a visitarlo en Bristol, donde podría hospedarse en su casa para probar juntos su idea. Ramachandran aceptó el ofrecimiento y en cuanto vio la casa de aquél, supo que había encontrado a su mentor; parecía salida del mundo de Sherlock Holmes, llena de instrumentos victorianos, fósiles y esqueletos. Gregory era justo el excéntrico con el que Ramachandran podía identificarse. Pronto, éste viajaba a Bristol con regularidad para hacer experimentos. Había hallado un mentor permanente para inspirarlo y guiarlo, y al paso de los años se adaptaría en alto grado al estilo de especulación y experimentación de Gregory.

Ley cotidiana: Qué buscar: ¿el trabajo de quién te inspira? ¿El estilo de quién te emociona? ¿Quién quieres ser dentro de diez años?

Maestría, III: Asimila el poder del maestro: la dinámica del mentor

9 de febrero

•

Redefine el placer

Uno no puede tener un dominio mayor o menor que el dominio de uno mismo.
—LEONARDO DA VINCI

Cuando practicas y desarrollas una habilidad te transformas. Descubres capacidades antes latentes, las cuales se manifiestan mientras progresas. Te desarrollas emocionalmente. Tu sentido del placer se redefine. Lo que brinda placer inmediato acaba por parecer una distracción, un entretenimiento vacío para pasar el tiempo. El verdadero placer procede de vencer retos, sentir seguridad en tus aptitudes, conseguir fluidez en tus habilidades y experimentar el poder que esto conlleva. Desarrollas paciencia. El hastío ya no señala la necesidad de distracción, sino de nuevos retos por vencer.

Ley cotidiana: Ve los frutos de la disciplina y la habilidad como los placeres más enriquecedores de todos.

Maestría, II: Ríndete a la realidad: el aprendizaje ideal

10 de febrero

•

Aprende de todo

El hombre juicioso y notante se enseñorea de los objetos, no los objetos de él.
Todo lo descubre, advierte, alcanza y comprehende.
—BALTASAR GRACIÁN

Cada tarea que recibes, por modesta que sea, te da la oportunidad de observar el mundo del trabajo. Ningún detalle sobre las personas que lo ocupan es trivial. Todo lo que ves u oyes es una señal por descifrar. Con el tiempo podrás ver y entender cosas de esa realidad que al principio se te escapaban. Por ejemplo, una persona que inicialmente creíste que tenía mucho poder podría acabar siendo "perro que ladra pero no muerde". Poco a poco comenzarás a ver la verdad detrás de las apariencias. Cuando acumules más información sobre las reglas y dinámica de poder de tu nuevo entorno, podrás empezar a analizar por qué existen y qué relación tienen con las tendencias generales en tu campo. Pasarás así de la observación al análisis, afinando tus habilidades intelectuales, aunque sólo luego de meses de cuidadosa atención.

Ley cotidiana: Aborda todas las tareas, incluso las más insignificantes, de la misma manera: como una oportunidad para observar y acumular información sobre tu entorno.

Maestría, II: Ríndete a la realidad: el aprendizaje ideal

11 de febrero

•

Entra en el ciclo de rendimientos acelerados

En una actividad como andar en bicicleta, todos sabemos que es más fácil observar a alguien y seguir su ejemplo que escuchar o leer instrucciones. Cuanto más lo hacemos, más fácil se vuelve. Aun en el caso de aptitudes eminentemente mentales, como programar computadoras o hablar un idioma extranjero, aprendemos mejor mediante la práctica y la repetición, el proceso natural del aprendizaje. Una lengua extranjera se domina hablándola lo más posible, no leyendo libros y asimilando teorías. Cuanto más hablamos y practicamos, más fluidos somos. Si llevas esto más lejos, entrarás en un *ciclo de rendimientos acelerados*, en el que la práctica se vuelve más fácil e interesante, lo que te hace capaz de practicar más horas, incrementa tu nivel de habilidad y aumenta más todavía el interés de practicar. Arribar a este ciclo es una meta que debes fijarte, y para llegar ahí has de comprender algunos principios básicos de las habilidades.

Ley cotidiana: Todo lo que vale la pena hacer tiene una curva de aprendizaje. Cuando se ponga difícil, recuerda el objetivo: llegar al ciclo de rendimientos acelerados.

Maestría, II: Ríndete a la realidad: el aprendizaje ideal

12 de febrero
•

Aprende haciendo

El problema con la educación formal es que nos inculca un enfoque pasivo del aprendizaje. Leemos libros, hacemos exámenes o tal vez escribimos ensayos. Gran parte del proceso tiene que ver con absorber información. Pero en el mundo real se aprende mejor haciendo las cosas, activamente poniendo manos a la obra. El gran maestro chef de sushi Eiji Ichimura comenzó a trabajar en restaurantes como lavaplatos hace unos cuarenta y dos años. Su deseo era convertirse en chef de sushi, pero nadie le decía cómo tenía que hacer ni lo instruía directamente —era un secreto celosamente guardado. Tuvo que desarrollar sus habilidades observando cuidadosamente, y después practicando las mismas técnicas una y otra vez. Practicaba en sus horas libres, repasando los movimientos más complicados del cuchillo. Gracias a esta interminable labor se convirtió en un chef maestro.

Ley cotidiana: El cerebro está diseñado para aprender a través de la repetición constante y el involucramiento activo. Con esta práctica y con persistencia, cualquier habilidad puede ser dominada. Escoge una habilidad para adquirir y comienza a practicar.

Robert Greene, "Cinco elementos clave para un nuevo modelo de aprendizaje", *The New York Time,* 26 de febrero de 2013

13 de febrero

•

Cómo aprender rápido y profundamente

A las personas que se aferran a sus delirios les resulta difícil, si no imposible,
aprender algo que les valga la pena: un pueblo bajo la necesidad de crearse
a sí mismo debe examinar todo y empaparse del aprendizaje como las raíces
de un árbol absorben el agua.
—JAMES BALDWIN

Cuando te incorporas a un entorno nuevo, tu tarea debe ser aprender y asimilar lo más posible. Con ese propósito debes tratar de recuperar una sensación infantil de inferioridad, la impresión de que los demás saben mucho más que tú y que dependes de ellos para aprender y desenvolverte sin problemas en tu aprendizaje. Abandona todas tus ideas preconcebidas sobre un entorno o campo, toda persistente sensación de petulancia. No tengas miedo. Interactúa con la gente y participa en su cultura lo más posible. Llénate de curiosidad. Al asumir esta sensación de inferioridad, tu mente se abrirá y tendrás ansias de aprender. Esta posición debe ser temporal, por supuesto. Recobras una sensación de dependencia a fin de poder aprender en cinco o diez años lo suficiente para declarar tu independencia y entrar de lleno en la madurez.

Ley cotidiana: Vuelve a una dependencia infantil. Hoy, actúa como si aquéllos con los que interactúas supieran mucho más que tú.

Maestría, II: Ríndete a la realidad: el aprendizaje ideal

14 de febrero

•

Muévete hacia la resistencia

Los seres humanos nos apocamos por naturaleza ante cualquier cosa que parezca complicada o difícil, y llevamos esta tendencia natural a nuestra práctica de toda aptitud. Una vez que adquirimos experiencia en algún aspecto de esta habilidad, preferimos practicar este elemento una y otra vez. Nuestra habilidad se sesga por el hecho de eludir nuestras debilidades. Pero ése es el camino de los aficionados. Para alcanzar maestría, debemos adoptar lo que llamaremos la práctica de resistencia. El principio es simple: sigue la dirección contraria a tus tendencias naturales. Primero, resiste la tentación a ser complaciente contigo mismo. Vuélvete tu peor crítico; ve tu trabajo como lo ven los demás. Reconoce tus debilidades, justo esos elementos en los que no eres bueno. Éstos son los aspectos a los que debes dar prioridad en tu práctica. Busca un placer perverso en superar el dolor que esto pueda causarte. Segundo, resiste la tentación de relajar tu concentración. Aprende a sumergirte en la práctica con el doble de intensidad, multiplicando por dos tu atención. Sé lo más creativo que puedas al idear tus rutinas. De este modo desarrollarás tus propias normas de excelencia, generalmente más elevadas que las de los demás. Pronto verás los resultados de esta práctica y los demás se maravillarán de la aparente facilidad con que realizas tus proezas.

Ley cotidiana: Inventa ejercicios que pongan en juego tus debilidades. Imponte plazos arbitrarios para cumplir ciertas metas, rebasando sin cesar los que crees tus límites.

Maestría, II: Ríndete a la realidad: el aprendizaje ideal

15 de febrero

•

La práctica concentrada no puede fallar

Porque las cosas que tenemos que aprender, las aprendemos haciéndolas...
Los hombres se vuelven constructores al construir y el que está aprendiendo
a tocar la cítara aprende a tocar la cítara tocándola.
—ARISTÓTELES

Aunque podría parecer que el tiempo necesario para dominar las habilidades básicas y alcanzar cierto nivel de pericia depende del campo y tu talento, quienes
han investigado este tema dan repetidamente con el número de diez mil horas.
Ésta parece ser la cantidad necesaria de tiempo de práctica de calidad para alcanzar un alto nivel de destreza, y se aplica a compositores, ajedrecistas, escritores y atletas, entre muchos otros. Ese número tiene una resonancia casi mágica
o mística. Significa que tanto tiempo de práctica —sea cual fuere la persona o
el campo— produce un cambio cualitativo en el cerebro humano. La mente ha
aprendido a organizar y estructurar grandes cantidades de información. Dado
todo este conocimiento tácito, ahora puede ser creativa y jugar con él. Aunque
ese número de horas parezca elevado, suele equivaler a entre siete y diez años de
práctica firme y sostenida, aproximadamente el periodo del aprendizaje tradicional. En otras palabras, la práctica concentrada en el tiempo no puede menos
que producir resultados.

Ley cotidiana: Dedica una hora de práctica concentrada hoy, y mañana, y el
día siguiente, y el día después de ése.

Maestría, III: Asimila el poder del maestro: la dinámica del mentor

16 de febrero

•

Ama el trabajo minucioso

Aaron Rodgers, el mariscal de campo de los Empacadores de Green Bay, tuvo que pasar sus primeros tres años como suplente de uno de los mejores, Brett Favre. Eso significaba pocas o ninguna oportunidad para resaltar durante un juego real. Durante esos años, lo único que hizo fue practicar y observar. Más tarde declararía: "Esos primero tres años fueron críticos para mi *éxito*". Le enseñaron paciencia y humildad. Pasó ese tiempo perfeccionando cada posible habilidad que un mariscal de campo pudiera necesitar: coordinación ojo-mano, destreza con los dedos, trabajo de pies, mecánica del lanzamiento. Nada emocionante. Se enseñó a observar desde el banquillo con absoluta atención, absorbiendo tantas lecciones como le fuera posible. Todo esto no sólo elevó el nivel de sus habilidades, sino que atrajo la atención de sus entrenadores, que quedaron muy impresionados por su ética de trabajo y su habilidad para aprender. A lo largo de esos años fue capaz de dominar su impaciencia y de mejorar su juego. En esencia, Rodgers se enseñó a amar el trabajo minucioso, y una vez que desarrollas eso, no hay nada que te detenga.

Ley cotidiana: Domina los detalles y lo demás se acomodará.

Robert Greene, "Cinco elementos clave para un nuevo modelo de aprendizaje",
The New York Time, 26 de febrero de 2013

17 de febrero

•

La verdad dolorosa

Es como cortar un árbol enorme de una circunferencia inmensa. No lo lograrás
con un golpe de tu hacha. Sin embargo, si sigues cortándolo y no cejas,
con el tiempo, lo quiera o no, de repente se derrumbará.
—HAKUIN EKAKU, MAESTRO ZEN

Einstein inició sus experimentos mentales serios a los dieciséis años. Diez más tarde dio con su primera teoría revolucionaria de la relatividad. Resulta imposible cuantificar el tiempo que pasó afinando sus habilidades teóricas en ese decenio, pero no es difícil suponer que habrá trabajado unas tres horas diarias en ese problema particular, lo que produciría más de diez mil horas en una década. No existen atajos ni formas de eludir la fase de aprendizaje. Por su propia naturaleza, el cerebro humano requiere una larga exposición a un campo, lo que hace posible la honda incrustación de habilidades complejas y libera a la mente para la actividad creativa real. El deseo mismo de buscar atajos te descalifica expresamente para cualquier tipo de maestría. No existe reverso posible en este proceso.

Ley cotidiana: No se puede pasar por alto la fase de aprendizaje. Deshazte del deseo de encontrar atajos.

Maestría, II: Ríndete a la realidad: el aprendizaje ideal

18 de febrero

•

Dos tipos de fracaso

Contra el arrepentimiento. El pensador ve en sus propias acciones intentos y preguntas destinados a obtener claridad acerca de algo: el éxito y el fracaso son para él, antes que nada, respuestas.
—FRIEDRICH NIETZSCHE, *LA GAYA CIENCIA*

Hay dos tipos de fracaso. El primero resulta de no poner nunca a prueba tus ideas, por miedo o a la espera del momento adecuado. De esta clase de fracaso jamás aprenderás nada, y tu pusilanimidad te destruirá. El segundo tipo resulta de un espíritu intrépido y osado. Si tropiezas por esta razón, el daño que hagas a tu fama será muy inferior a tu aprendizaje. El fracaso repetido acendrará tu espíritu y te indicará con absoluta claridad cómo hacer las cosas. Hacer todo bien al primer intento es en realidad una desgracia, porque dejarás de cuestionar el factor suerte y creerás ser bueno para todo. Cuando inevitablemente des un traspié, te confundirás y desmoralizarás, sin que hayas aprendido nada. En cualquier caso, para ser emprendedor debes poner en práctica tus ideas lo más pronto posible y exhibirlas al público con la secreta esperanza de no complacerlo. Tendrás entonces todo que ganar.

Ley cotidiana: Actúa con valentía en una de tus ideas hoy.

Maestría, III: Asimila el poder del maestro: la dinámica del mentor

19 de febrero

•

Elige el tiempo

Tras graduarse en el Politécnico de Zúrich en 1900, Albert Einstein, entonces de veintiún años de edad, descubrió que sus perspectivas de empleo eran muy escasas. Habiendo ocupado uno de los últimos lugares en su clase, la posibilidad de obtener un puesto como maestro era prácticamente nula. Feliz de estar lejos de la universidad, planeaba investigar por su cuenta ciertos problemas de la física que lo habían obsesionado durante años. Sería, así, autodidacta en teorías y experimentos mentales. Pero, entre tanto, tendría que ganarse la vida. Le habían ofrecido un empleo como ingeniero en la empresa de turbinas de su padre en Milán, pero ese puesto no le dejaría tiempo libre. Un amigo podía conseguirle un trabajo bien remunerado en una compañía de seguros, pero esto anquilosaría su cerebro y agotaría su energía para pensar. Un año después, otro amigo mencionó una vacante en la Oficina Suiza de Patentes, en Berna. El salario no era muy jugoso, el puesto era de bajo nivel y el horario muy prolongado, además de lo cual el trabajo consistía en la muy trivial tarea de revisar solicitudes de patente, pero Einstein aceptó de inmediato. Eso era justo lo que necesitaba. Su tarea sería analizar la validez de solicitudes de patente, muchas de las cuales incluían aspectos de la ciencia que le interesaban. Esos papeles serían para él como pequeños acertijos o experimentos mentales; podría visualizar el modo en que las ideas se traducirían en inventos. Trabajar con ellos afinaría sus facultades intelectuales. Luego de varios meses en el empleo, Einstein se había vuelto tan bueno para ese juego mental que terminaba su trabajo en dos o tres horas, lo que le dejaba el resto del día para enfrascarse en sus experimentos. En 1905 publicó su primera teoría de la relatividad, gran parte de la cual había elaborado en su escritorio de la Oficina de Patentes.

Ley cotidiana: El tiempo es la variable crítica. Elimina una cosa de tu plato hoy para dedicar más tiempo a tu tarea en la vida.

Maestría, II: Ríndete a la realidad: el aprendizaje ideal

20 de febrero

•

Comprende cómo funciona el cerebro

En la medida en que creemos que podemos omitir pasos, eludir el procedimiento, obtener poder mágicamente mediante contactos políticos o fórmulas fáciles o depender de nuestro talento innato, actuamos contra esa naturaleza y anulamos nuestras facultades. Nos volvemos esclavos del tiempo: conforme éste pasa, nos hacemos más débiles, menos capaces, atrapados en un derrotero sin oportunidades de progreso. Nos volvemos *prisioneros* de las opiniones y temores de los demás. En vez de que la mente nos vincule con la realidad, nos desconectamos de ella y nos encerramos en una cámara mental estrecha. El ser humano que dependía de su atención concentrada para sobrevivir se vuelve ahora un animal explorador distraído, incapaz de pensar a fondo, pero también de depender de sus instintos. Es el colmo de la tontería creer que, en el curso de tu corta vida, de tus escasas décadas de conciencia, podrás reprogramar la configuración de tu cerebro mediante la tecnología o las buenas intenciones, superando el efecto de seis millones de años de desarrollo. Ir contra la naturaleza puede ofrecer una distracción temporal, pero el tiempo exhibirá despiadadamente tu debilidad e impaciencia.

Ley cotidiana: Pon tu fe en el aprendizaje, no en la tecnología.

Maestría, Introducción: evolución de la maestría

21 de febrero
•

Hazte indispensable

El sagaz más quiere necesitados de sí que agradecidos. Más se saca de la dependencia
que de la cortesía: vuelve pronto las espaldas a la fuente el que ha satisfecho su sed,
y la naranja, una vez exprimida, cae del oro al lodo.
—BALTASAR GRACIÁN

Muchos de los grandes *condottieri* del Renacimiento italiano sufrieron la misma suerte: ganaban batalla tras batalla para sus empleadores, sólo para encontrarse de pronto desterrados, encarcelados o ejecutados. Ello no se debía a la ingratitud de quienes los contrataban, sino a que había muchos otros *condottieri* tan capaces y valientes como ellos. Por lo tanto, eran reemplazables; no se perdía nada al ejecutarlos. Por otra parte, los más veteranos solían adquirir gran poder y exigían cada vez más dinero por sus servicios. ¿Qué mejor solución, entonces, que deshacerse de ellos y contratar mercenarios más jóvenes y baratos? Éste es el destino (aunque es de esperar que en un grado menos violento) de quienes no logran que otros dependan de ellos. Tarde o temprano aparecerá alguien que pueda hacer su tarea tan bien como ellos, alguien más joven, más fresco, más barato y menos amenazador. La necesidad gobierna el mundo. La gente rara vez actúa si no se ve obligada a ello. Si tú no te haces indispensable, serás descartado a la primera oportunidad que se presente.

Ley cotidiana: Conviértete en *el único* que sepa hacer lo que haces y entrelaza el destino de quienes te contratan con el tuyo propio, de manera tal que les resulte imposible desprenderse de ti.

Las 48 leyes del poder, Ley nº 11: Haz que la gente dependa de ti

22 de febrero

•

Absorbe energía útil

Coco Chanel comenzó su vida en una posición de extrema debilidad: un orfanato, con escasos o nulos recursos en la vida. A principios de su veintena se percató de que su llamado era diseñar ropa y crear su propia línea de prendas. Sin embargo, necesitaba orientación, en particular desde el punto de vista de los negocios. Buscó a personas que pudieran ayudarla a encontrar su camino. Tenía veinticinco años cuando conoció al blanco perfecto, un rico empresario inglés de edad relativamente avanzada, Arthur "Boy" Capel. Ella se sintió atraída por su ambición, rotunda experiencia, conocimiento de las artes e implacable sentido práctico. Se aferró a él con vehemencia. Capel fue capaz de infundirle la seguridad de que podía ser una diseñadora famosa. Le enseñó sobre negocios en general. Le ofrecía críticas severas, que ella aceptaba porque lo respetaba. La guio en sus primeras decisiones importantes para establecer su negocio. Gracias a él, ella desarrolló un propósito muy pulido que retuvo toda su vida. Sin la influencia de Capel, el camino de Coco habría sido confuso y difícil. Más tarde volvería a esta estrategia. Conoció a otros hombres y mujeres que poseían habilidades que a ella le faltaban o necesitaba para fortalecerse —encanto social, mercadotecnia, olfato para las tendencias culturales— y desarrolló relaciones que le permitieron aprender de ellos. En este caso, busca a personas pragmáticas, no sólo carismáticas o visionarias. Persigue su consejo práctico y absorbe su espíritu de conseguir resultados. De ser posible, congrega a tu alrededor, como amigos o socios, a un grupo de personas de diferentes campos que tengan una energía similar. Te ayudarán a elevar tu propósito, y tú el suyo. No te contentes con socios o mentores virtuales.

Ley cotidiana: Haz una lista de las personas en tu vida que viven con un propósito. Prioriza pasar más tiempo con ellos.

Las leyes de la naturaleza humana, 13: Avanza con un propósito.
La ley de la falta de dirección

23 de febrero

•

El conocimiento nunca es suficiente

De niño, Napoleón Bonaparte se sintió atraído por los juegos de estrategia y los libros que mostraban ejemplos de liderazgo en acción. Cuando ingresó a una academia militar, no se enfocó en hacer carrera militar y encajar en el sistema. En vez de eso, tenía una obsesiva necesidad de aprender tanto como le fuera posible sobre todos los aspectos de las artes militares. Leía con voracidad. El alcance de sus conocimientos impresionó a sus superiores. A una edad muy temprana se le asignó una cantidad inusual de responsabilidades. *Rápidamente aprendió a mantener la calma,* a extraer las lecciones correctas de sus experiencias y a recuperarse de sus errores. Para cuando le dieron responsabilidades más grandes en el campo de batalla, había pasado por un aprendizaje que fue el doble o triple de intenso que el de sus compañeros. Al ser tan joven, ambicioso y desdeñoso de la autoridad, cuando obtuvo posiciones de liderazgo procedió a efectuar la más grande revolución en la historia militar, cambiando el tamaño y la forma de los ejércitos, introduciendo las maniobras en batalla sin ayuda de nadie, etcétera. Al final de su desarrollo llegó a poseer un extraordinario sentido de la batalla y de la forma general de una campaña. En su caso, esto llegó a ser conocido como su famoso *coup d'oeil*, su habilidad para evaluar una situación de un solo vistazo. Esto hizo que sus lugartenientes y sus rivales imaginaran que poseía poderes místicos.

Ley cotidiana: Encuentra el placer más profundo en absorber conocimiento e información. Siéntete como si nunca tuvieras suficiente.

powerseductionandwar.com, 1 de octubre de 2012

24 de febrero

•

Supera a tu maestro

Pobre del aprendiz que no supera a su maestro.
—LEONARDO DA VINCI

Aprender con alguien brillante y realizado suele ser una condena; la seguridad en uno mismo se ve arrollada en la pugna por seguir sus grandes ideas. Muchos aprendices se pierden a la sombra de sus ilustres mentores y nunca llegan a nada. Gracias a su ambición, Glenn Gould halló la única solución real a ese dilema. Escucharía todas las ideas musicales de Alberto Guerrero y las probaría. Pero al tocar, las alteraría sutilmente, para adecuarlas a sus inclinaciones. Esto le haría sentir que tenía una voz propia. Al paso del tiempo, hizo más pronunciada esta diferenciación entre su instructor y él. Como era tan impresionable, en el curso de su aprendizaje interiorizó inconscientemente todas las importantes ideas de su mentor, pero gracias a su intervención activa logró adaptarlas a su individualidad. De esta forma le fue posible aprender sin dejar de incubar un espíritu creativo, mismo que le ayudaría a distinguirse de todos una vez que dejó a Guerrero.

Ley cotidiana: Ten cuidado con la sombra del ilustre mentor. Prueba sus ideas pero transfórmalas siempre y diferénciate. Tu objetivo es superarlo.

Maestría, III: Asimila el poder del maestro: la dinámica del mentor

25 de febrero

•

Sigue ampliando tus horizontes

La realidad de la fase de aprendizaje es que nadie va a ayudarte ni orientarte. De hecho, todo está en tu contra. Si deseas tener un aprendizaje, si quieres aprender y prepararte para la maestría, debes hacerlo solo y con una energía descomunal. Cuando inicias esta fase, sueles hacerlo en la posición más baja. Tu acceso al conocimiento y la gente está limitado por tu condición. Si no tomas precauciones, aceptarás esta condición y permitirás que te defina, sobre todo si tienes un pasado desventajoso. En cambio, lucha contra toda limitación y esfuérzate continuamente en ampliar tus horizontes. (En cada situación de aprendizaje tienes que rendirte a la realidad, pero esa realidad no quiere decir que debas permanecer en el mismo sitio.) Leer libros y materiales aparte de los requeridos es siempre un buen punto de partida. En contacto con ideas del amplio mundo, tenderás a desarrollar un ansia de conocimiento; te será difícil quedarte satisfecho en una esquina, que es justamente de lo que se trata. Las personas en tu campo, en tu círculo inmediato, son como mundos; sus historias y puntos de vista ampliarán naturalmente tus horizontes y aumentarán tus habilidades sociales. Convive con tantos tipos de personas como te sea posible. Esos círculos se ampliarán poco a poco. Cualquier escolaridad adicional contribuirá a la dinámica.

Ley cotidiana: Sé implacable en la búsqueda de nuevos horizontes. Cada vez que sientas instalarte en un círculo, sacúdete y busca nuevos desafíos.

Maestría, II: Ríndete a la realidad: el aprendizaje ideal

26 de febrero

•

Aventúrate a salir de tu zona de confort

Nuestra vanidad, nuestras pasiones, nuestro espíritu de imitación, nuestra inteligencia abstracta y nuestros hábitos llevan ya mucho tiempo en operación, y es tarea del arte arruinar esa operación suya, hacernos volver sobre nuestros pasos hasta las profundidades en las que lo que existe de verdad yace desconocido dentro de nosotros.
—MARCEL PROUST

A medida que Leonardo da Vinci progresaba en el estudio de Verrocchio, empezó a experimentar y afirmar su estilo propio. Descubrió, para su sorpresa, que al maestro le impresionaba su inventiva. Esto le hizo saber que su aprendizaje estaba por concluir. La mayoría de la gente espera demasiado para dar este paso, generalmente por miedo. Siempre es más fácil aprender las reglas y permanecer en tu zona de confort. Pero a menudo debes obligarte a iniciar esos actos o experimentos antes de creerte preparado para hacerlo. Pruebas tu carácter, superas tus miedos y desarrollas cierto desapego de tu trabajo, viéndolo con ojos ajenos. Obtienes así un gusto por la fase siguiente, en la que lo que produzcas estará bajo constante escutrinio.

Ley cotidiana: Prueba aquello para lo que no crees estar preparado.

Maestría, II: Ríndete a la realidad: el aprendizaje ideal

27 de febrero

•

Establece tu propio estilo

La distancia que establezcas respecto de tu predecesor a menudo exige algún simbolismo, una forma de anunciarla públicamente. Luis XIV, por ejemplo, creó ese simbolismo cuando rechazó el tradicional palacio de los reyes de Francia y construyó su propio palacio de Versalles. El rey Felipe II de España hizo lo mismo cuando creó su centro de poder, el palacio de El Escorial, en el lugar que en aquel entonces era un páramo. Pero Luis XIV llevó el juego mucho más lejos: él no sería un rey como su padre o sus otros antepasados, no llevaría corona ni cetro, ni se sentaría en un trono; establecería un nuevo tipo de imponente autoridad con símbolos y rituales propios. Luis convirtió los rituales de sus predecesores en ridículas reliquias del pasado. Sigue su ejemplo: nunca te permitas seguir el camino de tu predecesor. Si lo haces, nunca lograrás superarlo. Debes demostrar que eres diferente en forma palpable, estableciendo un estilo y un simbolismo que te distingan.

Ley cotidiana: Sigue el ejemplo del maestro, no su camino. Demuestra tu diferencia. Establece tu propio estilo.

Las 48 leyes del poder, Ley nº 41: Evita imitar a los grandes hombres

28 de febrero

•

Al maestro, cuchillada

Una antigua frase española asevera que "al maestro, cuchillada". Se trata de una expresión de esgrima en referencia al momento en que el joven y ágil alumno se vuelve apto para cortar al instructor. Sin embargo, también alude al destino de la mayoría de los mentores, quienes inevitablemente experimentan la rebelión de sus *protégés* como el corte de una espada. En la cultura actual tendemos a venerar a los rebeldes, o al menos a quienes lo parecen. Pero la rebelión carece de significado o poder en ausencia de algo sólido y verdadero a lo cual oponerse. El mentor, o figura paterna, te brinda justo la norma de la que puedes desviarte para establecer tu identidad. Interioriza las partes importantes y relevantes de su conocimiento y pasa a cuchillo lo que no se aplica a tu vida. Ésta es la dinámica del cambio generacional, y a veces la figura paterna debe ser destruida para que hijos e hijas tengan el espacio necesario para descubrirse a sí mismos. En cualquier caso, tal vez tengas varios mentores durante la vida, como peldaños en el camino a la maestría. En cada fase de tu existencia debes hallar los maestros apropiados, obtener de ellos lo que deseas, seguir adelante y no sentir vergüenza por ello. Ésta fue la senda que probablemente siguió tu mentor, y así es como opera el mundo.

Ley cotidiana: Interioriza las partes importantes y relevantes de los conocimientos del maestro. Aplica la cuchillada a todo lo demás.

Maestría, III: Asimila el poder del maestro: la dinámica del mentor

29 de febrero

•

Adopta el enfoque del hacker

Cada época tiende a crear un modelo de aprendizaje acorde con el sistema de producción prevaleciente. Hoy nos hallamos en la era de la computación, y el enfoque de programación de los hackers bien podría ser el modelo más promisorio para esta nueva era. Tal modelo consiste en esto: adquiere tantas habilidades como sea posible, siguiendo la dirección que las circunstancias te impongan, aunque sólo si se relacionan con tus intereses más profundos. Como los hackers, valora el proceso de descubrir por ti mismo y de hacer cosas de la más alta calidad. Evita la trampa de una profesión fija. No sabes adónde te llevará todo esto, pero aprovecha al máximo la amplia disponibilidad de información, los conocimientos a tu alcance sobre las aptitudes más diversas. Ve qué clase de trabajo es el que más te acomoda y qué quieres evitar a toda costa. Avanza mediante ensayo y error. No vas sin rumbo fijo porque temas comprometerte, sino porque amplías tu base de habilidades y posibilidades. En determinado momento, cuando estés listo para establecerte, ideas y oportunidades se te presentarán por sí solas. Cuando esto suceda, todas las habilidades que has acumulado resultarán invaluables. Serás un maestro para combinarlas de modos excepcionales, acordes con tu individualidad.

> Ley cotidiana: En esta nueva era, quienes en su juventud siguen un camino rígido, en los cuarenta suelen verse en un *impasse* profesional, o muertos de hastío. El aprendizaje de amplio alcance producirá lo contrario: ampliar las posibilidades.

Maestría, II: Ríndete a la realidad: el aprendizaje ideal

Marzo

El maestro en acción

ACTIVANDO HABILIDADES Y ALCANZANDO LA MAESTRÍA

Al avanzar hacia la maestría, estás acercando tu mente a la realidad y a la vida misma. Todo lo que está vivo está en un continuo estado de cambio y movimiento. En el momento en que te detienes, pensando que ya has alcanzado el nivel que deseas, una parte de tu mente entra en una etapa de deterioro. Pierdes tu creatividad ganada con tanto esfuerzo y los demás comienzan a sentirlo. Éste es un poder y una inteligencia que deben ser continuamente renovados, o de lo contrario morirán. Tu vida entera, por lo tanto, debe ser tratada como una especie de aprendizaje en el que continuamente aplicarás tus habilidades para adquirir conocimiento. El mes de marzo te enseñará cómo activar tus habilidades y cómo interiorizar el conocimiento necesario para una vida de maestría.

Cuando comencé a escribir mi quinto libro, *Maestría*, hace muchos años, sucedió algo muy extraño y emocionante. Ése fue un libro particularmente difícil y complicado de escribir. Para empezar, había hecho mi investigación habitual: leí varios cientos de libros, tomé miles de notas en tarjetas, las estructuré en varios capítulos, etcétera. Pero además, había leído muchos libros de ciencia, cosa que nunca había hecho —libros que examinan la naturaleza del cerebro humano—, para darle a *Maestría* mayores fundamentos científicos. Y eso agregó otra capa de dificultad a la escritura. Además, también había entrevistado a seis o siete maestros contemporáneos para darle al libro un toque más actualizado. Incorporar la ciencia y las entrevistas a *Maestría* lo convirtió en un proyecto particularmente desafiante. Y así, cuando empecé con el proceso de escritura propiamente dicha, avancé muy despacio durante el primer par de capítulos; tardé más tiempo del habitual en encontrar el ritmo.

Y entonces, capítulo a capítulo, semana a semana, mes a mes, comencé a ganar un poco de inercia. Hasta que en el quinto capítulo algo inesperado sucedió. El quinto capítulo trata del proceso creativo en sí. Y la idea es que, una vez que has trabajado lo suficiente en un proyecto, que te has preparado lo suficiente y que has pasado por todos esos meses de experiencia profundizando en el tema, a menudo alcanzas un estado de creatividad donde las ideas parecen surgir de la nada. Y de pronto esto me estaba sucediendo a mí. Después de toda mi investigación y mi preparación, cuando llegué al capítulo cinco, las ideas me llegaban mientras tomaba una ducha, mientras daba un paseo. Incluso soñaba con el libro y las ideas me llegaban en ese momento, confirmando lo que estaba escribiendo.

Y esto me dejó muy sorprendido e inspirado. Entonces pasé al capítulo seis, que trata de la maestría en sí, el capítulo final. La idea es que, todavía más adelante en el proceso, comienzas a tener una percepción muy intuitiva del tema. Es casi como si el libro o el proyecto viviera dentro de ti. Puedes compararlo con un maestro de ajedrez, donde parece que el tablero está dentro de su cerebro, dentro de su cuerpo, y que él puede sentir lo que va a pasar a continuación. Yo sentía que el libro vivía dentro de mí y que yo tenía un instinto para lo que debía escribir. Tenía esta especie de rápidas e intuitivas series de ideas que se me ocurrían de la nada. Y esto fue una experiencia increíble, una sensación maravillosa, una sensación de gran poder.

No estoy diciendo que yo sea especial, que sea algún tipo de genio o que sea particularmente dotado o talentoso. De hecho, todo el punto del libro es desmitificar nuestro concepto de genio y creatividad. Tendemos a pensar que eso es algo con lo que naces, algo en tu ADN, una configuración especial en tu cableado. Y yo quería demostrar que en realidad es un producto del trabajo duro y la disciplina, que cuando practicas algo por tantos meses o años, puedes alcanzar este alto nivel de creatividad y maestría. Y la escritura del libro literalmente confirmó mi idea. Y como se trata de una actividad de incansable dedicación para penetrar en los problemas, es una experiencia estimulante que casi cualquiera puede tener, si sigue la ruta que he trazado.

Esto no significa que si pasas años estudiando algo, los poderes creativos inevitablemente vendrán a ti. Debes tener una cierta intensidad en tu concentración, así como un amor por el trabajo en sí que anime el producto final. Y también depende de los años de labor previa en la Etapa de Aprendizaje, los cuales yo había pasado escribiendo otros cuatro libros.

No hay atajos para el proceso creativo; las drogas y el alcohol son más bien un estorbo. La misma impaciencia que te impulsa a buscar atajos te vuelve inadecuado para la maestría. Pero si confías en el proceso y lo llevas tan lejos como puedas, terminarás sorprendido por los resultados.

1 de marzo

•

Despierta la mente dimensional

El aprendizaje nunca agota la mente.
—LEONARDO DA VINCI

Al acumular habilidades e interiorizar las reglas de tu campo, tu mente querrá ser más activa para usar esos conocimientos en formas más acordes con tus inclinaciones. Lo que impedirá florecer a esta natural dinámica creativa no es la falta de talento, sino tu actitud. Al sentirte ansioso e inseguro, tenderás a volverte conservador con tus conocimientos, prefiriendo encajar en el grupo y adherirte a los procedimientos que has aprendido. Fuérzate a seguir la dirección opuesta. Al emerger de tu aprendizaje, sé cada vez más atrevido. En vez de contentarte con lo que ya sabes, extiende tus conocimientos a campos afines, incitando así a tu mente a hacer nuevas asociaciones. Experimenta y examina problemas desde todos los ángulos posibles. Al volverse más fluido tu pensamiento, tu mente será crecientemente dimensional, viendo cada vez más aspectos de la realidad. Terminarás oponiéndote de este modo a las reglas mismas que interiorizaste, definiéndolas y reformándolas a fin de ajustarlas a tu espíritu. Esta originalidad te conducirá al pináculo del poder.

Ley cotidiana: Expande tus conocimientos a campos relacionados. Elige una habilidad auxiliar y empieza a practicar.

Maestría, V: Descubre la mente dimensional: la fase creativa-activa

2 de marzo

•

Llega al interior

Cuando me preguntan cómo defino la maestría o qué frases me guían en mi propia vida o al momento de escribir un libro, digo: "Se trata de llegar al interior". Yo siempre estoy tratando de moverme al interior de las cosas. Por fuera, las cosas parecen de una cierta manera, un poco muertas, porque sólo estás viendo las apariencias. Cuando te asomas al interior, ves que hay un corazón latiendo, lo comprendes, entras a la realidad. Cuando empiezas a jugar ajedrez o a tocar el piano, por ejemplo, estás afuera. Solamente ves el exterior, la superficie de las cosas. Y aprendes las reglas y los conocimientos básicos. Y es muy lento y tedioso. Realmente no lo comprendes. Todo es un poco confuso, un borrón. Pero con el tiempo, si te mantienes constante, consigues penetrar al interior. Y sientes que la cosa cobra vida. El tablero de ajedrez o el piano ya no son objetos físicos, ya están dentro de ti. Los has interiorizado. Ya no tienes que pensar en las teclas; las teclas están en tu cabeza. Eso es maestría. Los deportes son un gran ejemplo. Decimos de los maestros del futbol: "Parece que tienen ojos en la nuca". No, sólo se encuentran dentro del juego mismo. O lo que dicen los grandes mariscales de campo con cada año de experiencia: "Parece que el juego se vuelve más lento". No, se acercan más y más al interior. Podrías decir lo mismo de los científicos, los escritores, las actrices, etcétera: los maestros conocen las cosas de adentro para afuera, no de afuera para adentro.

> **Ley cotidiana:** Si trabajas duro, conseguirás llegar al centro del conocimiento. Ésa es la meta final de la maestría: entender de adentro hacia fuera.

"Robert Greene: maestría e investigación", *Encontrando la maestría: conversaciones con Michael Gervais*, 25 de enero de 2017

3 de marzo

•

Cultiva la ética del artesano

Todos los grandes maestros, incluyendo a los contemporáneos, consiguen mantener el espíritu del artesano. Lo que los motiva no es el dinero, la fama o una posición alta, sino hacer la perfecta obra de arte, diseñar el mejor edificio, descubrir alguna ley científica nueva, dominar su oficio. Esto les ayuda a no engancharse demasiado con las subidas y bajadas de su carrera. El trabajo es lo que importa. Y al final, estos maestros acaban ganando más dinero y volviéndose más famosos por haber cultivado ese espíritu. Steve Jobs personificaba esta ética del artesano. Él la heredó de su padre, un hombre que amaba construir cosas con sus manos, y el amor por la perfección, por hacer las cosas bien, es una actitud que transfirió a los productos de Apple. Ése es el objetivo de un maestro: hacer las cosas bien y sentirse orgulloso por ello.

Ley cotidiana: Conserva el espíritu del artesano. Recuerda siempre: el trabajo es lo único que importa.

Robert Greene, "Cinco elementos clave para un nuevo modelo de aprendizaje",
The New York Time, 26 de febrero de 2013

4 de marzo

•

El proceso creativo

Puesto que el proceso creativo es un tema escurridizo para el que no existe instrucción alguna, a menudo podemos cometer muchos errores en la evolución de este proceso, particularmente a causa de la presión para dar resultados y del temor que esto infunde en nosotros. De los maestros de todas las épocas podemos discernir un patrón y principios elementales con amplias aplicaciones. Primero, es esencial incorporar en el proceso creativo un periodo inicial sin restricciones de ninguna especie. Date tiempo para soñar y divagar, para comenzar con soltura y relajamiento. En este periodo, permite que el proyecto se asocie con ciertas emociones potentes, que surjan naturalmente en ti conforme te concentras en tus ideas. Siempre es fácil ajustarlas después y volver tu proyecto cada vez más realista y racional. Segundo, es mejor disponer de amplios conocimientos de tu campo y campos ajenos, dando así a tu cerebro más asociaciones y conexiones posibles. Tercero, para mantener vivo este proceso, nunca caigas en la complacencia, como si tu visión inicial representara el punto final. Cultiva una insatisfacción profunda con tu trabajo y la necesidad de mejorar constantemente tus ideas, junto con una sensación de incertidumbre; no sabes bien a bien adónde irás después y esa incertidumbre refuerza el impulso creativo y lo mantiene fresco. Finalmente, acepta la lentitud como virtud. Cuando se trata de empeños creativos, el tiempo siempre es relativo. Ya sea que tu proyecto tarde meses o años en consumarse, siempre experimentarás una sensación de impaciencia y el deseo de llegar al final.

Ley cotidiana: Imagínate dentro de varios años recordando el trabajo que hiciste. Desde ese mirador del futuro, los meses y años extra que dedicaste al proceso no parecerán penosos ni laboriosos en absoluto. Ésta es una ilusión del presente que desaparecerá. El tiempo es tu mayor aliado.

Maestría, V: Descubre la mente dimensional: la fase creativa-activa

5 de marzo

•

Mira más amplio y piensa más adelante

En cualquier entorno competitivo en el que hay ganadores y perdedores prevalece inevitablemente el que tiene la perspectiva más amplia y global. La razón es simple: este individuo será capaz de pensar más allá del momento y de controlar la dinámica general gracias a un cuidadoso diseño de estrategias. La mayoría de las personas están perpetuamente encerradas en el presente. Sus decisiones están demasiado influidas por el hecho inmediato, se emocionan con facilidad y atribuyen a un problema un significado mayor del que deberían. Avanzar a la maestría te dará naturalmente una perspectiva más global, pero siempre es sensato agilizar el proceso preparándote para ampliar continuamente tu perspectiva. Lo harás si siempre te recuerdas el amplio propósito del trabajo que realizas en un momento dado y su lugar en tus metas a largo plazo. Al enfrentar un problema debes estar preparado para percibir su relación inevitable con el marco general. Si tu trabajo no tiene el efecto deseado, míralo desde todos los ángulos hasta hallar la fuente del problema. No te limites a observar a los rivales en tu campo; disecciona y descubre sus debilidades. "Ver más y pensar antes" debe ser tu lema. Gracias a esta preparación mental allanarás tu camino a la maestría mientras te alejas cada vez más de tus competidores.

Ley cotidiana: La persona con la perspectiva más amplia gana. Expande tu mirada.

Maestría, VI: Funde lo intuitivo con lo racional: maestría

6 de marzo

•

El regalo de nuestra mente original

Todos poseemos una fuerza creativa innata que desea activarse. Éste es el don de nuestra *mente original*, la cual revela tal potencial. La mente humana es creativa por naturaleza, busca sin cesar hacer asociaciones y relaciones entre cosas e ideas. Quiere explorar, descubrir nuevos aspectos del mundo e inventar. Expresar esta fuerza creativa es nuestro mayor deseo, y su sofocación la fuente de nuestra desdicha. Lo que mata la fuerza creativa no es la edad o falta de talento, sino nuestro espíritu, nuestra actitud. Nos contentamos con los conocimientos que hemos adquirido en nuestro aprendizaje. Tememos albergar nuevas ideas y el esfuerzo que esto requiere. Pensar en forma más flexible implica un riesgo: podemos fracasar y ser ridiculizados. Preferimos vivir con ideas y hábitos de pensamiento conocidos, aunque pagamos un alto precio por esto: nuestra mente languidece por falta de retos y novedad; llegamos a un límite en nuestro campo y perdemos el control de nuestro destino, porque nos volvemos remplazables.

Ley cotidiana: Haz lo que la mente quiere hacer: explorar, entretener y adoptar nuevas ideas.

Maestría, V: Descubre la mente dimensional: la fase creativa-activa

7 de marzo

•

Mantén la mente en movimiento

Cuando éramos niños, nuestra mente nunca se detenía. Estábamos abiertos a nuevas experiencias y asimilábamos lo que más se podía de ellas. Aprendíamos rápido, porque el mundo a nuestro alrededor nos emocionaba. Cuando nos sentíamos frustrados o molestos, buscábamos una forma creativa de obtener lo que queríamos, y olvidábamos pronto el problema cuando algo nuevo se cruzaba en nuestro camino. Nuestra mente siempre estaba en movimiento, y nos mantenía emocionados y curiosos. El pensador griego Aristóteles creía que la vida estaba definida por el movimiento. Lo que no se mueve está muerto. Lo que posee velocidad y movilidad tiene más posibilidades, más vida. Todos comenzamos con la mente móvil de un Napoleón; pero a medida que envejecemos, tendemos a parecernos más a los prusianos. Quizá pienses que lo que te gustaría recuperar de tu juventud es tu apariencia, condición física o placeres simples, pero lo que realmente necesitas es tu fluidez mental de antes. Cada vez que te sorprendas rumiando un tema o idea particular —una obsesión, un resentimiento—, fuérzate a ignorarlo. Distráete con otra cosa. Como un niño, busca algo nuevo que te entretenga, digno de atención concentrada. No pierdas tiempo en cosas que no puedes cambiar o en las que no puedes influir. Sigue adelante.

Ley cotidiana: Responde al momento. Pensamiento a pensamiento, tarea a tarea, tema a tema, deja que la mente fluya.

Las 33 estrategias de la guerra, Estrategia 2: No des la guerra pasada:
la estrategia de la guerra de guerrillas mental

8 de marzo

•

Conserva tu sentido de la maravilla

La juventud es feliz porque tiene la capacidad de ver la belleza. Cualquiera que mantenga la capacidad de ver la belleza nunca envejecerá.
—FRANZ KAFKA

Una vez que hemos pasado por un aprendizaje riguroso y comenzamos a ejercitar nuestros músculos creativos, no podemos menos que sentir satisfacción por lo que hemos aprendido y lo lejos que hemos llegado. Naturalmente comenzamos a dar por sentadas ciertas ideas que hemos aprendido y desarrollado. Poco a poco, dejamos de hacer los tipos de preguntas que antes nos aquejaban. Ya sabemos las respuestas. Nos sentimos superiores. Pero sin saberlo, nuestra mente se tensa y estrecha conforme la complacencia se infiltra en nuestro espíritu; y aunque hayamos alcanzado la aclamación pública por nuestra obra, ahogamos nuestra creatividad y ésta nunca regresa. Combate esta tendencia cuesta abajo lo más que puedas, manteniendo el valor del asombro activo. Recuérdate sin cesar lo poco que de verdad sabes y lo misterioso que sigue siendo el mundo.

Ley cotidiana: La realidad es infinitamente misteriosa. Deja que te llene continuamente de asombro. Recuerda cuánto más puedes aprender.

Maestría, V: Descubre la mente dimensional: la fase creativa-activa

9 de marzo

•

La impaciencia es tu enemigo

La paciencia es amarga, pero su fruto es dulce.
—ARISTÓTELES

El mayor impedimento a la creatividad es tu impaciencia, el deseo casi inevitable de apresurar el proceso, expresar algo y causar sensación. Lo que ocurre en tal caso es que no dominas lo básico; no tienes un vocabulario real a tu disposición. Lo que confundes con ser creativo y distintivo es más bien una imitación del estilo de otros, o peroratas personales que en realidad no expresan nada. Pero al público no se le puede engañar. Siente la falta de rigor, la calidad imitativa, la urgencia de recibir atención, y vuelve la espalda, o elogia con moderación y olvida pronto. La mejor ruta es amar el aprendizaje por sí mismo. Quien pase diez años asimilando las técnicas y convenciones de su campo, probándolas, dominándolas, explorándolas y personalizándolas, inevitablemente encontrará su voz auténtica y dará origen a algo único y expresivo.

Ley cotidiana: Toma una visión a largo plazo. Al ser paciente y seguir el proceso, la expresión individual fluirá naturalmente.

Maestría, V: Descubre la mente dimensional: la fase creativa-activa

10 de marzo

•

El conocimiento es tu superior

*Lo que marca la diferencia entre una persona extraordinariamente creativa y una
menos creativa no es un poder especial, sino un mayor conocimiento (en forma de
experiencia práctica) y la motivación para adquirirlo y utilizarlo. Esta motivación
perdura durante largos periodos, tal vez moldeando e inspirando toda una vida.*
—Margaret A. Boden

Para negar el ego debes adoptar una especie de humildad ante el conocimiento.
El gran científico Michael Faraday expresó esta actitud de la siguiente manera: el
conocimiento científico no cesa de avanzar. Las principales teorías de la época
son finalmente desautorizadas o alteradas en un momento futuro. La mente humana es sencillamente demasiado débil para tener una visión clara y perfecta de
la realidad. La idea o teoría que formulas en el presente y que parece fresca, viva
y veraz, casi sin duda será derribada o ridiculizada dentro de varias décadas o siglos. (Solemos burlarnos de las personas anteriores al siglo xx que no creían en
la evolución y pensaban que el mundo tenía apenas seis mil años de antigüedad,
¡pero imagina cuánta gente se reirá de nosotros por las ingenuas creencias que
sostenemos en el siglo xxi!) Así que es mejor tener esto en cuenta y no aficio-
narte demasiado a tus ideas ni sentirte demasiado seguro de su verdad.

**Ley cotidiana: El conocimiento siempre está progresando. No dejes que tu
ego te engañe. Siempre eres inferior al conocimiento.**

Maestría, V: Descubre la mente dimensional: la fase creativa-activa

11 de marzo

•

La intensidad del enfoque

Para muchos de los que conocieron a Marcel Proust en su juventud, él parecía la persona con menos probabilidades de alcanzar maestría alguna vez, porque a primera vista parecía desperdiciar demasido tiempo valioso. En apariencia, lo único que hacía era leer libros, dar paseos, escribir cartas interminables, asistir a fiestas, dormir durante el día y publicar frívolos artículos sociales. Pero debajo de la superficie había una intensidad de atención. No simplemente leía libros; los desmenuzaba, los analizaba con todo rigor, y aprendía valiosas lecciones que aplicaba a su vida. Todas esas lecturas implantaron en su cerebro varios estilos, que enriquecerían el suyo propio. No meramente socializaba; se esforzaba en entender a la gente en su esencia y descubrir sus motivaciones secretas. No sólo analizaba su propia psicología, sino que ahondó tanto en los diversos niveles de su conciencia que desarrolló discernimientos sobre el funcionamiento de la memoria que presagiaron muchos hallazgos de las neurociencias. Usó incluso la muerte de su madre para intensificar su desarrollo. En su ausencia, tuvo que escribir para salir de la depresión, y encontró una manera de recrear los sentimientos que lo unían a ella en el libro que iba a escribir. Como él mismo diría después, todas esas experiencias fueron como semillas; y una vez que puso en marcha su gran novela *En busca del tiempo perdido*, él fue como un jardinero que atendía y cultivaba plantas que habían echado raíz muchos años atrás.

Ley cotidiana: No son tus estudios los que darán frutos sino la intensidad de tu atención.

Maestría, VI: Funde lo intuitivo con lo racional: maestría

12 de marzo

•

Perfecciónate a ti mismo a través del fracaso

Henry Ford tenía una de esas inteligencias naturalmente a tono con la mecánica. Poseía la facultad de los grandes inventores: aptitud para visualizar las partes y su operación en común. Si debía describir cómo funcionaba algo, inevitablemente tomaba una servilleta y hacía un diagrama, en vez de utilizar palabras. Con este tipo de mente, su aprendizaje de todo lo relativo a las máquinas fue fácil y rápido. Pero cuando se trató de producir en serie sus inventos, tuvo que enfrentar el hecho de que no poseía los conocimientos indispensables. Debió aprender entonces a ser hombre de negocios y empresario. Por fortuna, trabajar con máquinas le había permitido desarrollar inteligencia práctica, paciencia y una forma de resolver problemas que podía aplicarse a todo. Cuando una máquina no funciona, no te lo tomas personalmente ni te desanimas. Eso es en realidad una bendición. Tales defectos suelen mostrarte fallas inherentes y maneras de remediarlas, así que debes seguir intentando hasta dar en el clavo. Lo mismo se aplica a las empresas. En ellas, los errores y fracasos son tus maestros. Te señalan tus insuficiencias. Es difícil que la gente haga lo propio, porque a menudo calcula políticamente sus elogios y críticas. Tus fracasos te permiten ver, asimismo, las deficiencias de tus ideas sólo perceptibles al ejecutarlas. Entérate por este medio de lo que tu público necesita en verdad, de la discrepancia entre tus ideas y sus efectos.

Ley cotidiana: Las fallas son un medio de educación. Están tratando de decirte algo. Debes escuchar.

Maestría, II: Ríndete a la realidad: el aprendizaje ideal

13 de marzo

•

Resistencia creativa

Al considerar el trabajo en *Maestría*, me percaté de que representaba todo un reto. Yo ya sabía por mis libros anteriores que, cerca del final del proceso de escritura, podía estar tan exhausto que la escritura podía verse afectada. Creo que muchos escritores tienden a agotarse a medio camino en sus proyectos, abrumados por la complejidad y la falta de organización de su material. Decidí tratarlo como un maratón y encontrar una manera de construir resistencia para el esfuerzo extendido. Entonces decidí aumentar mi rutina de ejercicio. Normalmente me ejercito todos los días, pero ahora incrementaría poco a poco los tiempos y las distancias. Sabía que en cierto punto alcanzaría una meseta en la cual no me sentiría más fatigado con esos incrementos. Permanecería en el nivel de la meseta a lo largo de toda la duración del proyecto. En deportes como el ciclismo de larga distancia, este tipo de entrenamiento ayuda a elevar los niveles de resistencia. Es mejor permanecer en la meseta durante un periodo de tiempo que seguir incrementando el entrenamiento. Quería ver si esto se traduciría en niveles de energía más consistentes en mi trabajo.

Durante los últimos meses, cuando la cada vez más próxima fecha de entrega me hizo trabajar aún más duro que antes, me di cuenta de que me sentía considerablemente más tranquilo, más capaz de manejar el estrés, y de que tenía reservas de energía de las cuales disponer para las largas horas de trabajo. Llegué a la conclusión de que la mente y el cuerpo están tan interrelacionados que es imposible separar sus efectos sobre nosotros. Sentirse energizado influye en nuestro ánimo, lo que influye en nuestro trabajo de varias maneras directas. Y sentirse confundido o desorganizado en nuestro trabajo también puede tener un efecto terrible sobre nuestro físico.

Ley cotidiana: Crear cualquier cosa que valga la pena es como un maratón, y tú debes entrenarte para eso.

HuffPost, 15 de noviembre de 2012

14 de marzo

•

Sumérgete en los detalles

Cuando Leonardo da Vinci quiso crear un estilo pictórico totalmente nuevo, más natural y emotivo, se enfrascó en un obsesivo estudio de los detalles. Dedicó horas interminables a experimentar con formas de luz sobre diversos sólidos geométricos, para probar cómo podía la luz alterar la apariencia de los objetos. Consagró cientos de páginas de sus cuadernos a explorar las diversas gradaciones de sombras en todas las combinaciones posibles. Prestaba esa misma atención a los dobleces de un vestido, las formas del cabello, los minuciosos cambios en la expresión de un rostro humano. Cuando contemplamos su obra, no estamos conscientes de esos esfuerzos de su parte, pero sentimos que sus cuadros son mucho más vivos, como si él hubiera capturado la realidad.

En general, trata de abordar un problema o idea con una mente más abierta. Que tu estudio de los detalles guíe tu pensamiento y determine tus teorías. Concibe todo en la naturaleza, o en el mundo, como un holograma: la parte más pequeña que refleja algo esencial del conjunto. Tu inmersión en los detalles combatirá las tendencias generalizadoras del cerebro y te acercará más a la realidad.

Ley cotidiana: Descubre el secreto de cualquier realidad descubriendo los detalles.

Maestría, V: Descubre la mente dimensional: la fase creativa-activa

15 de marzo

•

Haz que tu trabajo cobre vida

El ansia de Leonardo da Vinci por llegar al corazón de la vida explorando sus detalles lo llevó a una elaborada indagación de la anatomía humana y animal. Quería ser capaz de dibujar a un ser humano o un gato desde adentro. Diseccionaba cadáveres, aserrando huesos y cráneos, y asistía religiosamente a autopsias para ver de cerca la estructura de los músculos y los nervios. Sus dibujos anatómicos se adelantaron a todos los de su época en realismo y precisión. Sigue el camino de Da Vinci en tu trabajo. La mayoría de la gente no tiene paciencia para asimilar los puntos finos y minucias que son parte intrínseca de su labor. Tiene prisa por crear efectos y llamar la atención; piensa a brochazos. Su trabajo revela inevitablemente falta de atención a los detalles; no se comunica profundamente con el público y parece endeble. Ve todo lo que produces como algo con vida y presencia propia. Viendo tu trabajo como algo vivo, tu camino a la maestría consiste en estudiar y asimilar esos detalles en forma universal, hasta que sientas la fuerza de la vida y puedas expresarla sin esfuerzo en tu obra.

Ley cotidiana: Ve tu trabajo como algo vivo. Tu tarea es darle vida y hacer que otros lo sientan.

Maestría, VI: Funde lo intuitivo con lo racional: maestría

16 de marzo

•

Cambia tu perspectiva

La lección es simple: lo que constituye la verdadera creatividad es la apertura y adaptabilidad de nuestro espíritu. Cuando vemos o experimentamos algo, debemos poder examinarlo desde diversos ángulos para ver más posibilidades aparte de las obvias. Debemos imaginar que los objetos a nuestro alrededor pueden usarse y cooptarse para propósitos diferentes. No tiene caso que nos aferremos a nuestra idea original por mera obstinación, o porque nuestro ego no resiste ser cuestionado. En cambio, debemos movernos con lo que se nos presenta en el momento, explorando y explotando diferentes ramificaciones y contingencias. Así lograremos convertir las plumas en material de vuelo. La diferencia no está entonces en un poder creativo inicial en el cerebro, sino en la forma en que observamos el mundo y la fluidez con que podemos reformular lo que vemos.

Ley cotidiana: La creatividad y la adaptabilidad son inseparables. Mira las cosas hoy desde todos los ángulos posibles.

Maestría, V: Descubre la mente dimensional: la fase creativa-activa

17 de marzo
•

Estos poderes no pueden ser baratos

Crear una obra de arte significativa o hacer un descubrimiento o invento requiere gran disciplina, autocontrol y estabilidad emocional. Supone dominar las formas de tu campo. Las drogas y la locura no hacen sino destruir esas facultades. No caigas presa de los mitos y clichés románticos que abundan en nuestra cultura sobre la creatividad, ofreciéndonos el pretexto o panacea de que tales facultades pueden conseguirse fácilmente. Al examinar la obra excepcionalmente creativa de los maestros, no ignores sus años de práctica, sus interminables rutinas, sus horas de duda y su tenaz conquista de obstáculos.

Ley cotidiana: La energía creativa es fruto de esos esfuerzos y nada más. No te subyugues a los mitos románticos.

Maestría, V: Descubre la mente dimensional: la fase creativa-activa

18 de marzo

•

El poder del deseo y la determinación

Cuando era más joven trabajé en una editorial en Nueva York. Una de las auto-ras que publicamos fue Toni Morrison. Era su primera novela. Nunca olvidaré la historia. Toni Morrison trabajaba como editora en esta casa editorial. Laboraba hasta las 6 o 7 p.m. y después tomaba el tren para ir a casa, en Connecticut. Ella criaba dos hijos. Llegaba a casa, les preparaba la cena, los acostaba, y a las 11 p.m. se sentaba a escribir. Y así es como escribió su primera novela. Ése es el tipo de energía y determinación que debes tener. Siempre pensé que aquello era sobrehu-mano. Sé que yo nunca podría hacerlo, pero mira ella en quién se ha convertido. Fue porque de verdad lo deseaba tanto.

Ley cotidiana: Para elevarte al nivel de la maestría requieres de una intensa dedicación. Realmente tienes que desearlo. ¿Qué te haría tener tal compro-miso y dedicación?

Robert Greene en conversación en Live Talks Los Ángeles, 11 de febrero de 2019

19 de marzo

•

La dinámica de amortiguamiento

Tal vez el mayor impedimento de la creatividad humana sea el declive natural que se instala con el tiempo en todo tipo de medio o profesión. En las ciencias o los negocios, cierta manera de pensar o actuar que alguna vez tuvo éxito se convierte muy pronto en paradigma, un procedimiento establecido. Al paso del tiempo, la gente olvida la razón inicial de ese paradigma y simplemente sigue una inanimada serie de técnicas. En las artes, alguien establece un estilo nuevo y vibrante, que expresa el particular espíritu de la época. Tiene atractivo porque es diferente. En poco tiempo surgen imitadores por todas partes. Esto pasa a ser una moda, algo a lo cual ajustarse, aun si la conformidad parece rebelde y afilada. Esto puede prolongarse diez, veinte años, hasta volverse un lugar común, puro estilo sin emoción ni necesidad reales. Nada en la cultura escapa a esta dinámica decadente. Este problema, sin embargo, ofrece grandes oportunidades a las personas creativas. El proceso es el siguiente: comienza por entrar en ti. Tienes algo que quieres expresar y que es exclusivamente tuyo, relacionado con tus inclinaciones. Debes estar seguro de que no es algo motivado por una tendencia o moda, sino que procede de ti y es genuino. Tal vez sea un sonido que no estás escuchando en la música, un tipo de historia que no está siendo narrada, una categoría de libros que no cabe en las ordenadas clasificaciones al uso. Permite que esa idea, sonido o imagen eche raíces en ti. Sintiendo la posibilidad de un nuevo lenguaje o manera de hacer las cosas, toma la decisión consciente de oponerte a las convenciones que juzgas muertas y de las que quieres deshacerte.

Ley cotidiana: La gente se muere por lo nuevo, por lo que exprese el espíritu de la época en forma original. Creando algo nuevo, generarás tu propio público y alcanzarás la suprema posición de poder en la cultura.

Maestría, V: Descubre la mente dimensional: la fase creativa-activa

20 de marzo

•

El cerebro del maestro

Ahora podemos decir con confianza que el cerebro es un sistema biológico
extraordinariamente plástico que se encuentra en un estado de equilibrio dinámico
con el mundo exterior. Incluso sus conexiones básicas se actualizan constantemente
en respuesta a las demandas sensoriales cambiantes.

—V. S. RAMACHANDRAN

Al practicar una habilidad en sus etapas iniciales, sucede algo neurológico en el cerebro que es importante que comprendas. Cuando comienzas algo nuevo, gran número de neuronas de la corteza frontal (el área de mando más elevada y consciente del cerebro) se activan para ayudarte a aprender. El cerebro debe lidiar entonces con gran cantidad de información nueva, lo que resultaría estresante y abrumador si estuviera únicamente a cargo de una parte limitada del cerebro. La corteza frontal aumenta incluso de tamaño en esta fase inicial, durante la que nos concentramos mucho en una tarea. Pero una vez que algo se repite lo suficiente, se vuelve fijo y automático, y las vías neurales de la habilidad respectiva se delegan a otras partes del cerebro, abajo de la corteza. Las neuronas de la corteza frontal necesarias en las etapas iniciales son descargadas ahora para ayudarnos a aprender otra cosa y aquella área recupera su tamaño normal. Al final se habrá desarrollado toda una red de neuronas para recordar esa tarea específica, lo que explica que podamos seguir andando en bicicleta años después de haber aprendido a hacerlo. Si pudiéramos asomarnos a la corteza frontal de quienes han dominado algo mediante repetición, la hallaríamos notoriamente quieta e inactiva mientras ellos ejercen esa habilidad. Toda su actividad cerebral sucede en áreas inferiores y requiere menos control consciente.

Ley cotidiana: Cuantas más habilidades aprendas, más rico será el paisaje del cerebro. La decisión es tuya.

Maestría, II: Ríndete a la realidad: el aprendizaje ideal

21 de marzo

·

El maestro universal

La maestría de Johann Wolfgang von Goethe no terminaba en este o aquel tema, sino que establecía relaciones entre ellos con base en décadas de profunda observación y reflexión. Goethe es epítome de lo que se conoció en el Renacimiento como el ideal del hombre universal: una persona tan empapada de todas las formas del conocimiento que su mente se acerca a la realidad de la naturaleza y ve secretos invisibles para la mayoría. Hoy algunos podrían ver a una persona semejante a Goethe como una curiosa reliquia del siglo XVIII, y su ideal de unificar el conocimiento como un sueño romántico, pero lo cierto es lo contrario, por una simple razón: el diseño del cerebro humano —su inherente necesidad de establecer relaciones y asociaciones— le concede una voluntad propia. Aunque esta evolución podría implicar varios vuelcos en la historia, el deseo de asociación se impondrá al final, por ser una parte tan poderosa de nuestra inclinación y naturaleza. En la actualidad ciertos aspectos de la tecnología ofrecen medios sin precedente para establecer relaciones entre campos e ideas. En todas las formas posibles, pugna por ser parte de este proceso de universalización, extendiendo tus conocimientos a otras ramas, cada vez más lejos. Las ideas sustanciales que se desprenderán de esa búsqueda serán su propia recompensa.

Ley cotidiana: Amplía tu conocimiento más y más, esto te llevará a establecer conexiones de gran alcance.

Maestría, VI: Funde lo intuitivo con lo racional: maestría

22 de marzo

•

Sobre la meditación

Todos los problemas de la humanidad surgen de la incapacidad del hombre de sentarse
solo y en silencio en una habitación.
—BLAISE PASCAL

A menudo los escritores comienzan con una idea emocionante, lo cual se ve reflejado en la energía de los primeros capítulos. Después, parecieran perderse en el material. La organización del libro se cae a pedazos. Comienzan a repetir las mismas ideas. Los últimos capítulos no tienen el mismo brío que los del principio. Es difícil mantener el propio entusiasmo, la energía y la frescura a lo largo de los meses y años que requiere un libro. Para ayudarme a evitar semejante destino, practico cuarenta minutos de meditación zen (conocida como *zazen*) todas las mañanas. En esta forma de meditación (llamada *shikantaza*) el objetivo principal es aprender a vaciar la mente, desarrollar poderes superiores de concentración (*joriki*) y acceder a formas más inconscientes e intuitivas de pensamiento. La meditación ha mejorado significativamente mi habilidad para concentrarme al leer o tomar notas. Las molestias que años atrás solían irritarme ahora son principalmente ignoradas u olvidadas. He desarrollado paciencia para lidiar con la monotonía de la práctica y soy más capaz de manejar las críticas mezquinas. Desde el principio pude ver cómo esta rutina me ayudaba de varias maneras y desde entonces he meditado todos los días por la mañana. Si te sientes inquieto en tu camino hacia la maestría o encuentras que las pequeñas cosas suelen exasperarte y distraerte del trabajo de tu vida, te recomiendo que comiences a meditar.

Ley cotidiana: La mente del Maestro debe ser capaz de concentrarse en una cosa por largos periodos de tiempo. Desarrolla tales hábitos.

powerseductionandwar.com, 4 de septiembre de 2014

23 de marzo

•

Escucha a tu frustración

El compositor Richard Wagner había trabajado tanto en su ópera *Das Rheingold* (El oro del Rin) que se bloqueó por completo. Más que frustrado, fue a dar un largo paseo al bosque, se acostó y se durmió. En una especie de duermevela, sintió que se sumergía en agua que corría a toda velocidad. Aquellos sonidos acelerados se convirtieron en acordes musicales. Despertó, sobrecogido por una sensación de ahogo. Corrió a casa y anotó los acordes de su sueño, que parecían evocar a la perfección el sonido del agua al correr. Esos acordes se convirtieron en el preludio de la ópera, un *leitmotif* que la recorre y una de las piezas más asombrosas que él haya escrito nunca. Estas historias son tan comunes que indican algo esencial del cerebro y la forma en que llega a ciertas cimas de creatividad. Podemos explicar este patrón de la siguiente manera: si siguiéramos tan entusiasmados como lo estamos al principio de nuestro proyecto, manteniendo la sensación intuitiva que lo ocasionó todo, no podríamos tomar la distancia necesaria para examinar nuestro trabajo con objetividad y mejorarlo. Perder ese impulso inicial hace que trabajemos y retrabajemos la idea. Esto nos obliga a no aceptar demasiado pronto una solución fácil. La creciente frustración y tirantez resultante de una dedicación obstinada a un problema o idea conduce de manera natural a un límite. Nos damos cuenta de que no vamos a ninguna parte. Esos momentos son señales del cerebro para desafanarnos, durante el periodo que sea necesario, y las personas más creativas aceptan esto, ya sea consciente o inconscientemente.

Ley cotidiana: Aléjate cuando estés bloqueado. Haz algo más. El cerebro con el tiempo te llevará de regreso.

Maestría, V: Descubre la mente dimensional: la fase creativa-activa

24 de marzo

•

La mente es un músculo

Concibe la mente como un músculo que naturalmente se tensa con el tiempo a menos que se le ejercite a conciencia. La causa de esa tensión es doble. Primero, por lo general preferimos conservar nuestras mismas ideas y maneras de pensar porque nos ofrecen una sensación de consistencia y familiaridad. Apegarnos a los mismos métodos de siempre también nos ahorra mucho esfuerzo. Somos animales de costumbres. Segundo, cada vez que nos sumergimos en un problema o idea nuestra mente estrecha en forma natural su foco de atención a causa del esfuerzo implicado. Esto quiere decir que cuanto más progresamos en nuestra tarea creativa, menos posibilidades o puntos de vista alternativos tendemos a considerar. Este proceso de tensamiento nos afecta a todos y es mejor admitir que tú compartes este defecto. El único antídoto es aplicar estrategias para relajar la mente y aceptar otras maneras de pensar. Esto no sólo es esencial para el proceso creativo, sino también sumamente terapéutico para nuestra psique. Estimular tu cerebro y tus sentidos desde todas las direcciones te ayudará a desbloquear tu creatividad natural y te ayudará a revivir tu mente original.

Ley cotidiana: No te pongas cómodo. Toma riesgos. Cambia. Intenta aprender sobre un campo del que no sabes nada. O asume un punto de vista que nunca has considerado.

Maestría, V: Descubre la mente dimensional: la fase creativa-activa

25 de marzo

•

Cultiva la capacidad negativa

Esta aptitud para soportar e incluso aceptar los misterios e incertidumbres es lo que John Keats llamó *capacidad negativa*. Todos los maestros poseen esta capacidad negativa, y ésta es la fuente de su fuerza creativa. Esta cualidad les permite abrigar una amplia gama de ideas y experimentar con ellas, lo que a su vez vuelve su trabajo más rico e inventivo. A lo largo de su carrera, Mozart nunca emitió opiniones particulares sobre música. En cambio, asimiló los estilos que oía a su alrededor y los incorporó a su voz. Más tarde, se encontró por primera vez con la música de Johann Sebastian Bach, un tipo de música muy diferente de la suya, y en ciertos sentidos más compleja. La mayoría de los artistas se pondrían a la defensiva y desdeñarían algo que pusiera en duda sus principios. Por el contrario, Mozart abría su mente a nuevas posibilidades y estudió durante casi un año el uso, por parte de Bach, del contrapunto, que asimiló en su vocabulario. Esto dio a su música una calidad nueva y sorpresiva. Esto podría parecer una presunción poética, pero de hecho cultivar la capacidad negativa será el factor más importante en tu éxito como pensador creativo. La necesidad de certidumbre es la peor enfermedad que la mente puede enfrentar.

Ley cotidiana: Desarrolla el hábito de suspender la necesidad de juzgar todo lo que se cruza en tu camino. Considera e incluso acepta momentáneamente puntos de vista contrarios a los tuyos, para ver qué sientes. Haz cualquier cosa que rompa tu procedimiento mental normal y tu sensación de que ya conoces la verdad.

Maestría, V: Descubre la mente dimensional: la fase creativa-activa

26 de marzo

•

Presta atención a las pistas negativas

En el cuento "Silver Blaze" ("Fuego plateado"), de Arthur Conan Doyle, Sherlock Holmes resuelve un crimen prestando atención a lo que no ocurrió: el perro de la familia no había ladrado. Esto quería decir que el asesino era alguien que el perro conocía. Esta historia ilustra el hecho de que la persona promedio no suele prestar atención a lo que llamaremos *pistas negativas*, lo que debería haber ocurrido pero no sucedió. Tendemos por naturaleza a fijarnos en la información positiva, a notar sólo lo que podemos ver y oír. Hace falta un tipo creativo como Holmes para pensar más amplia y rigurosamente, ponderando la información faltante en el suceso, visualizando su ausencia con la misma facilidad con que advertimos la presencia de algo. Durante siglos, los médicos consideraron las enfermedades exclusivamente como algo que se derivaba del exterior del cuerpo, atacándolo: un germen contagioso, una ráfaga de aire frío, vapores miasmáticos, etcétera. El tratamiento dependía de encontrar medicinas que contratacaran los dañinos efectos de esos agentes ambientales de enfermedades. Pero a principios del siglo xx, el bioquímico Frederick Gowland Hopkins, al estudiar los efectos del escorbuto, tuvo la idea de invertir esa perspectiva. La causa del problema en esta dolencia particular, especuló, no era lo que atacaba desde fuera, sino lo que faltaba dentro del cuerpo, en este caso, lo que terminaría por conocerse como vitamina C. Pensando creativamente, no examinó lo presente, sino justo lo ausente, para resolver el problema. Esto desembocó en su trabajo seminal sobre las vitaminas y alteró por completo nuestro concepto de la salud.

Ley cotidiana: La capacidad de relajar nuestra mente, de alterar nuestra perspectiva, es una función de nuestra imaginación. Aprende a imaginar más posibilidades de las que generalmente consideras. Evita fijarte sólo en lo que está presente. Reflexiona sobre lo que está ausente.

Maestría, V: Descubre la mente dimensional: la fase creativa-activa

27 de marzo

•

El poder de las experiencias cumbre

La persona en experiencias cumbre se siente, más que en otras ocasiones, responsable,
activa, el centro creador de sus actividades y de sus percepciones. Se siente más
como un motor principal, más autodeterminado (en lugar de causado, determinado,
indefenso, dependiente, pasivo, débil, mandado). Se siente jefa de sí misma,
plenamente responsable, plenamente volitiva, con más libre albedrío que en
otras épocas, dueña de su destino, su agente.
—ABRAHAM MASLOW

Tal vez la dificultad más grande que enfrentarás para mantener un propósito elevado y coherente es el nivel de compromiso que se requiere con el paso del tiempo y los sacrificios que esto implica. Deberás manejar muchos momentos de frustración, tedio y fracaso, así como las interminables tentaciones de la cultura occidental para los placeres inmediatos. Los beneficios ya enlistados en las claves no son manifiestos al instante. Y cuando los años se acumulen, podrías enfrentar agotamiento. Para compensar ese tedio, debes tener momentos de flujo en los que tu mente se sumerja tanto en el trabajo que seas transportado más allá de tu ego. Experimentarás sensaciones de gran tranquilidad y alegría. El psicólogo Abraham Maslow las llamó "experiencias cumbre"; una vez que las tienes, cambias para siempre. Sentirás la compulsión de repetirlas. Los inmediatos placeres del mundo palidecerán en comparación. Y cuando te sientas recompensado por tu dedicación y sacrificios, tu propósito se intensificará.

Ley cotidiana: Entra en un estado de flujo hoy. Deshazte de las distracciones y los placeres baratos. Piérdete en el trabajo.

Las leyes de la naturaleza humana, 8: Cambia tus circunstancias, cambia de actitud.
La ley del autosabotaje

28 de marzo

•

Ve más allá del intelecto

Abstrayéndose intensa y largamente en un campo particular, los maestros llegan a entender todas las partes de lo que estudian. Alcanzan un punto en el que todo eso se ha interiorizado y ellos ya no ven las partes, sino que adquieren una *sensación intuitiva del todo*. Literalmente ven o sienten la dinámica. En las ciencias de la vida tenemos el ejemplo de Jane Goodall, quien estudió durante años a los chimpancés en las selvas del África oriental viviendo entre ellos. Al interactuar constantemente con estos animales, llegó a un punto en que comenzó a pensar como uno de ellos y pudo ver elementos de su vida social que ningún otro científico habría atinado siquiera a suponer. Obtuvo una sensación intuitiva no sólo de cómo operaban como individuos, sino también como grupo, lo cual es parte inseparable de su vida. Hizo descubrimientos de la vida social de los chimpancés que alteraron para siempre nuestra concepción de estos animales y que no son menos científicos por haber dependido de ese profundo nivel de intuición.

Ley cotidiana: Con el tiempo, los maestros obtienen una sensación intuitiva de su área de estudio. Es una emoción y alegría que te espera si eres paciente.

Maestría, VI: Funde lo intuitivo con lo racional: maestría

29 de marzo

•

Fusionar lo intuitivo con lo racional, A

Albert Einstein llamó a la mente intuitiva o metafórica un regalo sagrado. Añadió que la mente racional era un fiel servidor. Es paradójico que en el contexto de la vida moderna hayamos comenzado a adorar al siervo y profanar a la divinidad.
—Bob Samples

Todos tenemos acceso a una forma superior de inteligencia, que puede permitirnos ver más en el mundo, predecir tendencias, responder con precisión y rapidez a cualquier circunstancia. Esta inteligencia se cultiva sumergiéndonos profundamente en un campo de estudio y siendo fieles a nuestras inclinaciones, por desacostumbrado que los demás juzguen nuestro enfoque. Gracias a esa inmersión intensa de muchos años, logramos interiorizar y obtener una sensibilidad intuitiva para los componentes complicados de nuestro campo. Cuando fundimos esta intuición con procesos racionales, ampliamos nuestra mente más allá de su potencial y podemos ver la esencia secreta de la vida. Luego obtenemos facultades semejantes a la fuerza y velocidad instintivas de los animales, aunque con el alcance adicional que la conciencia humana nos brinda.

Ley cotidiana: Este poder es al que nuestro cerebro propende en forma natural, y seremos llevados a ese tipo de inteligencia si seguimos nuestras inclinaciones hasta sus últimas consecuencias.

Maestría, VI: Funde lo intuitivo con lo racional: maestría

30 de marzo

•

Fusionar lo intuitivo con lo racional, B

El gran maestro del ajedrez Bobby Fischer dijo en una ocasión que era capaz de pensar más allá de los movimientos de sus piezas en el tablero; pasado un tiempo, podía ver "campos de fuerzas" que le permitían anticipar la dirección entera de la partida. El pianista Glenn Gould ya no tenía que concentrarse en notas o partes de la música que tocaba, sino que veía la arquitectura completa de la pieza y podía expresarla. Albert Einstein fue repentinamente capaz no sólo de comprender la solución de un problema, sino también de ver el universo en una forma por completo nueva, contenida en la imagen visual que intuyó. En todos estos ejemplos, practicantes de diversas habilidades describieron una sensación de *ver más*. Todos tenemos acceso a una forma superior de inteligencia, que puede permitirnos ver más en el mundo, predecir tendencias, responder con precisión y rapidez a cualquier circunstancia. Al moverte a través de estos diversos pasos, con una energía intensa, debes tener fe en que estos poderes intuitivos te llegarán con el tiempo. La capacidad de sentir la dinámica general en cualquier situación, de prever problemas y soluciones antes que nadie, te llevará a las alturas del poder.

Ley cotidiana: Si te mantienes en el camino, estos poderes de dominio acudirán a ti.

Maestría, VI: Funde lo intuitivo con lo racional: maestría

31 de marzo

•

Conéctate a tu destino

¡No hables de talentos concedidos, innatos! Sería posible mencionar a toda clase de grandes hombres muy poco dotados. Adquirieron grandeza, se volvieron "genios" [...]
Se dieron tiempo para ello.
—FRIEDRICH NIETZSCHE

La maestría no es cuestión de genética ni suerte, sino de seguir tus inclinaciones naturales y el deseo profundo que se agita en tu interior. Todos tenemos esas inclinaciones. Ese deseo dentro de ti no está motivado por el egotismo o una insaciable ambición de poder, emociones ambas que se interponen en el camino de la maestría. Es en cambio una expresión profunda de algo natural, algo que te marcó como único al nacer. Al seguir tus inclinaciones y avanzar hacia la maestría, haces una gran contribución a la sociedad, enriqueciéndola con descubrimientos e ideas, y aprovechando al máximo la diversidad de la naturaleza y la sociedad humana. El colmo del egoísmo es, de hecho, consumir meramente lo que otros crean y refugiarte en una concha de metas limitadas y placeres inmediatos. Alienarte de tus inclinaciones sólo puede causar a la larga dolor y decepción, y una sensación de que has desperdiciado algo excepcional. Ese dolor puede expresarse en amargura y envidia, y no reconocerás la verdadera fuente de tu depresión. Tu *yo verdadero* no habla con palabras o frases banales. Su voz procede del *fondo* de tu ser, de los sustratos de tu psique, de algo físicamente incrustado en ti. Emana de tu singularidad y se comunica mediante sensaciones y potentes deseos que parecen trascenderte. En definitiva, te es imposible comprender por qué te atraen ciertas actividades y formas de conocimiento. Lo cierto es que esto no puede verbalizarse ni explicarse. Es simplemente un hecho de la naturaleza.

Ley cotidiana: Al seguir esta voz, te das cuenta de tu propio potencial y satisfaces tus anhelos más profundos de crear y expresar tu singularidad. Existe para un propósito, y es tu tarea en la vida llevarlo a buen término.

Maestría, VI: Funde lo intuitivo con lo racional: maestría

Abril

El perfecto cortesano

JUGANDO EL JUEGO DEL PODER

El juego del poder es un juego de constante duplicidad que se parece mucho a la dinámica del poder que existía en el intrigante mundo de las viejas cortes aristocráticas. A lo largo de la historia, una corte siempre se ha formado alrededor de la persona en el poder: rey, reina, emperador, líder. Los cortesanos que llenaban esta corte estaban en una posición especialmente delicada: tenían que servir a sus amos, pero si parecían demasiado aduladores, si se ganaban su favor con demasiada obviedad, los otros cortesanos se daban cuenta y actuaban contra ellos. Por otro lado, se suponía que la corte representaba la cumbre de la civilización y el refinamiento. Éste era el dilema de los cortesanos: sin dejar de parecer el modelo mismo de la elegancia, tenían que ser más listos que sus oponentes y boicotearlos de la forma más sutil. La vida en la corte era un juego interminable que requería de una constante vigilancia y de pensamiento táctico. Era una guerra civilizada. Hoy nosotros nos enfrentamos a una paradoja peculiarmente similar a la del cortesano: todo debe parecer civilizado, decente, democrático y justo. Pero si jugamos aplicando esas reglas demasiado rigurosamente, si las tomamos demasiado al pie de la letra, seremos destrozados por aquéllos a nuestro alrededor que no fueron tan tontos. Como escribió el gran diplomático y cortesano del Renacimiento Nicolás Maquiavelo: "Cualquier hombre que trate de ser bueno todo el tiempo está destinado a caer en la ruina entre la gran cantidad de hombres que no son buenos". La corte se imaginaba a sí misma como el pináculo del refinamiento, pero debajo de esa superficie lustrosa hervía un caldero de emociones oscuras: codicia, envidia, lujuria, odio. Del mismo modo, nuestro mundo actual se imagina a sí mismo como el pináculo de la justicia y, sin embargo, las mismas horrendas emociones siguen agitándose dentro de nosotros, como lo han hecho siempre. El juego es el mismo. El mes de abril te enseñará a jugar el juego del poder como un perfecto cortesano.

Cuando entras al mundo real, de pronto te sientes perdido en todo este universo que existe. Es como nuestro pequeño secreto prohibido. La gente habla de su vida sexual, pero nadie habla de todos los juegos de poder que constantemente se están desarrollando en el mundo. Por lo tanto, yo quiero intervenir con mi propia historia personal de cuando salí de la universidad y súbitamente me vi confrontado con este mundo real.

Yo me había graduado con una formación en literatura clásica, griego antiguo y latín. Estaba inmerso en el estudio de la filosofía, la literatura y los idiomas. Entonces, cuando empecé a trabajar, principalmente en revistas, con mi primer empleo en *Esquire*, yo no tenía idea de cómo funcionaban las cosas en el mundo real, y quedé muy sorprendido por todos los egos, las inseguridades, los juegos y las cuestiones políticas. Realmente me molestó y me hizo enfadar. Recuerdo un empleo en particular, cuando tenía unos veintiséis o veintisiete años, que me afectó profundamente.

No voy a decirte de qué empleo se trataba. No quiero que lo busques en Google y descubras de quién estoy hablando. Pero, básicamente, mi trabajo consistía en buscar historias que luego serían integradas a una serie documental, y a mí se me juzgaba por cuántas buenas historias encontraba. Yo soy una persona muy competitiva, y lo estaba haciendo mejor que cualquier otra persona en el trabajo. Encontraba más historias que acababan siendo producidas, y me decía: "¿Acaso no se trata de eso? Queremos producir un programa. Queremos que se haga el trabajo, y yo estoy cumpliendo con mi parte".

De pronto descubrí que mi jefa claramente no estaba contenta conmigo. Yo estaba haciendo algo mal, ella estaba molesta, pero yo no podía entender de qué se trataba.

Traté de ponerme en sus zapatos. Pensé: "¿Qué estoy haciendo que pueda molestarla? Es evidente que soy productivo en mi trabajo". Y comprendí: "Bueno, tal vez es porque no la estoy involucrando en lo que hago, en mis ideas. Tal vez deba comentarlas con ella. Tengo que involucrarla más, de manera que ella se sienta parte de la investigación que estoy realizando".

Entonces iba a su oficina y le platicaba de dónde venían mis ideas. Intentaba implicarla más, suponiendo que ése era el problema. Bueno, eso no pareció funcionar. Claramente seguía sin estar contenta conmigo. Quizá simplemente no le agradaba. Así que pensé, yendo más lejos: "Bueno, tal vez no soy lo suficientemente amigable con ella. Tal vez necesito ser más simpático con ella. Tal vez necesito ir a su oficina y no hablar de trabajo, sino sólo hablar y ser agradable".

Okey. Ésa era la estrategia número dos. Comencé a hacer eso. Ella siguió pareciendo realmente fría. Está bien, pensé, me odia. Así es la vida. No todos pueden amarte. Eso debe ser. Sólo continuaré haciendo mi trabajo. Entonces un día que estábamos en una junta discutiendo nuestras ideas y mi mente se encontraba en otro lado, ella interrumpió de repente y dijo, "Robert, tienes un problema de actitud".

"¿Qué?"

"No estás escuchando a la gente."

"Estoy escuchando." Me puse un poco a la defensiva. "Yo produzco. Trabajo duro", dije. "No vas a juzgarme sólo por qué tan abiertos están mis ojos y cómo escucho a las personas." Ella insistió: "No. Tienes un problema".

"Lo siento. Me parece que no."

Como sea, a lo largo de las siguientes semanas ella comenzó a torturarme sobre mi supuesta mala actitud. Y, por supuesto, desarrollé una mala actitud. Comencé a estar resentido con ella. Un par de semanas más tarde renuncié porque simplemente lo odiaba. De cualquier forma, probablemente renuncié una semana antes de que me corrieran. Fui a casa y a lo largo de varias semanas reflexioné profundamente en aquello. ¿Qué es lo que había pasado? ¿Qué había hecho mal? Quiero decir, ¿simplemente no le agradaba? Yo creo que soy una persona agradable.

Finalmente, luego de mucho análisis, llegué a la conclusión de que había violado una ley del poder diez años antes de que siquiera escribiera el libro. Ley 1: Nunca Opaques al Maestro. Y yo había llegado a ese entorno pensando que lo importante era hacer un gran trabajo y mostrar lo talentoso que era. Pero al hacerlo, provoqué que esa mujer, mi superior, se sintiera insegura de que tal vez yo buscaba su empleo o de que yo era mejor que ella. Y yo la hacía ver mal porque las grandes ideas venían de mí y no de ella. En realidad, no era su culpa. Yo había violado la Ley 1. Y cuando violas la Ley 1, vas a sufrir por ello, porque estás tocando el ego y las inseguridades de una persona. Eso es lo peor que puedes hacer, y eso es lo que me había ocurrido.

Cuando reflexioné en esto, se volvió un momento decisivo en mi vida. Dije: "Nunca dejaré que esto ocurra otra vez. Y nunca voy a tomar las cosas de un modo personal ni me voy a alterar". Porque eso es lo que sucedió. En esencia yo reaccioné emocionalmente a su frialdad y antagonismo, y desarrollé una mala actitud. Nunca más. Soy un escritor. Voy a ver estos empleos desde cierta distancia. Voy a convertirme en un maestro observador del juego del poder. Voy a mirar a esta gente como si fueran ratones en un laboratorio y yo fuera el científico.

De pronto esto me permitió no solamente observar los juegos de poder que se desarrollaban en los numerosos empleos que había tenido, sino que también, al guardar esa distancia y contemplar el mundo de esta manera, repentinamente obtuve poder. No me enredaba emocionalmente y podía lidiar con las cosas con mucha mayor facilidad. Desde tal perspectiva desarrollé *Las 48 leyes del poder*. Lo que yo decidí en *Las 48 leyes* es que ésta es la realidad con la que todos debemos lidiar: somos criaturas sociales, vivimos en entornos donde hay todo tipo de redes complicadas y estamos definidos, de cierta manera, por la manera en que manejamos estos entornos, esta realidad.

1 de abril

•

Nunca le hagas sombra a tu amo

Evite las victorias sobre su amo. Toda superioridad es odiosa, y si es sobre el príncipe,
es estúpida y fatal.
—Baltasar Gracián

No permitas que tus deseos de complacer o impresionar te induzcan a hacer ostentación de tus talentos y de tu capacidad, ya que ello podrá generar un efecto opuesto al deseado, es decir, inspirar temor e inseguridad en tus superiores. Todos tenemos inseguridades. Cuando uno se presenta ante el mundo y muestra sus talentos, naturalmente genera en los demás todo tipo de resentimientos, envidia y otras manifestaciones de inseguridad. Esto es algo que hay que tener en cuenta. Uno no puede pasar la vida preocupándose por los mezquinos sentimientos de los demás. Sin embargo, con tus superiores deberás encarar la situación de manera diferente: cuando se trata del poder, hacerle sombra al amo es quizás el peor error de todos los que se pueden cometer. Por ejemplo, si eres más inteligente que tu amo, demuestra lo opuesto: hazlo parecer más inteligente que tú. Si tus ideas son más creativas que las de tu amo, debes atribuírselas de la manera más pública posible. Deja en claro que tu consejo es sólo un eco del consejo de él. Si superas a tu amo en rapidez e ingenio, está bien que desempeñes el papel del bufón del rey, pero no lo hagas parecer a él frío y taciturno en comparación. Si eres por naturaleza más sociable y generoso que tu amo, ten cuidado de no convertirte en la nube que tapa la luz que él irradia hacia los demás. Es tu amo el que tiene que parecer el Sol, en torno del cual gira todo el mundo, un Sol que irradia poder y esplendor y se constituye en centro de atención.

Ley cotidiana: Siempre haz que los de arriba se sientan cómodamente superiores.

Las 48 leyes del poder, Ley nº 1: Nunca le hagas sombra a tu amo

2 de abril

•

Haz que el amo se sienta glorioso y superior

Como todos los científicos del Renacimiento, Galileo dependía de la generosidad de los grandes gobernantes para desarrollar sus investigaciones. Pero, por importantes que fuesen sus descubrimientos, sus amos, por lo general, le retribuían con obsequios y no con dinero en efectivo. Galileo vislumbró una nueva estrategia en 1610, cuando descubrió las lunas de Júpiter. Galileo convirtió este descubrimiento en un acontecimiento cósmico que honraba la grandeza de los Médici. Ellos nombraron a Galileo filósofo y matemático oficial de la corte, con un salario respetable. Ni siquiera los científicos pueden eludir las veleidades de la vida cortesana y los padrinazgos. Como todos, necesitan servir a los amos que controlan los recursos monetarios. Y su gran poder intelectual puede hacer que esos amos se sientan poco seguros de sí mismos y perciban que sólo están para suministrar los fondos... una tarea poco noble. El productor de una gran obra quiere sentir que es algo más que el que financia una empresa; también quiere aparecer como creativo y poderoso, incluso más poderoso que la obra producida en su nombre. En lugar de hacerlo sentir inseguro, es necesario concederle gloria. Galileo no desafió la autoridad intelectual de los Médici con su descubrimiento, ni los hizo sentir inferiores. Al ponerlos literalmente en el nivel de los astros, los hizo aparecer como tales en las cortes italianas. No le hizo sombra a su amo, sino que logró que su amo brillara más que nadie.

Ley cotidiana: No sólo no eclipses al amo, sino que haz que los que están por encima de ti resplandezcan.

Las 48 leyes del poder, Ley nº 1: Nunca le hagas sombra a tu amo

3 de abril

•

Descubre quién maneja los hilos

El poder existe siempre en forma concentrada. En una organización resulta inevitable que sea un pequeño grupo el que maneje los hilos del poder, y a menudo no son los que ostentan los grandes títulos. En el juego del poder, sólo el necio revolotea de un lado a otro, sin fijarse un objetivo definido. Es necesario descubrir quién controla las operaciones, quién es el verdadero director tras las bambalinas. Richelieu, al comienzo de su ascenso hacia la cumbre de la escena política francesa, a principios del siglo XVII, descubrió muy pronto que no era Luis XIII quien tomaba las decisiones, sino la madre del rey. De modo que se alió con ella y así fue catapultado, a través de los rangos cortesanos, hasta la cima del poder. Basta con encontrar un solo y rico pozo petrolero, y tu riqueza y poder quedarán asegurados por el resto de tu vida.

Ley cotidiana: Cuando busques fuentes de poder que puedan promoverte, busca a aquellos que realmente controlan las operaciones. No siempre son quienes piensas. Una vez identificados, apégate a ellos.

Las 48 leyes del poder, Ley n° 23: Concentra tus fuerzas

4 de abril

•

Saber cuándo tomar y dar crédito

Asegúrate de saber cuándo conviene a tus fines permitir que otros compartan tu mérito. Es particularmente importante no ser codicioso cuando se tiene un amo a quien servir. La histórica visita del presidente estadunidense Richard Nixon a la República Popular China fue en principio su propia idea, pero quizá nunca se hubiese llevado a cabo de no haber sido por la sagaz diplomacia de Henry Kissinger. Y sin la habilidad de Kissinger tampoco habría tenido el éxito que tuvo. Sin embargo, en el momento de repartir méritos, Kissinger permitió que fuese Nixon quien se quedara con gran parte de los laureles. Sabiendo que, tarde o temprano, la verdad saldría a relucir, Kissinger tuvo mucho cuidado de no poner en peligro su posición en el corto plazo acaparando la atención, sino que manejó el juego con gran pericia: se atribuyó los méritos del trabajo de sus subordinados al tiempo que cedía con generosidad el mérito de su propio trabajo a su superior. Es así como se juega este juego.

Ley cotidiana: Toma el crédito de los que están debajo de ti. Da crédito a los de arriba.

Las 48 leyes del poder, Ley n° 7: Logra que otros trabajen por ti,
pero no dejes nunca de llevarte los laureles

5 de abril

•

Conviértete en un personaje de poder

En 1832, un editor aceptó la primera novela importante de Aurore Dupin Dudevant, *Indiana*. Ella había optado por publicarla bajo un seudónimo, "George Sand", de modo que todo París supuso que aquel nuevo e interesante escritor era un hombre. Dudevant ya acostumbraba usar ropa de hombre antes de crear a "George Sand" (las camisas masculinas y los pantalones de montar le resultaban más cómodos que la ropa de mujer); ahora, como figura pública, exageró aquella imagen. Agregó a su vestuario largos gabanes de hombre, sombreros grises, pesadas botas y elegantes corbatines. Fumaba cigarros y en su conversación se expresaba como un hombre, sin temer dominar el diálogo o utilizar expresiones fuertes. El extraño escritor "masculino/femenino" fascinó al público. Pero quienes conocían a Sand comprendían que el personaje masculino que interpretaba la protegía de los inquisitivos ojos del público. Para el mundo, disfrutaba desempeñando su parte al máximo; en privado, seguía siendo ella misma. También se dio cuenta de que el personaje de "George Sand" podía agotarse o tornarse predecible, de manera que, para evitarlo, de vez en cuando modificaba en forma dramática la personalidad que se había inventado; incursionó en la política, encabezando manifestaciones e inspirando revueltas estudiantiles. Nadie dictaría límites al personaje que había creado. Mucho después de su muerte, y cuando casi todos han dejado de leer sus novelas, la magnificencia teatral de su personaje continúa fascinando e inspirando. Comprende: las características con las que pareces haber nacido no necesariamente son lo que tú eres; más allá de las que has heredado, tus padres, tus amigos y tus pares te han ayudado a modelar tu personalidad. La prometeica tarea de los poderosos consiste en asumir el control de ese proceso, dejar de permitir que los demás ejerzan la capacidad de limitar y modelar.

Ley cotidiana: Conviértete en un personaje de poder. Trabajar sobre ti mismo, como lo hace el artista con la arcilla, debe ser una de tus principales y más gratificantes tareas en la vida. Eso te torna, en esencia, en un artista, un artista que se crea a sí mismo.

Las 48 leyes del poder, Ley nº 25: Procura recrearte permanentemente

6 de abril

•

Parecer más tonto de lo que eres

Sepa utilizar la necedad. El mayor sabio juega alguna vez esta carta, y hay ocasiones
en que el mejor saber consiste en mostrar que no sabemos. No se ha de ignorar,
pero sí fingir que se ignora.
—BALTASAR GRACIÁN

Si eres ambicioso pero te encuentras en una posición jerárquica baja, este truco puede ser util: parecer menos inteligente de lo que eres, y hasta mostrarte un poco tonto, constituye el disfraz perfecto. Mantén la apariencia de un cerdo inofensivo, y nadie creerá que albergas ambiciones peligrosas. Incluso podrán llegar a promoverte, gracias a que se te ve tan sumiso. La inteligencia es la cualidad más obvia que disimular, pero ¿por qué limitarse a ella? El buen gusto y la sofisticación se ubican muy cerca de la inteligencia en la escala de la vanidad. Haz sentir a los otros que son más sofisticados que tú, y de inmediato bajarán la guardia. Un aire de completa ingenuidad puede hacer maravillas.

Ley cotidiana: Por lo general, siempre haz creer a los demás que son más inteligentes y más sofisticados que tú. Buscarán conservar tu cercanía porque tú los haces sentirse mejor, y cuanto más estés al lado de ellos, más oportunidades tendrás de engañarlos.

Las 48 leyes del poder, Ley nº 21: Finge candidez para atrapar a los cándidos:
muéstrate más tonto que tu víctima

7 de abril

•

No seas el cínico de la corte

*La cera, una sustancia dura y quebradiza por naturaleza, puede tornarse blanda
y maleable con sólo aplicarle un poco de calor; entonces adoptará la forma
que tú quieras. De la misma manera, siendo amable y cortés podrás lograr
que la gente se torne maleable y sumisa, aun cuando por naturaleza
sea díscola y maldispuesta. De ahí que la cortesía y la amabilidad sean
para la naturaleza humana lo que el calor es para la cera.*
—ARTHUR SCHOPENHAUER

Expresa admiración por el trabajo bien hecho de los demás. Si tú no haces sino criticar sin cesar a tus pares o subordinados, algo de esas críticas se trasladará a tu propia persona y te seguirá como una nube negra adondequiera que vayas. Los demás gruñirán ante cada nuevo comentario cínico de tu parte, y terminarás por irritarlos. Al expresar una modesta admiración por los logros de los demás, tú —paradójicamente— llamarás la atención sobre los tuyos propios.

Ley cotidiana: La capacidad de manifestar admiración y grata sorpresa con un aire de sinceridad es un talento raro, casi en vías de en extinción... pero no por eso menos valorado.

Las 48 leyes del poder, Ley n° 24: Desempeña el papel del cortesano perfecto

8 de abril

•

Domina tus respuestas emocionales

Un soberano nunca lanza un ejército al ataque por ira; un líder nunca debiera
iniciar una guerra a partir del odio.
—Sun Tzu

En general, la persona furiosa termina pareciendo ridícula, porque su reacción suele resultar desproporcionada con respecto a lo que la provocó: ha tomado las cosas demasiado en serio y exagerado la dimensión del daño o el insulto del que ha sido víctima. Este tipo de individuo suele ser tan sensible que hasta causa risa la facilidad con que toma todo en forma personal. Más graciosa aún es su convicción de que los estallidos de furia son muestra de poder. En realidad, son todo lo contrario: la petulancia no es señal de poder sino de impotencia. Quizás al principio los demás se sienten sorprendidos por tus berrinches, pero al final perderán todo respeto por ti. Y también comprenderán que les resultará muy fácil socavar el poder de una persona tan poco capaz de controlarse.

Ley cotidiana: Mostrar ira y emoción son signos de debilidad; si no puedes controlarte a ti mismo, entonces ¿cómo puedes controlar algo?

Las 48 leyes del poder, Ley n° 39: Revuelve las aguas para asegurarte una buena pesca

9 de abril

•

Mucho depende de la reputación

En el ámbito social, las apariencias son el barómetro que utilizamos para juzgar a los demás, algo que nunca debemos olvidar. Un paso en falso, un cambio torpe o repentino en su apariencia, puede resultar desastroso. De ahí que fabricar y mantener una reputación creada por uno mismo resulte de primordial importancia. Esa reputación te protegerá en el peligroso juego de las apariencias, pues distraerá el ojo avizor de los demás, les impedirá saber cómo eres en realidad y te otorgará un importante grado de control sobre la manera como te juzga el mundo, es decir, te sitúa en una posición de poder. La reputación tiene el poder de la magia: basta un golpe de esa varita para duplicar su fuerza. También puede hacer que la gente huya de ti. Que una misma acción parezca brillante o aterradora depende por completo de la reputación de quien la realiza. La reputación es un tesoro que debe forjarse y guardarse celosamente. Sobre todo mientras uno está comenzando a darle fama, es imprescindible protegerla al máximo y prever cualquier tipo de ataque. Una vez que poseas una sólida reputación no te permitas enfurecer o adoptar una actitud defensiva frente a los comentarios difamadores de tus enemigos, ya que ello revelaría inseguridad y falta de confianza en tu propia reputación. Toma el mejor camino y nunca te muestres desesperado en tu autodefensa.

Ley cotidiana: Tu reputación constituye la piedra angular del poder. Basta el prestigio para intimidar y ganar. Sin embargo, una vez que decae, tú te tornarás vulnerable y serás atacado por todos los flancos. Nunca dejes que otros lo definan por ti.

Las 48 leyes del poder, Ley n° 5: Casi todo depende de tu prestigio; defiéndelo a muerte

10 de abril

•

Di siempre menos de lo necesario

*Las palabras irrespetuosas de un súbdito suelen calar más hondo
que el recuerdo de sus delitos.*
—SIR WALTER RALEIGH

Cuando intentes impresionar a la gente con palabras, ten en cuenta que, cuanto más digas, más vulnerable serás y menor control de la situación tendrás. Incluso cuando lo que digas sea sólo una banalidad parecerá una idea original si la planteas en forma vaga, abierta y enigmática. Las personas poderosas impresionan e intimidan por su parquedad. Cuanto más hables, mayor será el riesgo de decir alguna tontería.

Ley cotidiana: Al decir menos de lo necesario se genera la apariencia de significado y poder. Además, cuanto menos digas, menos riesgo correrás de decir algo tonto, incluso peligroso.

Las 48 leyes del poder, Ley n° 4: Di siempre menos de lo necesario

11 de abril

•

Apelar al interés propio de las personas

El camino mejor y más corto para hacer fortuna es hacer comprender a los demás,
con toda claridad, que si promueven tus intereses beneficiarán los de ellos.
—JEAN DE LA BRUYÈRE

Si buscas el poder, constantemente te verás en situaciones que te exigirán pedir ayuda a individuos más poderosos. Pedir ayuda es un arte que depende de la habilidad que poseas para comprender a la persona con la que estás tratando y de no confundir tus necesidades con las de ella. A la mayoría de las personas esto les resulta muy difícil, porque se hallan por entero absorbidas por sus propios objetivos y deseos. Parten de la suposición de que la gente a la que le piden un favor tiene un interés altruista en ayudarlas. Hablan como si sus necesidades tuvieran importancia para los demás, mientras que lo más probable es que les resulten indiferentes. A veces apelan a temas más generales, como las grandes causas, o a emociones como el amor y la gratitud. Se afanan por presentar un panorama lo más amplio posible, cuando las realidades simples y cotidianas tendrían mucha más fuerza. Lo que en general no se comprende es que hasta la persona más poderosa está encerrada en el círculo de sus propias necesidades, de modo que, si no se apela a sus egocéntricos intereses personales, la otra parte sólo considerará que tú estás desesperado o, en el mejor de los casos, que le estás haciendo perder el tiempo.

Ley cotidiana: Si cuando solicitas algo, al formular tu pedido, muestras elementos que favorecerán a la otra persona y haces gran hincapié en ellos, tu contrincante responderá con entusiasmo a tu solicitud, al detectar el beneficio que podría obtener.

Las 48 leyes del poder, Ley nº 13: Cuando pidas ayuda, no apeles a la compasión
o a la gratitud de la gente, sino a su egoísmo

12 de abril
•

Utiliza a tus enemigos

> *Los hombres están más dispuestos a devolver una injuria que un beneficio,*
> *porque la gratitud es una carga, mientras que la venganza es un placer.*
> —TÁCITO

En 1971, durante la guerra de Vietnam, Henry Kissinger fue víctima de un frustrado intento de secuestro, una conspiración en la cual, entre otros, estuvieron involucrados dos conocidos sacerdotes antibelicistas, los hermanos Berrigan, otros cuatro sacerdotes católicos y cuatro monjas. En privado, sin informar al Servicio Secreto del Departamento de Justicia, Kissinger organizó un encuentro con tres de los supuestos secuestradores, un sábado por la mañana. Cuando explicó a sus invitados que para mediados de 1972 habría sacado de Vietnam al grueso de los soldados estadunidenses, conquistó de inmediato su buena voluntad. Le obsequiaron algunos prendedores con la leyenda "Secuestren a Kissinger" y uno de ellos mantuvo durante años una amistad con él, visitándolo en diversas ocasiones. Ésa no fue la única ocasión en que Kissinger recurrió a ese tipo de estratagema: por principio, buscaba trabajar con quienes disentían de él. Sus colegas solían comentar que, obviamente, Kissinger se llevaba mejor con sus enemigos que con sus amigos. Toda vez que puedas, haz las paces con un enemigo y asegúrate de ponerlo a tu servicio.

Ley cotidiana: Como decía Lincoln, destruyes a un enemigo cuando lo conviertes en amigo.

Las 48 leyes del poder, Ley nº 2: Nunca confíes demasiado en tus amigos;
aprende a utilizar a tus enemigos

13 de abril

·

Es mejor ser agredido que ignorado

Brillar con más esplendor que quienes te rodean es una habilidad con la que nadie ha nacido. Tienes que *aprender* a atraer la atención "con la misma fuerza con que un imán atrae el hierro". Al principio de tu carrera, deberás ligar tu nombre a la reputación de poseer una cualidad o una imagen que te diferencie de los demás. Esa imagen puede ser una forma característica de vestir, o una gracia personal que divierta a la gente y de la que se habla. Una vez establecida tu imagen, poseerás una apariencia, un lugar en el cielo para tu estrella. Es un error muy común suponer que esa apariencia peculiar tuya no debe ser controvertida, que ser atacado por los demás es algo malo. Nada más lejos de la verdad. Para evitar ser uno más del montón, o que tu notoriedad sea eclipsada por otro, no deberás discriminar entre los diversos tipos de atención; a largo plazo, cualquier clase de notoriedad obrará en tu favor. La sociedad adora a las figuras sobredimensionadas, a los individuos que se destacan por encima de la mediocridad general. Por lo tanto, nunca temas las cualidades que te distinguen y que llamen la atención sobre tu persona. Corteja la controversia e incluso el escándalo. Es mejor ser agredido o difamado que ignorado. Esta ley rige para todas las profesiones, y todos los profesionales deben tener algo teatral en su comportamiento.

Ley cotidiana: No hagas distinción entre los tipos de atención: la notoriedad de cualquier tipo te otorgará poder. Es mejor ser calumniado y agredido que ignorado.

Las 48 leyes del poder, Ley nº 6: Busca llamar la atención a cualquier precio

14 de abril

•

Ver el mundo como un vasto palacio interconectado

El mundo es un sitio peligroso y los enemigos acechan por doquier; todos necesitan protegerse. Una fortaleza se presenta como la alternativa más segura. Pero el aislamiento te expone más de lo que te protege de los peligros que te rodean, ya que te aísla de información valiosa y te destaca como un blanco fácil para los demás. Dado que el poder es una creación del hombre, es algo que se incrementa mediante el contacto con otra gente. En lugar de caer en la mentalidad de la fortaleza, ve el mundo como un enorme palacio de Versalles, cuyas habitaciones están intercomunicadas. Necesitas mantenerte flexible y adaptable, capaz de moverte en los círculos más diversos y mezclarte con todo tipo de personas. Esa forma de movilidad y contacto social te protegerá de los conspiradores, que no lograrán guardar secretos para ti, y de tus enemigos, que no podrán aislarte de los aliados. Al mantenerte siempre en movimiento, alternas e interactúas en los distintos aposentos del palacio, sin establecerte en un solo lugar. Ningún cazador puede apuntar con pulso firme a una presa que se mueve con tanta rapidez.

Ley cotidiana: Dado que el ser humano es por naturaleza una criatura sociable, el poder depende de la interacción y la circulación social. Para acceder al poder, deberás ubicarte en el centro, tornarte más accesible, buscar viejos aliados y ganar otros nuevos, obligarte a moverte en más y más círculos distintos.

Las 48 leyes del poder, Ley nº 18: No construyas fortalezas para protegerte:
el aislamiento es peligroso

15 de abril

•

Crea seguidores incondicionales

Tener una gran cantidad de seguidores abre todo tipo de posibilidades para el engaño. Tus seguidores no sólo te venerarán, sino que te defenderán de tus enemigos y asumirán por propia voluntad la tarea de atraer a otros que se unan al culto. Este tipo de poder te elevará a nuevas dimensiones: ya no tendrás que luchar o utilizar subterfugios para lograr imponer tu voluntad. Serás objeto de adoración y ya no podrás cometer errores. Quizá te parezca que es una tarea titánica conseguir seguidores de este tipo, pero en realidad es muy simple. Como seres humanos, todos tenemos una necesidad desesperada de creer en algo, en cualquier cosa. Esto nos vuelve fundamentalmente crédulos: no podemos tolerar largos periodos de duda, o de ese vacío que origina la falta de algo en que creer. Basta con que se nos tiente con alguna nueva causa, un elixir mágico, una fórmula de enriquecimiento rápido, la última tendencia tecnológica o el más novedoso movimiento artístico, para que de inmediato salgamos del agua para morder el anzuelo.

Ley cotidiana: Las personas tienen una necesidad irrefrenable de creer en algo. Conviértete en el centro focalizador de esa necesidad, ofreciéndoles una causa o una nueva convicción a la que adherirse. Ante la ausencia de una religión organizada y grandes causas en las que puedan creer, tu nuevo sistema de convicciones te conferirá un poder inaudito.

Las 48 leyes del poder, Ley nº 27: Juega con la necesidad de la gente de tener fe en algo
para conseguir seguidores incondicionales

16 de abril

•

No te comprometas con nadie

Preferiría ser mendiga y soltera, que reina y casada.
—Reina Isabel I

Sólo los tontos se apresuran siempre a tomar partido. No te comprometas con ninguna posición o causa, salvo con la tuya propia. El hecho de mantener tu independencia te convierte en el amo de los demás. Obtén beneficios oponiendo a las personas entre sí. Si permites que los demás tengan la sensación de poseerte, en mayor o menor grado, perderás todo tu poder sobre ellos. Cuanto más evites comprometer tus afectos, más esfuerzos harán los otros para ganar tu adhesión. Mantente por encima de todos, y obtendrás el poder que genera la atención de los demás y el frustrado deseo de posesión que experimenten.

Ley cotidiana: Desempeña el papel de la Reina Virgen: alienta las esperanzas pero nunca las satisfagas.

Las 48 leyes del poder, Ley nº 20: No te comprometas con nadie

17 de abril

•

Mantente por encima de la disputa

El que camina a la luz de la razón estima más el no empeñarse que el vencer; y si ve a
un necio comprometido, procura que con él no sean dos.
—Baltasar Gracián

•

No permitas que los otros te mezclen en sus mezquinas peleas y disputas. Al mismo tiempo, no puedes mantenerte al margen por completo, pues con ello sólo ofenderías e irritarías sin necesidad. Para jugar este juego de la manera adecuada, deberás parecer interesado en los problemas de los demás, e incluso, en ocasiones, dar la impresión de que tomas partido por ellos. Pero mientras por fuera manifiestas gestos de apoyo, tendrás que conservar tu energía y tu cordura manteniendo tus emociones al margen de los sucesos. Por mucho que los otros traten de involucrarte, nunca permitas que tu interés por los asuntos ajenos vaya más allá de la superficie. Hazles obsequios, escucha con expresión empática, e incluso de tanto en tanto recurre a tu poder de seducción... pero para tus adentros mantén tanto a los reyes amigos como a los pérfidos Borgias a una distancia razonable. Al negarte a comprometerte conservarás tu autonomía y retendrás la iniciativa. Tus jugadas obedecerán a tu propia decisión, en lugar de ser reacciones defensivas ante el estira-y-afloja que se produce a tu alrededor.

Ley cotidiana: Trata de mantener tu independencia interior y evita enredos que no elijas.

Las 48 leyes del poder, Ley n° 20: No te comprometas con nadie

18 de abril

•

Sorprende a las serpientes

Puedes sentarte a interpretar las señales, o trabajar activamente para poner al descubierto a tus enemigos. En la Biblia leemos acerca de la sospecha de David de que su suegro, el rey Saúl, deseaba en secreto su muerte. ¿Cómo podía comprobarlo? Confió su sospecha al hijo de Saúl, Jonatán, su amigo íntimo. Jonatán se rehusaba a creerlo, así que David propuso una prueba. Se le esperaba en la corte para un banquete. No asistiría; Jonatán se presentaría y ofrecería la excusa de David, adecuada pero no imperiosa. Como era de esperar, esa excusa encolerizó a Saúl, quien exclamó: "¡Vayan ahora mismo por él y tráiganmelo! ¡Merece morir!". La prueba de David fue acertada gracias a su ambigüedad. Su excusa para ausentarse del banquete podía interpretarse de más de una manera: si Saúl tenía buenas intenciones con David, consideraría egoísta la ausencia de su yerno, en el peor de los casos; pero como lo odiaba en secreto, la vio como una desvergüenza, y eso lo sacó de sus casillas. Sigue el ejemplo de David: di o haz algo que pueda interpretarse de más de una manera; algo superficialmente cortés, pero que también indique una leve frialdad de tu parte o pueda ser visto como un insulto sutil. Un amigo podría extrañarse, pero lo dejará pasar. El enemigo secreto, en cambio, reaccionará con ira. Basta una emoción intensa para que sepas que hay algo que hierve bajo la superficie.

Ley cotidiana: Como dicen los chinos, golpea la hierba para sorprender a las serpientes.

Las 33 estrategias de la guerra, Estrategia 1: Declara la guerra a tus enemigos: la estrategia de la polaridad

19 de abril

•

Adapta tu adulación

Los cortesanos tienen que llamar la atención de los líderes y congraciarse con ellos de algún modo. La manera más inmediata es a través de la adulación, ya que los líderes suelen tener un ego inmenso y ansiar que se valide su elevada opinión de sí mismos. La adulación puede hacer maravillas, pero implica riesgos. Si es muy obvia, el adulador parecerá desesperado y delatará su estrategia. Los mejores cortesanos saben ajustar su adulación a las particulares inseguridades del líder y volverla menos evidente. Se limitan a adular en el líder cualidades que nadie más se ha preocupado en notar, pero que requieren de validación extra. Si todos elogian la perspicacia del líder para los negocios pero no su refinamiento cultural, apunta a esto último. Reflejar las ideas y valores del líder sin usar sus palabras exactas puede ser una forma muy efectiva de adulación indirecta.

Ley cotidiana: La adulación abierta puede ser eficaz pero tiene sus límites; es demasiado directa y evidente, y quedas mal ante los otros cortesanos. Los halagos discretos, adaptados a las inseguridades de tu objetivo, son mucho más poderosos.

Las leyes de la naturaleza humana, 14: Resiste la influencia degradante del grupo. La ley de la conformidad

20 de abril

•

Actúa majestuosamente a tu manera

En todos los grandes burladores encontramos una característica a la que deben
su poder: en el momento en que engañan a los demás, los embarga una profunda
fe en sí mismos, y esto es lo que atrae de forma tan milagrosa e irresistible
a quienes los rodean.
—FRIEDRICH NIETZSCHE

Tu forma de actuar determinará cómo te tratarán los demás: a la larga, una presencia vulgar o común hará que la gente te pierda el respeto. Porque un rey se respeta a sí mismo e inspira el mismo sentimiento en los demás. De ti depende fijar tu propio precio. Si pides menos, eso es lo que recibirás. Pide más, y emitirás claras señales de que eres digno del rescate de un rey. Incluso quienes rechacen tu pedido te respetarán por tu aplomo, y ese respeto podrá darte réditos que tú ni imaginas.

Ley cotidiana: Al actuar majestuosamente y confiado en tus poderes, parecerás destinado a llevar una corona.

Las 48 leyes del poder, Ley n° 34: Actúa como un rey para ser tratado como tal

21 de abril

·

Sé despiadado con tus enemigos

Los restos de un enemigo pueden volver a cobrar vida, como una enfermedad o una fogata. Por lo tanto, al enemigo debe exterminársele por completo... Nunca se debe ignorar a un enemigo, creyéndolo débil. Puede tornarse peligroso en cualquier momento, como una chispa en una parva de heno.
—KAUTILYA, SIGLO III A. C.

"Aplasta al enemigo", es la premisa estratégica clave de Sun Tzu, el autor de *El arte de la guerra*, del siglo IV a.C. La idea es simple: tus enemigos desean perjudicarte. Lo que más desean es eliminarte. Si, en tu lucha con ellos, te detienes a mitad de camino, o incluso a las tres cuartas partes, ya sea por piedad o porque albergas la esperanza de una posible reconciliación, sólo los volverás más decididos y más violentos, y algún día se vengarán de ti. Podrán actuar de forma amable y conciliadora durante un tiempo, pero esto sólo se debe a que tú los has derrotado. No les queda otra alternativa que esperar.

La solución: no tengas piedad con ellos. Aplasta a tus enemigos de forma tan radical como ellos te aplastarían a ti. En última instancia, sólo se puede esperar paz y seguridad por parte de los enemigos una vez que se los ha hecho desaparecer. Por supuesto que aquí no se está planteando una cuestión de asesinato, sino sólo de destierro. Si logras debilitarlos lo suficiente y luego desterrarlos para siempre de tu corte, tus enemigos se volverán inofensivos. Y si no puedes desterrarlos, comprende por lo menos que siempre estarán maquinando algo contra ti y no te dejes engañar por ninguna muestra de amistad que simulen.

Ley cotidiana: Juzga a tus enemigos con cuidado, observando sus patrones pasados. A veces lo mejor es convertirlos en aliados y neutralizarlos. Pero con los demás sólo vale la pena ser despiadado y aplastarlos por completo.

Las 48 leyes del poder, Ley nº 15: Aplasta por completo a tu enemigo

22 de abril

•

Siembra las semillas de la duda

Es más fácil soportar una mala conciencia que una mala reputación.
—FRIEDRICH NIETZSCHE

La duda es un arma poderosa: una vez que ha sido sembrada mediante insidiosos rumores, tu contrincante se encuentra frente a un dilema terrible. Por un lado, puede negar los rumores, e incluso demostrar que tú lo has difamado. Sin embargo, siempre quedará la sombra de la duda: ¿por qué se defiende tan desesperadamente? ¿Acaso hay un atisbo de verdad en los rumores que procura desmentir? Por otra parte, si tu contrincante opta por el camino más fácil y te ignora, las dudas, al no ser refutadas, se irán fortaleciendo. Si la táctica se ejecuta de la manera correcta, sembrar rumores puede enfurecer y desestabilizar a tus rivales de tal forma que al intentar defenderse cometerán innumerables errores. Ésta es el arma perfecta para quienes no tienen aún reputación propia.

Ley cotidiana: Destruye a tus rivales con rumores.

Las 48 leyes del poder, Ley nº 5: Casi todo depende de tu prestigio; defiéndelo a muerte

23 de abril

•

Teme el peligro de contagio

Los desafortunados de este mundo, que han sido golpeados por circunstancias incontrolables, merecen toda la ayuda, la simpatía y el apoyo que podamos brindarles. Pero hay otros que no han nacido desafortunados o desdichados, sino que atraen las desgracias a través de sus actos destructivos y su perturbador efecto sobre los demás. Sería magnífico si pudiésemos ayudarlos a levantar cabeza, a modificar sus esquemas de comportamiento, pero la mayoría de las veces las cosas suceden a la inversa: son los esquemas destructivos de ellos los que terminan por meterse dentro de nosotros y cambiarnos. La desdicha de los demás puede conducirte a la muerte: los estados de ánimo son tan contagiosos y tóxicos como una enfermedad infecciosa. Aunque sientas que debes tenderle una mano a alguien que se está hundiendo, lo único que lograrás con ello será acelerar tu propia caída. Los agentes de contagio pueden ser reconocidos por las desgracias que atraen sobre sí mismos, por su larga lista de relaciones fracasadas, por la inestabilidad de su carrera y por la misma fuerza de su carácter, que los envuelve y les hace perder la razón. Toma estas señales como advertencia de que te encuentras frente a una persona tóxica altamente contagiosa. Aprende a verle el descontento de la mirada. Y lo más importante de todo: no le tengas lástima. No te enredes tratando de ayudarla. La persona tóxica no cambiará, pero tú quedarás atrapado.

Ley cotidiana: A menudo, los perdedores son los artífices de su propia desgracia y terminan por transmitirla a quien quiere ayudarlos. Evítalos y, en cambio, frecuenta a individuos ganadores y felices.

Las 48 leyes del poder, Ley nº 10: Peligro de contagio: evita a los perdedores y los desdichados

24 de abril

•

Evita la falza alianza

Nadie puede llegar lejos en la vida sin aliados. El truco, sin embargo, es distinguir entre falsos y verdaderos aliados. Una falsa alianza se crea a partir de una inmediata necesidad emocional. Te obliga a renunciar a algo esencial de ti mismo y te impide tomar tus propias decisiones. Una verdadera alianza se forma a partir del mutuo interés propio, pues cada participante brinda lo que el otro no puede obtener solo. No te obliga a fundir tu identidad con la de un grupo ni a prestar atención a las necesidades emocionales de los demás. Te concede autonomía.

Ley cotidiana: Cultiva verdaderos aliados. Encuentra a aquéllos con intereses mutuos y haz una alianza.

Las 33 estrategias de la guerra, Estrategia 27: Simula defender los intereses ajenos mientras promueves los tuyos: la estrategia de la alianza

25 de abril

•

Entra en acción con audacia

Actúe siempre sin temor a la imprudencia.
—Baltasar Gracián

La mayoría somos tímidos. Queremos evitar tensiones y conflictos, y deseamos que todos nos quieran. Quizá consideremos realizar acciones audaces, pero rara vez las llevamos a cabo. Tenemos terror a las consecuencias: de lo que los demás podrían pensar de nosotros, de la hostilidad que generaremos si nos atrevemos a ir más allá de lo habitual. Aunque podemos disfrazar nuestra timidez con el manto de la preocupación por los demás y el deseo de no herirlos u ofenderlos, la verdad es todo lo contrario: en realidad somos individuos egoístas, preocupados por nosotros mismos y por cómo nos perciben los demás. Por otro lado, la audacia a menudo hace que los demás se sientan más cómodos, dado que no demuestra timidez ni represión. Por lo tanto, admiramos a los audaces y preferimos rodearnos de ellos, porque su confianza en sí mismos es contagiosa y nos permite evadirnos de nuestra propia introversión y timidez. Pocas son las personas que nacen audaces. Debes practicar y desarrollar tu audacia. A menudo le encontrarás buen uso. El mejor lugar para empezar suele ser el delicado mundo de la negociación, sobre todo en aquellas discusiones en las que te exigen que tú mismo fijes tu precio. A menudo nos humillamos pidiendo demasiado poco. Comprende que, si bien la audacia no es natural, tampoco lo es la timidez. Ésta no es sino un hábito adquirido, adoptado a partir de un deseo de evitar conflictos. Si la timidez te domina, extírpala. Tus temores a las consecuencias de un acto audaz no guardan proporción con la realidad, y de hecho las consecuencias de la timidez son mucho peores. Tu valor se reduce y creas un círculo vicioso de duda y desastre.

Ley cotidiana: La timidez es peligrosa: es mejor entrar con atrevimiento. Los problemas creados por un acto audaz pueden disimularse y hasta subsanarse mediante una audacia aún mayor.

Las 48 leyes del poder, Ley nº 28: Sé audaz al entrar en acción

26 de abril

•

Haz que tus logros parezcan fáciles

Un verso [de un poema] quizá pueda llevarnos horas; pero si no parece
una inspiración del momento, todo el trabajo habrá sido en vano.
—LA MALDICIÓN DE ADÁN, WILLIAM BUTLER YEATS

En *El libro del cortesano*, publicado en 1528, Baltasar Castiglione describe los modales exquisitamente elaborados y codificados del perfecto cortesano. Sin embargo, Castiglione explica que el cortesano deberá realizar todos estos gestos con lo que él denomina *sprezzatura*, la capacidad de hacer que lo difícil parezca fácil y sencillo. Insta al cortesano a "ejercer en todas las cosas una cierta displicencia que oculte cualquier tipo de artificio y haga aparecer cuanto uno diga o haga como algo hecho de modo distendido y sin esfuerzo". Todos admiramos cualquier tipo de logro extraordinario, pero si es alcanzado con gracia y naturalidad nuestra admiración se multiplica, "mientras… que trabajar arduamente en lo que se está haciendo y… alardear de los grandes esfuerzos realizados demuestra una extrema falta de gracia y resta valor a todo lo que se hace, por más meritorio que fuere". Gran parte de la idea de la *sprezzatura* provenía del mundo del arte. Todos los grandes artistas del Renacimiento ocultaban con esmero su trabajo. Sólo una vez terminada la obra maestra era exhibida al público. Miguel Ángel tenía prohibido incluso a los papas que vieran su obra durante la etapa de elaboración. El artista del Renacimiento siempre cuidaba de tener su estudio cerrado, tanto a los clientes como al público en general, no por temor a la copia o la imitación, sino porque el ver la obra durante el proceso de su gestación disminuía la magia del efecto final y la estudiada atmósfera de gracia y belleza natural que la rodeaba.

Ley cotidiana: Cuando actúes, hazlo como si la tarea que tienes entre manos fuese algo de lo más sencillo, como si pudieses hacer todavía mucho más. Evita la tentación de revelar lo mucho que trabajas, pues con ello sólo generarás cuestionamientos.

Las 48 leyes del poder, Ley nº 30: Haz que tus logros parezcan no requerir esfuerzos

27 de abril

•

Menosprecia lo que es gratuito

El poderoso nunca olvida que lo que se ofrece gratis es siempre una trampa. Los amigos que ofrecen favores sin pedir pago alguno más adelante querrán algo mucho más caro que el dinero que tú les habrías pagado. La ganga esconde problemas, tanto materiales como psicológicos. Aprende a pagar, y a pagar bien. Las cosas que tienen costo valen la pena pagarse. De esta manera, no estarás obligado a gratitud alguna, te verás libre de culpa y evitarás fraudes y engaños. Lo más inteligente es, a menudo, pagar el precio total. Cuando hablamos de excelencia no hay gangas.

Ley cotidiana: Aprende a pagar y a pagar bien.

Las 48 leyes del poder, Ley nº 40: Menosprecia lo que es gratuito

28 de abril

•

No hay venganza como el olvido

*No hay venganza como el olvido, que es como sepultarlos en el polvo
de su propia nada.*
—Baltasar Gracián

Arreglar nuestros errores es una gran tentación, pero cuanto más lo intentamos, más los agravamos. A veces es mucho más político dejar las cosas como están. Cuando en 1971 *The New York Times* publicó los "Documentos del Pentágono", una serie de documentos gubernamentales sobre la historia de la participación de Estados Unidos en Indochina, Henry Kissinger estalló en una furia volcánica. Indignado por la vulnerabilidad del gobierno de Nixon, en el que podían producirse esas filtraciones perjudiciales, presentó una serie de recomendaciones que más adelante condujeron a la formación de un grupo denominado "Los Plomeros", destinado a tapar esos agujeros y evitar futuras filtraciones. Ésa fue la unidad que, tiempo después irrumpió en las oficinas del Partido Demócrata en el hotel Watergate y desencadenó los hechos que condujeron a la caída de Nixon. En realidad, la publicación de los Documentos del Pentágono no representaba una amenaza seria para el gobierno, pero la reacción de Kissinger la convirtió en un incidente grave. Al tratar de arreglar un problema, creó otro: una paranoia en torno de la seguridad que, al final, resultó mucho más destructiva para el gobierno. Si hubiese ignorado los Documentos del Pentágono, el escándalo que éstos crearon se habría diluido por sí solo. En lugar de centrar la atención en un problema y agravarlo mediante la difusión de cuánta preocupación y ansiedad está causando, a menudo es mejor desempeñar el papel de desdeñoso aristócrata y no dignarse siquiera a reconocer la existencia de dicho problema.

Ley cotidiana: Cuanto más tratamos de corregir nuestros errores, más los cometemos.

Las 48 leyes del poder, Ley nº 36: Menosprecia las cosas que no puedes obtener: ignorarlas es la mejor de las venganzas

29 de abril

•

Cultiva un aire de imprevisibilidad

El otro siempre trata de interpretar los motivos que se ocultan detrás de tus acciones, para utilizar su predecibilidad contra ti. Haz algo por completo inexplicable, y los pondrás a la defensiva. No entender qué es lo que estás haciendo los sacará de las casillas; en ese estado de ánimo resultará muy fácil intimidarlos. Pablo Picasso dijo en cierta oportunidad: "El mejor cálculo es la ausencia de cálculo. Una vez que has logrado cierto nivel de reconocimiento, los demás, por lo general, piensan que si haces algo es por alguna razón inteligente. De modo que es necio planificar con demasiada exactitud qué es lo que vas a hacer. Es mucho mejor actuar caprichosamente". El ser humano es hijo del hábito y tiene una necesidad insaciable de sentirse familiarizado con las actitudes de quienes lo rodean. Si te muestras predecible, confieres a los demás la sensación de tener cierto control sobre ti. Invierte los papeles: muéstrate deliberadamente impredecible. Las actitudes que en apariencia carecen de coherencia o propósito desconcertarán a los demás. Si modificas tus esquemas día a día, causarás una conmoción a tu alrededor y estimularás el interés de los demás. La gente hablará de ti, te atribuirá motivos y buscará explicaciones que no tienen nada que ver con la verdad, pero que harán que estés constantemente presente en los pensamientos de los demás.

Ley cotidiana: Al final, cuanto más caprichoso parezcas, más respeto recibirás. Sólo los subordinados sin remedio actúan de manera predecible. Revela estratégicamente tu lado humano.

Las 48 leyes del poder, Ley nº 17: Mantén el suspenso.
Maneja el arte de lo impredecible

30 de abril

•

Nunca te muestres demasiado perfecto

*Se necesita gran talento y habilidad para disimular los propios
talentos y habilidades.*
—La Rochefoucauld

Sir Walter Raleigh era uno de los hombres más brillantes de la corte de la reina Isabel I de Inglaterra. Era un científico capaz, escribía poesías que aún hoy se consideran las más hermosas de la época, era buen líder, activo empresario y gran capitán naval, y además un cortesano apuesto y encantador, que sedujo a la reina y llegó a ser uno de sus favoritos. Sin embargo, adondequiera que iba la gente le bloqueaba el camino. Más adelante cayó en desgracia, fue condenado a prisión y murió decapitado. Raleigh no comprendía la inflexible oposición que encontraba en los demás cortesanos. No lograba ver que él no sólo no había hecho ningún intento por disimular el grado de sus habilidades y cualidades, sino que las exhibía ante todos, haciendo gala de su versatilidad, convencido de que con eso impresionaba a la gente y ganaba amigos. En realidad, esa actitud sólo le granjeó silenciosos enemigos, gente que se sentía inferior a él y que hacía todo lo posible por arruinarlo en el momento en que cometía la menor de las equivocaciones. Al final, la razón por la cual fue decapitado fue un cargo de traición, pero la envidia encuentra mil formas de enmascarar su carácter destructivo.

Ley cotidiana: Siempre es peligroso mostrarse superior a los demás, pero lo más peligroso de todo es parecer libre de toda falla o debilidad. La envidia genera enemigos silenciosos. Desactívala minimizando ocasionalmente tus virtudes.

Las 48 leyes del poder, Ley n° 46: Nunca te muestres demasiado perfecto

Mayo

Los supuestos no jugadores del poder

RECONOCIENDO LOS TIPOS TÓXICOS Y LAS ESTRATEGIAS
DE PODER DISFRAZADAS

El poder es un juego social. Para aprender a dominarlo debes desarrollar la habilidad de estudiar y entender a la gente. Como escribió el gran pensador y cortesano del siglo XVII Baltasar Gracián: "Gastan algunos mucho estudio en averiguar las propiedades de las hierbas; ¡cuánto más importaría conocer las de los hombres, con quienes se ha de vivir o morir!". Para ser un maestro jugador debes ser también un maestro psicólogo. Debes reconocer las motivaciones y ver a través de la nube de polvo con la que la gente rodea sus acciones. Algunas personas, por ejemplo, creen que pueden escoger salir del juego comportándose de maneras que no tienen nada que ver con el poder. Debes cuidarte de semejantes personas, pues aunque aparentemente expresan tales opiniones, a menudo se cuentan entre los más versados jugadores del poder. Ellos son lo que yo llamo los "supuestos no jugadores". Utilizan estrategias que astutamente disfrazan la naturaleza de la manipulación implicada. El mes de mayo te enseñará a reconocer a los supuestos no jugadores y a otros tipos tóxicos con los que querrás mantener tu distancia.

Una vez hice la cuenta de que había tenido unos sesenta empleos distintos antes de escribir *Las 48 leyes del poder*.

Probé muchas cosas distintas y en esas experiencias vi todos los tipos de personas hambrientas de poder que puedas imaginar. Todos los tipos de manipuladores que existen. Los vi. Vi sus maniobras. Vi cómo piensan.

Y entonces comencé a trabajar en Hollywood como asistente para varios directores. Ahí fue donde empecé a ver algunas tácticas maquiavélicas particularmente agresivas utilizadas sobre actores y productores, y pensé: "Wow, eso me recuerda a César Borgia en el Renacimiento. Eso me recuerdas a lo que hizo Napoleón. Eso me recuerda a aquella línea de Gracián".

Estaba construyendo este catálogo de experiencias. No sabía lo que resultaría de él.

Entonces, cuando tenía treinta y seis, estaba trabajando en un nuevo empleo en Italia, y un día uno de mis colegas, un productor de libros y diseñador llamado Joost Elffers, me preguntó de la nada si tenía alguna idea para un libro. Interesado por la oportunidad que aquello representaba, improvisé varias ideas, una de las cuales se convertiría en *Las 48 leyes del poder*.

Le dije a Joost que, según mi experiencia, el poder no ha cambiado. Vivimos en un mundo políticamente muy correcto donde los directores y los productores de cine proyectan la imagen de ser los más amables, los más liberales, la gente más progresista del planeta. Pero a puerta cerrada se convierten en unos manipuladores salvajes que harán cualquier cosa para obtener exactamente lo que desean.

El poder es atemporal. Las personas quizá no sean decapitadas por cometer errores; en lugar de ello, serán despedidas sumariamente. La Ley nº 1 en *Las 48 leyes del poder*, por ejemplo, es "Nunca opaques al maestro" —en los viejos tiempos, Nicolas Fouquet opacó a Luis XIV y fue encerrado en prisión por el resto de su vida. Ahora simplemente te corren sin que sepas por qué. Tan sólo es otra forma de castigo. El juego es el mismo.

En el mundo hay tres tipos de personas según su manera de lidiar con este juego. Existen los que yo llamo negacionistas, la gente que niega que esto realmente exista. Casi quieren fingir que descendemos de los ángeles y no de los primates. Imaginan que lo que estoy diciendo aquí es simplemente cínico. Que esas leyes en realidad no existen. Es posible que esas agresivas tácticas sean utilizadas, pero sólo por la gente más repugnante e inmoral.

Entre estos negacionistas encontrarás dos tipos. Encontrarás a gente que está genuinamente perturbada por el aspecto politiquero de la naturaleza humana. Ellos no quieren ningún tipo de trabajo en el que tengan que hacer eso. Puesto que se rehúsan a comprender el juego, poco a poco acaban siendo marginados. Y aceptan semejante destino. De cualquier forma, nunca van a asumir una posición de gran responsabilidad porque eso tiene que ver con todo este juego, y está bien.

La otra rama de los negacionistas es la gente pasivo-agresiva —aquella que conscientemente no admite que participa en la manipulación, pero inconscientemente juega todo tipo de juegos. En varios de mis libros describo las distintas variedades de estos guerreros pasivo-agresivos. Este tipo, los supuestos no jugadores, es el más escurridizo y peligroso de todos.

El segundo tipo de personas, además de los negacionistas, son aquellos que aman esta parte maquiavélica de nuestra naturaleza y gozan con ella. Son maestros manipuladores, artistas del engaño y agresores absolutos. No tienen problemas manejando esta parte del juego. De hecho, la adoran. Este tipo de personas, del que usualmente encontrarás uno o dos en cualquier oficina o grupo, puede llegar muy lejos, pero tarde o temprano se equivoca en la vida porque son demasiado maquiavélicos. No entienden que existe un lado completamente diferente del juego, el cual requiere empatía, cooperación y seducir a la gente para que trabaje contigo. Están demasiado atados a sus egos para ver los límites del juego que están jugando e inevitablemente van demasiado lejos y experimentan una caída del poder. Hay un muro que nunca consiguen pasar.

El tercer tipo es lo que yo llamo los realistas radicales. Es el que promuevo en mis libros, y funciona como explico a continuación.

El deseo de poder es parte de nuestra naturaleza. Es una parte de cómo hemos evolucionado a lo largo de millones de años. No sirve de nada negar nuestra naturaleza. Es quien somos. Y no solamente no vamos a negarlo, sino que vamos a aceptar que éste es el ser humano que somos, el producto de la evolución.

No hay nada malo en el hecho de que en este mundo la gente juegue juegos políticos. No hay nada malo en el hecho de que existan seductores y artistas del engaño. Es la Comedia Humana desde el principio de la historia registrada. Simplemente es la realidad, el mundo como es. Dejemos de luchar contra eso.

El aceptarlo no significa que lo amemos y que queramos salir al mundo a jugar todos estos juegos sucios. Significa que entendemos que existen. Si ocasionalmente tenemos que usar las leyes para jugar a la ofensiva o la defensiva, estamos de acuerdo con eso, dentro de los límites razonables. Lo que sucede más a menudo es que las otras personas las están practicando en nosotros, y es mejor entender qué están haciendo a vivir en el mundo de ensueño de nuestra naturaleza angelical.

Y por eso entendemos las leyes del poder. Entendemos lo que trama la gente, de manera que no pueda lastimarnos tan fácilmente. Aprendemos a reconocer por adelantado a los verdaderos narcisistas tóxicos, a los agresores y a los agresores pasivos, los no jugadores, antes de terminar enredados emocionalmente en sus dramas. Y armados con esta actitud y este conocimiento estamos preparados para entrar en batalla en el juego de la vida. En lugar de dejarnos sorprender por los manipuladores, tenemos serenidad, poder y la libertad que viene con el conocimiento de las leyes.

1 de mayo

•

Todos juegan el juego

*Las cortes son, incuestionablemente, sede de cortesía y buena cuna;
si no fuera así, serían sede de masacre y desolación. Quienes ahora se sonríen
y se abrazan se enfrentarían y apuñalarían entre sí, si los buenos modales
no se interpusieran entre ellos...*
—LORD CHESTERFIELD

Es posible reconocer a quienes supuestamente se abstienen de participar en el juego de la búsqueda del poder, por la manera en que hacen alarde de sus cualidades morales, de su piedad o de su exquisito espíritu de justicia. Pero, puesto que todos tenemos ansias de poder, y que casi todas nuestras acciones tienen por objetivo conseguirlo, quienes dicen que no lo buscan sólo procuran encandilarnos y distraernos de sus juegos de poder a través de sus aires de superioridad moral. Si se les observa con detenimiento, se comprobará que con frecuencia son los más hábiles de todos cuando se trata de manipular indirectamente a los demás, cosa que algunos hacen en forma por entero inconsciente. Y de ninguna manera toleran que se difundan las tácticas que utilizan a diario.

Ley cotidiana: El mundo es como una gigantesca corte intrigante, y estamos atrapados en ella. No existe la opción de abandonar el juego. Todos están jugando.

Las 48 leyes del poder, Prefacio

2 de mayo

•

Enfréntate a los tipos tóxicos

Las personas agresivas, envidiosas y manipuladoras no suelen anunciarse como tales. Han aprendido a parecer simpáticas en un encuentro inicial, a servirse del halago y otros medios para desarmarnos. Cuando nos asombran con una conducta desagradable, nos sentimos traicionados, molestos e indefensos. Crean presión constante, a sabiendas de que así nos agobian con su presencia, lo que vuelve doblemente difícil que pensemos con claridad o ideemos una estrategia. Tu principal defensa contra ellos es identificarlos de antemano; sea que los evites o que, en previsión de sus manipulaciones, no te veas sorprendido y puedas mantener mejor tu equilibrio emocional. Aprenderás a reducirlos en tu mente a su verdadera dimensión y a concentrarte en las flagrantes debilidades e inseguridades detrás de su fanfarronería. No te tragarás su cuento y esto neutralizará la intimidación de la que dependen. Te reirás de sus pretextos y elaboradas explicaciones de su conducta egoísta. Tu aptitud para guardar la calma los enfurecerá y los empujará a excederse o cometer un error.

Ley cotidiana: Aprecia estos encuentros como una oportunidad para perfeccionar tus habilidades de autocontrol. Ser más listo que uno de estos tipos te hará sentir mucha confianza en que eres capaz de manejar lo peor de la naturaleza humana.

Las leyes de la naturaleza humana, Introducción

3 de mayo

•

Júzgalos por su comportamiento, no por sus palabras

El carácter es destino.
—HERÁCLITO

Aprende a prestar menos atención a las palabras de los demás y más a sus acciones. La gente dirá todo tipo de cosas sobre sus motivos e intenciones; está acostumbrada a encubrir las cosas con palabras. Sus actos, sin embargo, dicen más acerca de su carácter, de lo que sucede bajo la superficie. Si ofrece una fachada inofensiva pero ha actuado agresivamente en varias ocasiones, concede al conocimiento de esa agresión más peso que a la superficie que presenta. De igual manera, toma nota especial de cómo reacciona a situaciones estresantes; a menudo, la máscara que usa en público cae al calor del momento. Cuando busques señales por observar, sé sensible a todo tipo de conductas extremas de su parte; por ejemplo, una fachada tempestuosa, una actitud demasiado amigable, una inclinación constante a bromear. Con frecuencia notarás que la gente usa esa máscara para encubrir lo contrario, para distraer a los demás de la verdad. Es tempestuosa porque en el fondo es muy insegura; demasiado amigable porque en secreto es ambiciosa y agresiva, o bromea para esconder malas intenciones. Lo que podrían parecer asuntos menores —impuntualidad crónica, atención insuficiente a los detalles, no corresponder favores tuyos— son señales de algo profundo en su carácter. Nada es demasiado pequeño para no ser tomado en cuenta.

Ley cotidiana: Lo que tú quieres es la imagen del carácter de una persona a lo largo del tiempo. Reprime la tendencia natural de juzgar de inmediato y deja que el paso del tiempo revele más y más sobre quiénes son las personas.

Maestría, IV: Ve a la gente como es: inteligencia social

4 de mayo

•

La apariencia de ingenuidad

El que se hace pasar por necio no es necio.
—Baltasar Gracián

Quienes afirman no participar del juego de poder suelen adoptar un aire inge-nuo, que los protege de la acusación de perseguir el poder. También en este caso es recomendable tener cuidado, dado que el manto de la ingenuidad puede cons-tituir una eficaz manera de fingir y engañar. Ni siquiera la candidez genuina se encuentra libre de las trampas del poder. Los niños pueden ser ingenuos en mu-chos aspectos, pero a menudo actúan a partir de una necesidad fundamental de ejercer el control sobre quienes los rodean. El niño, por lo general, tiene una gran sensación de impotencia en el mundo de los adultos y por lo tanto utiliza todos los medios que se hallen a su disposición para imponer su voluntad. Individuos genuinamente inocentes pueden estar, sin embargo, comprometidos con el jue-go del poder y con frecuencia son horrendamente eficaces en él, dado que no se ven trabados por la reflexión.

Ley cotidiana: Aquellos que exhiben o hacen alarde de inocencia a menudo son los menos inocentes de todos.

Las 48 leyes del poder, Prefacio

5 de mayo

•

Ten cuidado con a quién ofendes

En el siglo v a. C., Ch'ung-erh, príncipe de Ch'in (en la actualidad, China), había sido obligado a exiliarse. Vivía con modestia —a veces incluso con pobreza— esperando el momento de regresar a su país y reanudar su vida principesca. En cierta oportunidad pasó por el estado de Cheng, cuyo gobernante, que ignoraba su identidad, lo trató con rudeza. Años después, el príncipe logró al fin regresar a su país, y sus circunstancias cambiaron en forma radical. No olvidó a quienes lo habían tratado con gentileza ni a quienes se habían insolentado con él durante sus años de pobreza. Y lo que menos pudo olvidar fue la humillación sufrida a manos del gobernante de Cheng. En cuanto pudo, reunió un gran ejército y marchó sobre Cheng; tomó ocho ciudades, destruyó el reino y obligó al gobernante a exiliarse a su vez. Nunca supongas que la persona con la que estás tratando es más débil o menos importante que tú. Alguien que hoy parece una persona carente de importancia y medios mañana puede llegar a poseer gran poder e influencia. Uno olvida muchas cosas en la vida, pero un insulto es algo muy difícil de olvidar.

> Ley cotidiana: Trágate el impulso de ofender, incluso si la otra persona parece débil. La satisfacción es pequeña en comparación con el peligro de que algún día él o ella esté en una posición desde donde pueda lastimarte.

Las 48 leyes del poder, Ley n° 19: Saber con quién estás tratando:
no ofendas a la persona equivocada

6 de mayo

•

Mira a través de la falsa fachada

Quien es bueno para combatir al enemigo lo engaña con movimientos inescrutables, lo confunde con inteligencia falsa, lo hace relajarse ocultando la fortaleza propia, [...] lo ensordece revolviendo sus propias órdenes y señales, lo ciega alterando sus banderas e insignias, [...] confunde el plan de batalla del enemigo ofreciendo datos distorsionados.
—TOU BI FU TAN

El frente falso es la más antigua forma de engaño militar. Originalmente implicaba hacer creer al enemigo que se era más débil de lo que en verdad se era. Un jefe militar fingía una retirada, por ejemplo, poniendo una trampa para que el enemigo se precipitara en ella, atrayéndolo a una emboscada. Ésta era una de las tácticas favoritas de Sun Tzu. La apariencia de debilidad suele sacar a relucir el lado agresivo de la gente, lo que la hace abandonar la estrategia y la prudencia en favor de un ataque emocional y violento. Cuando Napoleón se vio inferior en número y en posición estratégica vulnerable antes de la Batalla de Austerlitz, deliberadamente dio muestras de estar aterrado, indeciso y asustado. Los ejércitos enemigos abandonaron su fuerte posición para atacarlo y se precipitaron en una trampa. Ésta fue su mayor victoria. En general, tal como lo sugerían los estrategas en los días de la antigua China, debes presentar una cara al mundo que indique lo contrario de lo que realmente planeas.

Ley cotidiana: Nunca tomes las apariencias como realidad.

Las 33 estrategias de la guerra, Estrategia 23: Teje una mezcla inconsútil de realidad y ficción: estrategias de percepción errónea

7 de mayo

•

La estrategia de sutil superioridad

Un amigo, colega o empleado llega crónicamente tarde, pero siempre tiene listo un pretexto lógico y una disculpa que parece sincera. O bien olvida reuniones, fechas importantes y fechas límite, siempre con excusas impecables a la mano. Si este comportamiento se repite continuamente, tu irritación aumentará; pero si intentas enfrentar a ese individuo, tratará de invertir la situación para hacerte parecer estricto y poco comprensivo. No es culpa suya, dice; tiene demasiadas cosas en la cabeza, la gente lo presiona, es un artista temperamental que no puede estar al tanto de tantos detalles enojosos, se siente abrumado. Podría acusarte incluso de contribuir a su estrés. Entiende que en la raíz de esto está la necesidad de dejar claro para ellos y para ti que en cierto modo son superiores. Si tuvieran que decirlo con tantas palabras, harían el ridículo y se avergonzarían. Quieren que lo sientas en formas sutiles, y poder negar lo que se proponen. Asignarte una posición inferior es una forma de control, con la que definen la relación. Repara en el patrón más que en sus disculpas, pero advierte también sus signos no verbales cuando se excusan. El tono de voz es quejumbroso, como si sintieran que es tu problema. Las disculpas son muy exageradas, para disfrazar su insinceridad; al final, esas excusas dicen más sobre sus problemas en la vida que sobre sus descuidos. En realidad, no lo lamentan.

> Ley cotidiana: Si éste es un comportamiento crónico, no debes enojarte ni mostrarte abiertamente irritado —los agresores pasivos se crecen sacándote de tus casillas. En lugar de eso, mantente calmado y sutilmente imita su comportamiento, atrayendo la atención sobre lo que hacen y, de ser posible, provocándoles algo de vergüenza.

Las leyes de la naturaleza humana, 16: Ve la hostilidad detrás de la apariencia amable.
La ley de la agresividad

8 de mayo

•

Observa su pasado

El indicador más significativo del carácter de una persona son sus acciones a lo largo del tiempo. Pese a lo que la gente diga sobre las lecciones que ha aprendido y sobre cómo ha cambiado con los años, verás que repite las mismas acciones y decisiones en el curso de su vida. En estas decisiones revela su carácter. Toma nota de las formas sobresalientes de su conducta: desaparece cuando hay mucho estrés, no termina una parte importante de un trabajo, se pone repentinamente belicosa si se le desafía o, a la inversa, está a la altura de las circunstancias cuando se le da una responsabilidad. Con esto en mente, investiga su pasado. Examina en retrospectiva otros actos que hayas observado y que encajan en ese patrón. Presta atención a lo que hace en el presente. Ve sus acciones no como incidentes aislados, sino como parte de un patrón compulsivo. Si ignoras ese patrón, será tu culpa.

Ley cotidiana: Cuando escojas personas con las que trabajar o asociarte, no te dejes hipnotizar por su reputación ni dominar por la imagen superficial que tratan de proyectar. En vez de eso, entrénate para observar lo más profundo de su interior, sus acciones pasadas, para ver su carácter.

Las leyes de la naturaleza humana, 4: Determina la fuerza de carácter de las personas.
La ley del comportamiento compulsivo

9 de mayo

•

Mira a través del arrebato emocional

Si una persona explota de ira contra ti (y parece algo desproporcionado con lo que le hiciste), debes recordar que no está dirigida exclusivamente a ti, no seas tan vanidoso. La causa es mucho más grande, se remonta en el tiempo, involucra docenas de heridas anteriores y, en realidad, no vale la pena molestarse en entenderla. En lugar de verlo como un rencor personal, considera el arrebato emocional como un movimiento de poder disfrazado, un intento de controlarte o castigarte disfrazado en forma de sentimientos heridos e ira. Este cambio de perspectiva te permitirá jugar el juego del poder con más claridad y energía.

Ley cotidiana: En lugar de reaccionar exageradamente y quedar entrampado en las emociones de las personas, convierte su pérdida de control en tu ventaja: conserva tu cabeza mientras ellos pierden la suya.

Las 48 leyes del poder, Ley n° 3: Disimula tus intenciones

10 de mayo

•

No confundas convicción extra con verdad

Los seres humanos somos crédulos por naturaleza. Nos *gusta* persuadirnos de ciertas cosas: que podemos obtener algo a cambio de nada; que podemos recuperar nuestra salud o rejuvenecer gracias a un nuevo remedio, e incluso burlar a la muerte; que la mayoría de las personas son esencialmente buenas y confiables. Es de esta propensión de lo que se aprovechan los impostores y manipuladores. Sería muy beneficioso para el futuro de nuestra especie que fuéramos menos crédulos, pero es imposible que cambiemos la naturaleza humana. Lo más que podemos hacer es aprender a reconocer ciertos signos reveladores de un intento de engaño y mantener nuestro escepticismo mientras examinamos las evidencias. El signo más claro y común es que la gente asuma una fachada demasiado animada. Cuando sonríe mucho, se muestra más que amable y es además muy entretenida, es difícil que no nos atraiga y no cedamos, al menos un poco, a su influjo. De igual forma, si la gente trata de encubrir algo, tiende a ser demasiado vehemente, virtuosa o parlanchina. Explota de este modo el sesgo de convicción: "Si niego o afirmo algo con mucho brío y aire de víctima, es difícil que duden de mí". Tendemos a identificar la convicción extrema con la verdad.

Ley cotidiana: Cuando la gente intenta explicar sus ideas con una energía demasiado exagerada, o cuando se defiende con un intenso nivel de negación, es precisamente allí cuando tú tienes que levantar tus antenas.

Las leyes de la naturaleza humana, 3: Ve más allá de la máscara de la gente.
La ley del juego de roles

11 de mayo

•

El patrón

El problema que Howard Hughes les planteaba a todos los que decidían trabajar con él era que erigía con cuidado una imagen pública que escondía las flagrantes debilidades de su carácter. En lugar de mostrarse como un *micromanager* irracional, podía presentarse como el rudo individualista y consumado rebelde estadunidense. Lo más nocivo era su capacidad para hacerse pasar por exitoso hombre de negocios al mando de un imperio multimillonario. Cierto, había heredado de su padre una muy rentable empresa de herramientas. Pero al paso de los años, las únicas partes de su imperio que producían ganancias sustanciales eran esa compañía de herramientas y la primera versión de Hughes Aircrafts que desprendió de ella. Todas las demás empresas que dirigió personalmente —su posterior división de aviones, sus compañías fílmicas, sus hoteles y propiedades en Las Vegas— perdieron cuantiosas cantidades, que las otras dos cubrieron. De hecho, Hughes era un terrible hombre de negocios, y el patrón de fracasos que reveló esto era visible para cualquiera. Pero éste es el punto débil de la naturaleza humana: no estamos preparados para calibrar el carácter de los individuos que tratamos. Su imagen pública, la reputación que los precede, nos hipnotizan con facilidad. Las apariencias nos cautivan. Si, como Hughes, ellos se rodean de un mito seductor, queremos creer en él. En vez de determinar el carácter de la gente —su capacidad para trabajar con los demás, cumplir sus promesas, mantenerse firmes en circunstancias adversas—, optamos por trabajar con o contratar a personas sobre la base de su deslumbrante currículum, su inteligencia y su simpatía. Pero incluso un rasgo positivo como la inteligencia es inútil si la persona posee también un carácter endeble o dudoso. Así, debido a nuestro punto débil, sufrimos bajo el líder irresuelto, el jefe *micromanager*, el socio confabulador. Ésta es la fuente de incontables tragedias en la historia, nuestro patrón como especie.

Ley cotidiana: Ignora la fachada que las personas despliegan, el mito que las rodea, y en lugar de eso busca en sus profundidades señales de su carácter. Éstas pueden verse en los patrones que revelan de su pasado, en la calidad de sus decisiones, en cómo delegan autoridad y trabajan con los demás, y en un sinnúmero de otras señales.

Las leyes de la naturaleza humana, 4: Determina la fuerza de carácter de las personas.
La ley del comportamiento compulsivo

12 de mayo

•

Ten cuidado con el gesto noble

*Éste no es un mundo de ángeles sino de ángulos, donde los hombres hablan
de principios morales pero se guían por principios de poder; un mundo donde
nosotros siempre somos morales y nuestros enemigos siempre son inmorales.*
—RULES FOR RADICALS, SAUL D. ALINSKY

Una de las cortinas de humo más eficaces es el *gesto noble*. La gente quiere creer
en gestos aparentemente nobles y aceptarlos como genuinos, ya que esa confianza resulta placentera. Raras veces notan cuán engañosos pueden ser estos
gestos. En cierta oportunidad, el *marchand* Joseph Duveen se vio frente a un problema terrible. Los millonarios que venían pagando altos precios por los cuadros
que él vendía iban quedándose sin espacio en las paredes y, con el incremento de
los impuestos a la herencia, era poco probable que siguieran comprando obras
de arte. La solución a este problema fue el Museo Nacional de Bellas Artes de
Washington, D. C., creado por Duveen cuando logró que Andrew Mellon donara
su colección. El Museo Nacional de Bellas Artes era la perfecta fachada para Duveen. Sus clientes, con un solo gesto de generosidad al donar sus obras al museo,
lograban eludir impuestos, liberar espacio en sus mansiones para nuevas adqui-
siciones, y reducir la cantidad de cuadros en circulación en el mercado, con lo
cual ejercían una presión alcista sobre los precios. Todo esto lo lograban apare-
ciendo, al mismo tiempo, como generosos benefactores públicos.

Ley cotidiana: Las personas quieren creer que los gestos aparentemente
nobles son genuinos, pues la fe es placentera. Rara vez se dan cuenta de lo
decepcionantes que estos gestos pueden ser.

Las 48 leyes del poder, Ley nº 3: Disimula tus intenciones

13 de mayo

•

Reconoce a los narcisistas profundos antes de que te enamores de ellos

Reconocerás a los narcisistas profundos por medio de los patrones de conducta siguientes: si se les ofende o contradice, no disponen de recurso alguno para defenderse, de nada interno que los tranquilice o confirme su valor. Reaccionan entonces con una furia extrema, sedientos de venganza, convencidos de su rectitud. No conocen otra vía para aliviar sus inseguridades. En esas batallas, se hacen pasar por la víctima herida, para confundir a los demás e incluso atraer su compasión. Son quisquillosos e hipersensibles. Se toman personalmente casi todo. Pueden ponerse muy paranoicos y tener enemigos por doquier. Verás en ellos una mirada impaciente o distante cada vez que hables de algo que no los involucre directamente. De inmediato redirigirán la conversación a ellos mismos, con algún relato o anécdota que distraiga el interés de la inseguridad que hay detrás. Son propensos a terribles ataques de envidia si ven que otros reciben la atención que ellos creen merecer. Exhiben con frecuencia demasiada seguridad en sí mismos. Esto les ayuda a llamar la atención y a encubrir decorosamente su gran vacío interior y su fragmentado concepto de sí mismos. Pero guárdate de poner a prueba esa seguridad. Con quienes los rodean, los narcisistas profundos establecen una relación inusual y difícil de comprender. Tienden a verlos como una extensión de ellos mismos, lo que se conoce como *objetos de sí*. Las personas existen como instrumentos de atención y validación; desean controlarlas como se controla un brazo o una pierna. En una relación, inducen a su pareja a que pierda contacto con sus amigos: no toleran tener que competir por su atención.

Ley cotidiana: Al final, los narcisistas profundos quieren que todo gire a su alrededor. La mejor solución es apartarte de su camino para no acabar enredado en sus dramas sin fin, y puedes lograr esto percatándote de las señales de alerta.

Las leyes de la naturaleza humana, 2: Transforma el amor propio en empatía.
La ley del narcisismo

14 de mayo

•

El líder grandioso

El truco de los líderes presuntuosos es poner énfasis en sus gustos culturales, no en la clase de la que provienen. Vuelan en primera clase y visten los más caros trajes, pero lo contrarrestan aparentando que tienen los mismos gustos culinarios que cualquiera, disfrutan de las mismas películas que los demás y evitan el tufo del elitismo cultural. De hecho, se toman la molestia de ridiculizar a las élites pese a que dependan de su guía. Son como la gente del común, pero con dinero y poder. La gente puede identificarse con ellos muy a pesar de sus obvias contradicciones. Sin embargo, la presunción va en este caso más allá de obtener atención; estos líderes son magnificados por identificarse con las masas. No son un hombre o una mujer cualquiera, sino la personificación de toda la nación o grupo de interés. Seguirlos es ser leal al grupo. Criticarlos es querer crucificar al líder y traicionar la causa. Incluso en el prosaico mundo corporativo de hoy encontramos ese religioso estilo de identificación. Si adviertes estas paradojas y formas primitivas de asociación popular, da un paso atrás y analiza la realidad de lo que ocurre. Encontrarás en la base algo casi místico, sumamente irracional y muy peligroso en el líder engreído que ahora cree tener licencia para hacer lo que quiera en nombre de la gente.

> Ley cotidiana: Un hecho simple sobre los líderes grandiosos: ellos dependen de la atención que se les preste. No alimentes su ego dándoles aquello que tanto ansían tener.

Las leyes de la naturaleza humana, 11: Conoce tus límites. La ley de la presunción

15 de mayo

•

El regalo maquiavélico

La esencia del engaño es la distracción. Distraer a la gente a la que quieres engañar te dará tiempo y espacio para hacer las cosas sin que ellos se percaten. Un acto de bondad, generosidad u honestidad es la forma más poderosa de distracción, porque desarma las sospechas de los demás. Convierte a las personas en niños que aceptan ansiosos cualquier tipo de gesto afectuoso. En la antigua China, esto era llamado "dar antes de recibir". El dar hace que a la otra persona le resulte difícil darse cuenta de que le están quitando algo. Es una herramienta que tiene infinidad de aplicaciones prácticas. Quizá la mejor de todas sea un acto de generosidad. Poca gente puede resistirse a ese don, ni siquiera el más duro de los enemigos, y es por eso que a menudo constituye la forma perfecta de desarmar a la gente. Un regalo hace renacer al niño que hay en nosotros, con lo cual de inmediato bajamos nuestras defensas. Cuando somos niños, todo tipo de sentimientos complejos en relación con nuestros padres giran en torno de los regalos. Recibir un regalo de ellos constituye una señal de amor y aprobación. Y ese elemento emocional nunca desaparece. Quienes reciben un regalo, ya se trate de dinero o de otra cosa, de pronto se vuelven tan vulnerables como lo eran de niños, sobre todo si el regalo proviene de alguien que ejerce algún tipo de autoridad. No pueden menos que abrirse a esa persona y su voluntad se torna receptiva y fértil.

Ley cotidiana: Aunque a menudo vemos las acciones de las demás personas bajo la luz más cínica, rara vez percibimos el elemento maquiavélico de un regalo, el cual, con bastante frecuencia, esconde segundas intenciones.

Las 48 leyes del poder, Ley n° 12: Para desarmar a tu víctima, utiliza la franqueza y la generosidad en forma selectiva

16 de mayo

•

El falso tradicionalista

Quien desea o intenta reformar el gobierno de un Estado, y quiere que tal reforma sea aceptada, deberá conservar por lo menos la apariencia de las viejas formas, a fin de que la gente crea que no hubo cambio en las instituciones, aunque sean totalmente diferentes de las anteriores. Porque la gran mayoría de la gente se conforma con las apariencias, como si fueran realidades.
—NICOLÁS MAQUIAVELO

Una estrategia para disimular el cambio consiste en hacer ostentación ruidosa y pública de los valores del pasado. Muéstrate como celoso defensor de las tradiciones, y pocos notarán cuán poco convencional eres en realidad. La Florencia del Renacimiento, gobernada por un sistema republicano que databa de varios siglos, desconfiaba de cualquiera que se burlara de sus tradiciones. Cosme de Médici hacía ostentación de su entusiasta apoyo a la república, cuando en realidad se esforzaba por conseguir que su acaudalada familia dominara la ciudad. De esta forma, los Médici conservaron, en apariencia, la república; en esencia, la privaron de todo poder. De manera silenciosa y subrepticia produjeron un cambio radical, mientras por fuera aparecían como defensores de la tradición republicana de la ciudad.

Ley cotidiana: No dejes que te engañen las personas que parecen fanáticas de la tradición. Date cuenta de lo poco convencionales que son en realidad.

Las 48 leyes del poder, Ley nº 45: Predica la necesidad de introducir cambios, pero nunca modifiques demasiado a la vez

17 de mayo

•

Descifrando la sombra

En el curso de tu vida tropezarás con personas cuyos rasgos acentuados las ponen aparte y aparentan ser la fuente de su fortaleza: una inusual seguridad en sí mismas, bondad y afabilidad excepcionales, gran rectitud moral, un aura piadosa, una masculinidad firme y severa, y un intelecto impresionante. Si las miras de cerca, quizás adviertas una leve exageración en esos atributos, que son puro teatro o están demasiado acentuados. Como estudioso de la naturaleza humana debes conocer la realidad: un rasgo empático suele descansar sobre su opuesto, para distraer y ocultarlo de la mirada pública. Es posible ver dos formas de esto: al comienzo de su vida, algunas personas sienten una delicadeza, vulnerabilidad o inseguridad que podría resultarles vergonzosa o incómoda. De manera inconsciente desarrollan el rasgo opuesto, una resistencia o rigidez que aflora como una concha protectora. El otro escenario es que una persona posee un rasgo que quizá sea antisocial, como demasiada ambición o una inclinación al egoísmo. Desarrolla entonces el rasgo contrario, algo muy prosocial. En ambos casos, esas personas perfeccionan su imagen pública al paso de los años. La debilidad o rasgo antisocial implícito es un componente clave de su sombra, algo que niegan o reprimen. Pero como lo dictan las leyes de la naturaleza humana, cuanta más profunda es la represión, más volátil es la sombra.

> Ley cotidiana: Sé extremadamente cauteloso alrededor de la gente que muestra rasgos empáticos. Es muy fácil quedar atrapado en la apariencia y la primera impresión. Busca las señales y el surgimiento de lo opuesto con el paso del tiempo.

Las leyes de la naturaleza humana, 9: Enfrenta tu lado oscuro. La ley de la represión

18 de mayo

•

Mira detrás de la máscara

Recuerda que la gente trata de presentar siempre la mejor fachada posible. Esto significa que esconde sus sentimientos antagónicos, deseos de poder o superioridad, intentos de congraciarse contigo e inseguridades. Se servirá de las palabras para ocultar sus sentimientos y no dejarte ver la realidad, aprovechando tu fijación verbal. Usará asimismo ciertas expresiones faciales fáciles de adoptar y que suele creerse que significan amabilidad. Tu tarea es ver más allá de esas distracciones y detectar los signos que se escapan automáticamente y que revelan la emoción genuina detrás de la máscara.

Ley cotidiana: Entrénate para no prestar atención a la fachada que las personas exhiben.

Las leyes de la naturaleza humana, 3: Ve más allá de la máscara de la gente.
La ley del juego de roles

19 de mayo

•

Exigiendo igualdad

Otra estrategia del individuo que, supuestamente, no se dedica a buscar con afán el poder consiste en exigir la igualdad en todas las áreas de la vida. Según esas personas, todos debieran recibir el mismo trato, sea cual fuere su posición y su fuerza. Pero si, para evitar el tinte con que suele marcar el poder, se intenta tratar a todos por igual, de modo equitativo, se comprueba que existen personas que hacen determinadas cosas mejor que los demás. Tratar a todos por igual equivale a ignorar sus diferencias y, por ende, elevar al menos capaz y rebajar a quienes se destacan.

Ley cotidiana: Muchos de aquellos que exigen igualdad a todo el mundo, en realidad están desplegando otra estrategia de poder, redistribuyendo las recompensas de la gente de una forma que ellos determinan. Juzga y retribuye a las personas según la calidad de su trabajo.

Las 48 leyes del poder, Prefacio

20 de mayo
•

La fachada de la no ambición

Cuando Iván el Terrible murió, Boris Godunov sabía que en la escena política él era el único capaz de conducir los destinos de Rusia. Pero si demostraba demasiada ansiedad por ocupar esa posición, generaría sospechas y envidia entre los boyardos, así que rechazó la corona, no una sino varias veces: hizo que el pueblo insistiera en que ascendiera al trono. George Washington usó la misma estrategia con muy buenos resultados, primero al negarse a conservar el cargo de comandante en jefe del ejército estadunidense, y luego al resistirse a asumir la presidencia del país. En ambos casos, sus negativas lo hicieron más popular aún. La gente no puede envidiar el poder que ellos mismos han conferido a una persona que no lo deseaba.

Ley cotidiana: Sospecha sobremanera de aquellos que parecen no tener ambición.

Las 48 leyes del poder, Ley n° 46: Nunca te muestres demasiado perfecto

21 de mayo

•

El complaciente agresivo

En aquellos días la fuerza y las armas prevalecían; pero ahora la astucia del zorro
avanza en todas partes, así que difícilmente puede hallarse un hombre leal o virtuoso.
—Reina Isabel I

Hay personas que se muestran sumamente gentiles y complacientes cuando las conoces, tanto que les permites entrar muy pronto en tu vida. Sonríen mucho, son optimistas y siempre están dispuestas a ayudar. En algún momento tú les devuelves el favor y les consigues trabajo o las ayudas en su carrera. Detectarás entretanto algunas grietas en su capa de barniz: un inesperado comentario crítico o que hablan de ti a tus espaldas. Sucede entonces algo incómodo —un estallido de ira, un acto de sabotaje o traición—, muy distinto a la persona simpática y gentil que conociste. Lo cierto es que estos individuos se dan cuenta pronto de que poseen una tendencia a la agresividad y la envidia difícil de controlar. Quieren poder. Pero intuyen que esas inclinaciones les complicarán la existencia. Al paso de los años cultivan la fachada opuesta; su gentileza tiene un filo casi agresivo. Esta estratagema les permite obtener poder social. Sin embargo, en el fondo resienten tener que desempeñar ese rol y ser tan corteses. No pueden sostener su papel. Bajo estrés o fatigados por tanto esfuerzo, te atacarán y lastimarán. Pueden hacerlo bien, ahora que te conocen y saben cuáles son tus puntos débiles. Desde luego, te culparán de las consecuencias.

Ley cotidiana: Tu mejor defensa es ser precavido con la gente que es demasiado rápida para encantar y hacer amigos, demasiado agradable y servicial al principio. Una amabilidad tan extrema nunca es natural.

Las leyes de la naturaleza humana, 9: Enfrenta tu lado oscuro. La ley de la represión

22 de mayo

•

Determina la fuerza del carácter de la gente

Recuerda: el carácter débil neutraliza todas las demás cualidades de una persona. Por ejemplo, un sujeto muy inteligente pero de carácter débil podría tener buenas ideas y hacer bien su trabajo, pero se desmoronará bajo presión, no tomará a bien una crítica, pensará primero en su propio interés o apartará a los demás a causa de su arrogancia y otros defectos, en perjuicio del entorno general. Trabajar o contratar a alguien así impone costos ocultos. Alguien menos simpático e inteligente pero de carácter fuerte resultará más confiable y productivo a largo plazo. Las personas de fortaleza genuina son tan raras como el oro, y si las encuentras, reacciona como si hubieras descubierto un tesoro.

Ley cotidiana: Cuando evalúes la fuerza o la debilidad, mira cómo manejan las personas los momentos de estrés y la responsabilidad. Observa sus patrones: ¿qué es lo que realmente han completado o logrado?

Las leyes de la naturaleza humana, 4: Determina la fuerza de carácter de las personas. La ley del comportamiento compulsivo

23 de mayo
•

No siempre creas lo que ven tus ojos

La reportera de CBS News, Lesley Stahl, cubrió la campaña, y al acercarse el día de la elección tuvo una sensación incómoda. No era tanto que Reagan se hubiera concentrado en las emociones y el ánimo más que en problemas concretos. Era más bien que los medios le daban rienda suelta; su equipo electoral y él, pensaba ella, embaucaban a la prensa. Stahl decidió hacer un reportaje que mostrara al público que Reagan usaba la televisión para encubrir los efectos negativos de sus medidas. Un alto funcionario de la Casa Blanca le telefoneó esa misma noche: "Muy buen reportaje", le dijo. "¿Cómo?", preguntó ella. "Muy buen reportaje", repitió él. "¿Escuchaste lo que dije?", preguntó Stahl. "Lesley, cuando presentas cuatro minutos y medio de fabulosas imágenes de Ronald Reagan, nadie escucha lo que dices. ¿No sabes que las imágenes anulan tu mensaje porque están en conflicto con él? El público ve esas imágenes, y ellas bloquean tu mensaje. La gente ni siquiera oye lo que dices. Así, en nuestra opinión, tu reportaje fue un anuncio gratis de cuatro minutos y medio para la campaña de Ronald Reagan para la reelección." La mayoría de los colaboradores de comunicaciones de Reagan tenían experiencia en mercadotecnia. Conocían la importancia de narrar una noticia con vivacidad y agudeza, y con buenos recursos visuales. Cada mañana decidían cuál sería el titular del día, y cómo podían convertirlo en una breve pieza visual, con lo que daban al presidente una oportunidad de video. Prestaban detallada atención al fondo tras el presidente en la Oficina Oval, a la forma en que la cámara lo encuadraba cuando estaba con otros líderes mundiales, y al hecho de filmarlo en movimiento, con su andar seguro. Los elementos visuales transmitían el mensaje mejor que las palabras. Como decía un funcionario de Reagan: "¿A qué le van a creer más: a los datos o a sus ojos?".

Ley cotidiana: Los no jugadores son maestros de los efectos visuales para distraer de sus manipulaciones. Cuídate prestando más atención al contenido y a los hechos que a la forma de su mensaje.

El arte de la seducción, Seducción suave: cómo vender cualquier cosa a las masas

24 de mayo

•

Dinero fácil

Ese deseo de obtener algo por nada le ha costado muy caro a mucha gente que ha tratado conmigo y con otros estafadores... Cuando la gente aprenda (aunque dudo mucho que lo haga) que no se puede obtener algo por nada, los delitos se reducirán como por arte de magia y viviremos todos en paz y armonía.

—JOSEPH WEIL

Tentar a alguien con una ganga es el pan de cada día del estafador. Nadie era mejor en esto que el más exitoso de todos los estafadores de nuestro tiempo, Joseph Weil, alias "The Yellow Kid". The Yellow Kid aprendió muy pronto que lo que posibilitaba sus fraudes era la codicia de sus congéneres. A lo largo de sus años de actividad, Weil inventó muchas formas de seducir a la gente mediante la perspectiva de ganar dinero fácil. Entregaba propiedades inmuebles "gratuitas" —¿quién puede resistir a un ofrecimiento semejante?— y luego los incautos se enteraban de que debían pagar 25 dólares para registrar la venta. Como las tierras eran gratuitas, esa suma, aunque alta, les parecía aceptable, y The Yellow Kid ganaba muchos miles de dólares con los falsos registros. A cambio, daba a sus víctimas una escritura fraguada. Otras veces decía a los incautos que tenía un dato para una carrera de caballos "arreglada", o acciones que darían un doscientos por ciento de ganancia por semana. Mientras hilaba sus historias veía cómo se iluminaban los ojos de las víctimas ante la idea de obtener tanto dinero en forma gratuita. No te dejes seducir por la perspectiva de ganar dinero fácil. Como dijo el propio Yellow Kid: la codicia no da frutos.

Ley cotidiana: Sospecha de alguien que te tiente con el señuelo de algo a cambio de nada. Las propuestas para volverse rico rápido son estafas. La lotería en realidad es un impuesto para los matemáticamente analfabetos. No hay atajos para alcanzar el poder.

Las 48 leyes del poder, Ley nº 40: Menosprecia lo que es gratuito

25 de mayo

•

Evita los imanes del drama

Siempre es un error pensar que uno puede ejecutar una acción o comportarse
de cierta manera una vez y no más.
—CESARE PAVESE

Ellos te atraerán con su interesante presencia. Tienen una energía inusual y muchas historias que contar. Poseen rasgos animados y son muy ingeniosos. Su compañía es agradable hasta que el drama se vuelve gravoso. De niños aprendieron que la única forma de recibir amor y atención perdurables era meter a sus padres en problemas, los que debían ser lo bastante grandes para comprometerlos emocionalmente mucho tiempo. Esto se volvió un hábito, su modo de sentirse vivos y deseados. La mayoría de la gente rehúye toda clase de confrontaciones, mientras que ellos parecen vivir para ellas. Cuando los conoces mejor, terminas por oír numerosos relatos de discusiones y batallas en su vida, pero siempre se las arreglan para colocarse como las víctimas. Date cuenta de que su principal necesidad es atraparte por cualquier medio. Te enredarán en su drama al punto de que te sentirás culpable si te apartas.

Ley cotidiana: Es mejor reconocerlos tan pronto como sea posible, antes de que termines enredado y arrastrado hacia el fondo. Examina su pasado para buscar evidencias de ese patrón y aléjate corriendo si sospechas que estás tratando con ese tipo.

Las leyes de la naturaleza humana, 4: Determina la fuerza de carácter de las personas.
La ley del comportamiento compulsivo

26 de mayo
•

La estratagema de la sinceridad

Una estratagema que vale la pena ensayar es la de La Rochefoucauld, quien escribió: "La sinceridad se encuentra en muy pocas personas, y a menudo no es más que una hábil artimaña: se es sincero a fin de obtener confidencias y secretos del otro".

Ley cotidiana: Al fingir que te abren su corazón, los no jugadores inteligentes saben que eso vuelve más plausible que tú reveles tus propios secretos. Te harán una falsa confesión con la esperanza de que tú les hagas una verdadera.

Las 48 leyes del poder, Ley nº 14: Muéstrate como un amigo pero actúa como un espía

27 de mayo

•

Detecta sus verdaderos motivos

La maña está en conocer estos ídolos para el motivar, conociéndole
a cada uno su eficaz impulso: es como tener la llave del querer ajeno.
—BALTASAR GRACIÁN

Desde la perspectiva de Maquiavelo, pocos eventos de la vida pública son lo que parecen ser. El poder depende de las apariencias, de manipular lo que el público ve. De parecer bueno mientras se hace lo necesario para conquistar y mantener el poder. A veces es fácil ver a través de la niebla y reconocer los motivos o las intenciones de la gente. Pero usualmente es bastante complicado —¿qué está pasando en realidad?, nos preguntamos. En el entorno de los nuevos medios de comunicación, la habilidad para crear niebla y confusión ha aumentado en gran medida. Historias y rumores pueden ser plantados sin prácticamente ninguna fuente que los respalde. La historia se difundirá viralmente. Antes de que la gente empiece a cuestionarse la validez de la historia A, su atención será distraída por algo más, la historia B o C; mientras tanto, la historia A se arraiga en su mente de forma sutil. Una capa extra de incertidumbre y duda vuelve muy fácil cualquier tipo de juego de insinuaciones. Para descifrar eventos que parecen difíciles de leer, a veces me apoyo en una estrategia que proviene del latín *Cui bono?* Fue usada por primera vez en este contexto por Cicerón y literalmente se traduce como: "¿Quién se beneficia?". Significa: cuando estés tratando de descubrir los motivos detrás de alguna acción turbia, busca a quien verdaderamente le beneficia al final, y después sigue el camino hacia atrás. El interés propio gobierna al mundo.

Ley cotidiana: No te dejes engañar por las apariencias, por lo que ocurre, por lo que la gente hace y dice. Pregunta siempre: *Cui bono?*

powerseductionandwar.com, 23 de noviembre de 2007

28 de mayo

•

La verdad efectiva

Pues la gran mayoría de la humanidad está satisfecha con las apariencias,
como si éstas fueran realidad.
—NICOLÁS MAQUIAVELO

Maquiavelo le llama a esto "la verdad efectiva" y es su concepto más brillante, en mi opinión. Funciona así: la gente dirá casi cualquier cosa para justificar sus acciones, para darles una apariencia moral o santurrona. Lo único que queda claro, la única manera que tenemos para juzgar a la gente y no dejarnos llevar por esas mentiras, es observar sus acciones, los resultados de sus acciones. Ésa es su verdad efectiva. Mira al papa, por ejemplo, sermoneando siempre sobre los pobres, la moralidad, la paz, pero mientras tanto, preside la organización más poderosa del mundo (en la época de Maquiavelo). Y sus acciones están encaminadas básicamente a aumentar este poder. La verdad efectiva es que el papa es un animal político y que sus decisiones inevitablemente tienen que ver con mantener el lugar preeminente de la Iglesia católica en el mundo. La palabrería religiosa es simplemente una parte de su astucia política para jugar el juego, y la utiliza como un artilugio distractor.

Ley cotidiana: Juzga a las personas por los resultados de sus acciones y maniobras, y no por las historias que cuentan.

powerseductionandwar.com, 28 de julio de 2006

29 de mayo

•

Nada personal

Mucha gente tiene terribles problemas en la vida para lidiar con la política, para disociar sus emociones del mundo laboral y del reino del poder. Todo se lo toma personal. Yo mismo tuve un terrible problema trabajando en oficinas, en Hollywood, en el periodismo, etcétera. Soy un poco ingenuo, y muchas otras personas también lo son. Y básicamente lo que ocurre en estas situaciones, debido a que nadie te entrena para estas cosas, es que te pones emocional —tomas de manera personal lo que la gente hace y dice. En el momento en que te dejas envolver por las emociones, estás acabado. Tienes que ser capaz de ver la vida como si fueran movimientos en un tablero de ajedrez. Marco Aurelio tiene esta gran cita que yo parafraseo: si estás en un cuadrilátero de boxeo y el boxeador te golpea en el rostro, no lloriquees por la injusticia o la crueldad. No, eso es sólo parte del juego. Quiero que veas la vida de este modo: si alguien te hace algo malo, controla tus emociones. No reacciones. No te alteres. Velo como un movimiento más en el tablero de ajedrez. Te están moviendo a ti. No escuches sus palabras, porque la gente dirá cualquier cosa. Observa sus movimientos. Observa sus maniobras. Observa sus acciones pasadas. Las acciones, y no lo que dicen, te dirán quiénes son. Esa clase de autocontrol es inmensamente liberadora y empoderante.

Ley cotidiana: Juzgar a la gente por sus acciones y no tomártelas como algo personal, te liberará y te ayudará a mantener tu balance emocional.

"Robert Greene: maestría e investigación", *Encontrando la maestría: conversaciones con Michael Gervais,* 25 de enero de 2017

30 de mayo

•

Todos quieren más poder

Hay una famosa frase de Lord Acton que dice que el poder absoluto corrompe absolutamente. La gente la cita mucho. Pero Malcolm X dijo que lo opuesto también es verdad, es decir, que tener poder puede corromper, pero no tener absolutamente nada de poder corrompe absolutamente. En *Las 48 leyes del poder* sostengo que el sentimiento de no tener ningún poder sobre las personas y los eventos generalmente nos resulta insoportable —cuando nos sentimos impotentes nos sentimos miserables. Nadie quiere menos poder, todos quieren más.

Ley cotidiana: Cuando no estés seguro, asume que la gente hace lo que hace y dice lo que dice porque quiere más poder, no menos.

"Robert Greene: Las 48 leyes del poder", *Entrelíneas con Barry Kibrick,*
15 de mayo de 2015

31 de mayo

•

Conoce con quién estás tratando

Convéncete de que no hay persona tan insignificante e inconsiderable que no pueda tener, en un momento u otro, el poder de resultarte de utilidad; lo cual por cierto no hará si tú le has mostrado tu desprecio.
—LORD CHESTERFIELD

La habilidad de evaluar a la gente y saber con quién se está tratando es una de las artes más importantes en el proceso de alcanzar y conservar el poder. Sin esto, tú estarás como ciego: no sólo ofenderás a las personas equivocadas, sino que las elegirás para tus manipulaciones y creerás estar halagando a alguien cuando en realidad lo estás insultando. Antes de embarcarte en cualquier tipo de acción, evalúa bien a tu víctima o a tu potencial adversario. De lo contrario, perderás tu tiempo y cometerás errores. Estudia las debilidades de la gente, las grietas de su armadura, sus orgullos y sus inseguridades. Conoce sus lados positivos y negativos antes de decidir si tratar con ellos o no. Dos advertencias finales: primero, al evaluar y medir a tu adversario, nunca confíes en tu instinto. Cometerás el error más grande de tu vida si te basas en indicadores tan imprecisos. Nada hay más valioso que la información concreta que consigas reunir. Estudia y espía a tu adversario durante todo el tiempo que sea necesario. Tu paciencia será recompensada con creces. En segundo lugar, nunca confíes en las apariencias. Cualquier sujeto con corazón de serpiente puede utilizar la máscara de la bondad. Una persona que se muestra audaz y agresiva por fuera puede ser un cobarde por dentro. Nunca confíes en la versión que los demás dan de sí mismos: en general no refleja la verdad.

Ley cotidiana: ¿Qué posible beneficio puede surgir de la ignorancia sobre las demás personas? Aprende a distinguir a los leones de las ovejas o paga las consecuencias.

Las 48 leyes del poder, Ley nº 19: Saber con quién estás tratando:
no ofendas a la persona equivocada

Junio

El arte divino

DOMINANDO LAS ARTES DEL ENGAÑO
Y LA MANIPULACIÓN

En los mitos griegos, en el ciclo del Mahabharata de la India, en la épica de *Gilga-mesh* del Medio Oriente es el privilegio de los dioses utilizar las artes engañosas; un gran hombre, Odiseo por ejemplo, era juzgado por su habilidad para rivalizar en astucia con los dioses, para robarles algo de su poder divino e igualarlos en ingenio y capacidad de engaño. El engaño es un sofisticado arte de la civilización y el arma más potente en el juego del poder. El engaño y la farsa no deberían ser vistos como malos o inmorales. Cualquier interacción humana requiere del engaño en muchos niveles, y en cierta forma lo que separa a los humanos de los animales es nuestra capacidad para mentir y engañar. Por fuera debe parecer que respetas la elegancia, pero por dentro, a menos que seas un tonto, aprendes rápido a ser prudente y a seguir el consejo de Napoleón: mete tu mano de hierro en un guante de terciopelo. Si logras dominar las artes del engaño y la falsedad, si aprendes a seducir, a encantar, a embaucar y a maniobrar sutilmente mejor que tus oponentes, alcanzarás las alturas del poder. El mes de junio te enseñará a hacer que la gente se doble ante tu voluntad, sin que se dé cuenta de lo que has hecho. Y si no se da cuenta de lo que has hecho, no te tendrá resentimiento ni se te resistirá.

Hace unos cuantos años, para ayudar a mi mente a superar el gran esfuerzo de escribir *Las 33 estrategias de la guerra*, compré una mesa de billar. Después de un arduo día de trabajo, me ponía a jugar billar y me obligaba a concentrarme por completo en el fieltro verde, en el taco, en las lisas y las rayadas. Acabó siendo la diversión perfecta. En el billar, eso me quedó claro, todo gira en torno a los ángulos. Primero están los ángulos simples, cuando debes golpear la bola blanca hacia uno u otro lado si no estás derecho. Esto a menudo no es tan sencillo como parece. Luego están los ángulos cuando rebotas la bola en alguna banda, todo un juego nuevo en sí mismo. Esto se vuelve más complejo con los tiros a doble banda.

Están los ángulos para los tiros de combinación y para las combinaciones todavía más difíciles, cuando usas una lisa para golpear una rayada y meter una lisa. Luego está todo el lenguaje de ángulos que entra en juego cuando piensas por adelantado y tratas de dejar la bola blanca en una buena posición, trabajando con los espacios libres de la mesa.

Finalmente, están los ángulos abstractos del espacio-tiempo psicológico: jugar con la mente de tu oponente; dejarlo que saque ventaja, pero haciéndolo arrinconarse con respecto a las bolas restantes sobre la mesa; entramparlo en posiciones imposibles; o ver la mesa entera y saber rápidamente cómo jugarás. En otras palabras, hay distintas capas de ángulos, cada vez más sutiles y artísticas conforme subes de nivel y mejoras tu juego. Ya no soy un principiante, aunque ciertamente tampoco soy un tahúr, no todavía.

Para jugar bien, para mejorar tu juego, tu concentración debe ser total.

Y como en el billar, así en la vida. Los tontos y los principiantes están atrapados en la mentalidad de una-bola-a-la-vez y se emocionan cuando logran meter una bola con un buen tiro, aunque queden en una pésima posición sin ninguna posibilidad. Nunca aprenden sobre los ángulos por encima de los ángulos por encima de los ángulos.

Luego están los que mejoran su juego un poco, que dan la apariencia de saber ganar, que de hecho pueden meter algunas bolas al hilo. En Hollywood trabajé para algunas personas como éstas. Ellas dejaban que otros hicieran las tareas y se llevaban todo el crédito. Un director que conocí jugaba constantemente el juego de contratar a alguien más para dirigir el guion que él había escrito, alguien joven y entusiasta y sin experiencia. Esta persona inevitablemente fallaba muy al principio del proceso; el director tenía entonces que meterse a rescatar la situación, lo cual había sido su objetivo desde el principio. Mejor montarlo de esa manera a ser visto como excesivamente ambicioso por insistir siempre en dirigir todos los proyectos en su plató. Parecido a como Pat Riley se las ingenió para volver a entrenar.

Pero estos tipos realmente no ven toda la mesa ni tienen planeado un buen final de juego. Manejan algunos ángulos, pero no de alto nivel. Realmente nunca llegan tan lejos. Generan mucho resentimiento y resistencia. Son tahúres de nivel bajo a medio.

Un conocido mío que dirige su propio negocio de medios de comunicación se me acercó hace unos años con un problema: un empleado de alto nivel había filtrado a otros empleados algo embarazoso sobre él. Su ángulo para filtrar esto había sido llamar la atención del jefe y mostrarle de qué era capaz. Estaba preocupado de que su jefe fuera a correrlo, así que éste fue su tiro de advertencia.

Mi consejo fue que primero intentara averiguar lo que tramaba el filtrador, pero que no mostrara ningún tipo de reacción negativa de su parte. Debía continuar siendo amigable, como si nada hubiera pasado. Eso sería una fachada, una distracción. El empleado tendría que concentrarse en aquello y descubrir qué significaba. ¿El jefe estaba siendo reservado? ¿No le importaba? ¿Intentaba ganárselo nuevamente? ¿Estaba intimidado? Esto le haría ganar algo de tiempo al jefe.

Cuando investigamos la situación, vimos más de lo que estaba sucediendo y se nos ocurrió una solución. Para empezar, despidió a otros dos empleados que eran aliados del filtrador y gente problemática. Un tercero fue transferido a una oficina en una locación distante. Todo esto fue ostensiblemente realizado como reacción ante su mal rendimiento y no tenía ninguna conexión aparente con el filtrador en cuestión. El propósito era doble: aislar al objetivo, hacerle más difícil conspirar y sembrar cizaña; y mandarle la advertencia indirecta de que el jefe no era alguien con quien pudiera meterse tan fácilmente.

Sus movimientos no fueron sencillos de descifrar; atraparon la atención del filtrador y lo inmovilizaron. Mientras considerábamos las posibles reacciones del filtrador ante estos movimientos y cómo podría elevar el nivel de su respuesta si se sentía amenazado, trabajamos en un ángulo más elevado para esta reacción, de modo que tuviéramos tantas bases cubiertas como fuera posible. Incluso habíamos planeado una manera de hacerle jaque mate si él decidía hacer pública su información.

Iceberg Slim es uno de mis autores favoritos. Para Iceberg, el mundo se divide en tahúres y tontos. O eres uno o eres otro. El tonto no tiene ángulos en la vida, ni sentido del arte del engaño, y sólo puede hacer una jugada estúpida a la vez. El tahúr siempre apunta con ángulos, aprende a jugar con ellos y se vuelve un artista en el juego.

1 de junio

•

Usa la máscara apropiada

No se puede engañar con éxito si no se toma una cierta distancia de uno mismo, es decir, si no se logra ser muchas personas distintas, llevando la máscara que el día y el momento requieran. Con un enfoque de tal flexibilidad frente a todas las apariencias, incluso la tuya propia, perderás gran parte de esa carga interior que te retiene o limita. Torna tu rostro tan maleable como el de un actor, trabaja para ocultar tus intenciones frente a los demás, practica el arte de atraer a la gente hacia tus trampas.

Ley cotidiana: Jugar con las apariencias y dominar las artes del engaño están entre los placeres estéticos de la vida. También son componentes clave en la adquisición de poder.

Las 48 leyes del poder, Prefacio

2 de junio

•

Utiliza la ausencia para incrementar el respeto

Actualmente, en un mundo inundado de presencias a través de un fluir incesante de imágenes, el juego de la ausencia deliberada es aún más poderoso. Raras veces sabemos cuándo alejarnos y desaparecer, y ya nada parece privado, de modo que alguien que es capaz de desaparecer a voluntad nos inspira más respeto. En las ciencias económicas, la ley de la escasez nos brinda esta certeza: demasiada circulación hace que el precio baje. Pero al retirar algo del mercado, se genera un valor instantáneo para ese producto u objeto. En Holanda, durante el siglo XVII, la familia real quería que el tulipán fuese algo más que una hermosa flor: querían que se convirtiera en una especie de símbolo de estatus. Al hacer que dicha flor escaseara, e incluso que fuese casi imposible obtenerla, dieron el puntapié inicial a lo que luego se denominaría "tulipomanía". De pronto, una única flor valía más que su peso en oro. Aplica la ley de la escasez a tus propias habilidades. Logra que lo que tengas para ofrecer resulte difícil de encontrar, y de inmediato incrementarás tu valor.

Ley cotidiana: Cuanto más seas visto y escuchado, más común parecerás. Si ya estás establecido en un grupo, retirarte temporalmente de él hará que se hable más de ti, incluso que se te admire más. Debes aprender cuándo partir. Crea valor a través de la escasez.

Las 48 leyes del poder, Ley nº 16: Utilice la ausencia
para incrementar el respeto y el honor

3 de junio

•

Toma el control de tu imagen

*El hombre que intenta hacer su fortuna en esta antigua capital del mundo [Roma]
debe ser un camaleón capaz de reflejar los colores de la atmósfera que lo rodea,
un Proteo capaz de adoptar todas las formas imaginables.*
—GIOVANNI CASANOVA

La gente tiende a juzgarte con base en tu aspecto exterior. Si no tomas precauciones y supones simplemente que es mejor ser tú mismo, comenzará a atribuirte todo tipo de cualidades que tienen poco que ver con tu individualidad pero que responden a lo que esa gente quiere ver. Todo esto puede confundirte, hacerte sentir inseguro y consumir tu atención. Interiorizando los juicios de los otros, se te dificultará concentrarte en tu trabajo. Tu única protección es invertir esta dinámica moldeando conscientemente las apariencias, creando la imagen que te conviene y controlando los juicios de los demás. A veces considerarás adecuado dar marcha atrás y crear cierto misterio a tu alrededor, para acentuar tu presencia. Otras, querrás ser más directo e imponer una apariencia más específica. En general, no te establezcas nunca en una imagen ni permitas a la gente entenderte por completo. Siempre debes estar un paso adelante del público.

Ley cotidiana: Nunca dejes que la gente piense que te conoce del todo. Crea algo de misterio a tu alrededor.

Maestría, IV: Ve a la gente como es: inteligencia social

4 de junio

•

Aprovecha el instinto de la gente de confiar en las apariencias

Apariencia e intención engañan inevitablemente a la gente, cuando se usan con artificio, aun si la gente cree que hay una intención ulterior detrás de la abierta apariencia.
—YAGYU MUNENORI

Hay una verdad muy simple acerca de la naturaleza humana, que constituye el elemento básico de la habilidad de ocultar nuestras verdaderas intenciones: el primer instinto del ser humano siempre es creer en las apariencias. No se puede ir por la vida dudando de la realidad de lo que vemos y oímos, imaginando que las apariencias ocultan otra cosa; esto terminaría por agotarnos y aterrarnos. Debido a esto, resulta relativamente fácil disimular nuestras verdaderas intenciones. Basta con presentar un objeto que supuestamente deseamos, un objetivo que en apariencia queremos alcanzar, ante la vista de los demás y tomarán por realidad esas apariencias. Una vez que su atención se centre en el señuelo, no se dan cuenta de las verdaderas intenciones.

Ley cotidiana: Oculta tus intenciones tras un manto de apariencias cuidadosamente construido.

Las 48 leyes del poder, Ley nº 3: Disimula tus intenciones

5 de junio

•

Crea efectos dramáticos

En el momento de la elección presidencial de Franklin Delano Roosevelt, en 1932, Estados Unidos se hallaba inmerso en una terrible crisis económica. Los bancos sufrían colapsos a un ritmo alarmante. Poco después de ganar las elecciones, Roosevelt se sumergió en una especie de retiro. No habló sobre sus planes ni sobre las designaciones para su gabinete. Incluso se negó a reunirse con el presidente en ejercicio, Herbert Hoover, para discutir la transición. En el momento de la toma de posesión de Roosevelt, el país se encontraba en un estado de extrema ansiedad. En su discurso inaugural, Roosevelt cambió abruptamente de tónica. Pronunció un discurso impresionante y dejó claro que su intención era conducir al país en una dirección por completo nueva, que barrería con los gestos tímidos de sus predecesores. A partir de ese momento, el ritmo de sus discursos y decisiones públicas —designaciones de gabinete, audaces medidas legislativas— fueron desarrollándose a un ritmo increíblemente acelerado. El periodo posterior a su asunción de la presidencia se conoció más adelante como los "Cien Días", y su éxito en revertir el estado de ánimo del país se debió en parte al hábil ritmo que imprimió a su accionar y al uso de contrastes dramáticos. Mantuvo al público en suspenso para luego conmoverlo con una serie de gestos audaces que tuvieron aún más fuerza por ser tan sorpresivos e inesperados.

Ley cotidiana: Utiliza el ritmo teatral para sorprender y distraer. Aprende a orquestar eventos como Roosevelt, sin revelar nunca todas tus cartas al mismo tiempo, pero mostrándolas de una manera que aumente su efecto dramático.

Las 48 leyes del poder, Ley nº 25: Procura recrearte permanentemente

6 de junio

•

Representa bien tu papel

En la actuación del método, aprendes a exhibir las emociones apropiadas a la orden. Te sientes triste cuando tu personaje lo requiere recordando experiencias propias que te produjeron esa emoción, o simplemente imaginándolas. El asunto es que tú tienes el control. En la vida real no es posible aprender eso a tal grado, pero si no tienes el control, si sólo reaccionas emocionalmente a lo que te sucede a cada momento, darás muestras sutiles de debilidad y falta de autodominio. Aprende a adoptar conscientemente el ánimo indicado mediante el hecho de imaginar cómo y por qué debes sentir la emoción ajustada a la ocasión o a la actuación que estás a punto de ejecutar. Abandónate a la sensación del momento para que tu rostro y tu cuerpo cobren vida de forma espontánea. A veces, con sólo sonreír o fruncir el ceño experimentarás algunas emociones que acompañan a esas expresiones. De igual manera, enséñate a recuperar una expresión neutral en un momento natural, para que no lleves demasiado lejos tu emotividad. Admite esto: el término personalidad viene del latín *persona*, que significa "máscara". Todos usamos máscaras en público, y esto tiene una función positiva. Si nos mostráramos tal como somos y dijéramos lo que pensamos, ofenderíamos a casi todos y revelaríamos cualidades que es preferible ocultar. Ajustarse a un personaje, desempeñar bien un papel, nos protege de quienes nos vigilan muy de cerca, con todas las inseguridades que esto puede desatar.

Ley cotidiana: Todos somos actores en el teatro de la vida, y entre mejor representes tu papel y utilices la máscara apropiada, más poder acumularás.

Las leyes de la naturaleza humana, 3: Ve más allá de la máscara de la gente.
La ley del juego de roles

7 de junio

•

Nunca pongas en duda la inteligencia de la gente

Para ser bien visto, el único medio es vestirse la piel
del más simple de los brutos.
—Baltasar Gracián

La sensación de que alguien es más inteligente que nosotros es casi intolerable. En general procuramos justificar esa diferencia de distintas maneras: "Sólo es una persona muy leída, mientras que yo tengo conocimientos reales y concretos". "Sus padres tenían dinero como para darle una buena educación. Si mis padres hubiesen sido ricos, yo no tendría nada que envidiarle..." "No es tan inteligente como cree." Y, por último, el conocido comentario: "Podrá saber mucho más que yo sobre su especialidad, pero, más allá de eso, no es nada inteligente. Hasta Einstein era de inteligencia mediocre cuando actuaba fuera del campo específico de la física". En vista de lo importante que es la idea de ser inteligente para la vanidad de la mayoría de la gente, resulta fundamental no insultar nunca inadvertidamente o impugnar la capacidad intelectual de una persona. Esto constituye un pecado imperdonable. Pero si logras sacarle provecho, esta regla de oro te abrirá todo tipo de caminos hacia el engaño. La sensación de superioridad intelectual que les brindas desactivará por completo su desconfianza y les impedirá sospechar de ti.

Ley cotidiana: Subliminalmente haz creer a las personas que son más inteligentes que tú, o incluso que eres un poco tarado, y fácilmente podrás superarlos.

Las 48 leyes del poder, Ley n° 21: Finge candidez para atrapar a los cándidos: muéstrate más tonto que tu víctima

8 de junio

•

Distráelos de tu verdadero objetivo

Durante la guerra de la Sucesión Española, en 1711, el duque de Marlborough, comandante de la armada británica, deseaba destruir un fuerte francés de importancia clave, ya que protegía un paso vital a través de Francia. Sin embargo, sabía que, si llegaba a destruirlo, los franceses descubrirían de inmediato sus verdaderas intenciones: avanzar por aquel camino. De modo que, en lugar de destruirlo, capturó aquel fuerte y dejó allí parte de sus tropas, simulando que deseaba utilizarlo para sus propios fines. Los franceses atacaron el fuerte y el duque dejó que lo recuperaran. Una vez que los franceses volvieron a ocuparlo, fueron *ellos* quienes lo destruyeron, convencidos de que el duque lo pretendía por alguna razón estratégica importante. Sin el fuerte, el camino había quedado sin protección y Marlborough pudo entrar en Francia sin problemas. Utiliza esta táctica de la manera siguiente: oculta tus intenciones, no cerrándote (con lo que te arriesgas a sugerir que guardas un secreto, y despertar sospechas), sino hablando sin cesar de tus deseos y objetivos... pero no los verdaderos. Con esto matarás tres pájaros de un tiro: parecerás una persona amable, abierta y confiada; ocultarás tus verdaderas intenciones; y harás que tus rivales pierdan un tiempo precioso defendiendo el flanco equivocado.

> Ley cotidiana: Aparenta querer algo en lo que realmente no estás interesado y tus enemigos quedarán despistados, cometiendo toda clase de errores en sus cálculos.

Las 48 leyes del poder, Ley nº 3: Disimula tus intenciones

9 de junio

•

Dale a la gente la oportunidad de sentirse superior

Quizás algunas personas consideren desagradable y poco noble que alguien apele a sus intereses propios, y prefirieran que se les brindara la posibilidad de ejercer la caridad, la piedad y la justicia, que es lo que las hace sentirse superiores a ti: al pedirles ayuda, tú subrayas la posición y el poder de ese tipo de individuo. Son lo bastante fuertes como para no necesitar nada de ti, salvo la oportunidad de sentirse superiores. Ése es el vino que los embriaga. Se mueren por financiar tu proyecto y relacionarte con los poderosos... siempre y cuando, por supuesto, todo se realice en público y por una buena causa (en general, cuanto más público haya, mejor). Por lo tanto, no todos pueden ser abordados con argumentos que apelen a su cínico egoísmo. Hay quienes retroceden ante ese tipo de argumentos, porque no quieren parecer motivados por cosas de esa índole. Necesitan oportunidades para demostrar en forma pública su buen corazón. No seas tímido. Concédeles la oportunidad. Al pedirles ayuda no los estafas ni te aprovechas de ellos: en realidad, dar (y que los vean dando) les causa gran placer.

Ley cotidiana: Debes descubrir qué mueve a los demás. Cuando rezuman avaricia, apela a su avaricia. Cuando quieren parecer caritativos y nobles, apela a su caridad.

Las 48 leyes del poder, Ley nº 13: Cuando pidas ayuda, no apeles a la compasión o a la gratitud de la gente, sino a su egoísmo

10 de junio

•

Contagia al grupo con emociones productivas

Contagia al grupo de la resolución que emana de ti. No te dejes contrariar por los reveses; sigue adelante y resuelve los problemas. Sé persistente. El grupo se dará cuenta de esto y a los individuos les avergonzará ponerse histéricos por el menor cambio de fortuna. Contagia al grupo de seguridad, pero evita que ésta raye en presunción. Tu seguridad y la del grupo se desprenden sobre todo de un exitoso historial. Cambia periódicamente las rutinas, sorprende al grupo con algo nuevo o desafiante. Esto lo avispará y evitará la complacencia que puede instaurarse en cualquier grupo que alcanza el éxito. Pero sobre todo, mostrar intrepidez y apertura a nuevas ideas tendrá el efecto más terapéutico. Los integrantes del equipo se pondrán menos a la defensiva, lo que los alentará a pensar más por sí mismos y no operar como autómatas.

Ley cotidiana: Las personas naturalmente son más emocionales y permeables al ánimo de los demás. Trabaja con la naturaleza humana y convierte esto en algo positivo contagiando al grupo con el conjunto apropiado de emociones. La gente es más susceptible ante el ánimo y actitudes del líder que los de nadie más.

Las leyes de la naturaleza humana, 14: Resiste la influencia degradante del grupo.
La ley de la conformidad

11 de junio

•

Ataca al pastor

Cuando un árbol se cae, los monos se dispersan.
PROVERBIO CHINO

Dentro de un grupo, los problemas casi siempre se remiten a una fuente: el sujeto descontento, el insatisfecho crónico que siempre incitará al disenso e infectará al grupo con su negatividad. Antes de que sepas qué fue lo que sucedió, el descontento se propaga. Actúa antes de que resulte imposible desenredar esa maraña de sentimientos negativos, o procura determinar cómo comenzó todo el problema. En primer lugar, reconoce a los incitadores por su presencia arrogante y altanera o su naturaleza quejosa y malhumorada. Una vez que los hayas detectado, no trates de reformarlos, contentarlos y serenarlos, pues eso sólo empeorará las cosas. No los ataques, ni directa ni indirectamente, porque son de naturaleza tóxica y ponzoñosa, y harán un trabajo subrepticio para destruirte. Haz como los atenienses: destiérralos antes de que sea demasiado tarde. Sepáralos del grupo antes de que se conviertan en el ojo de la tormenta. No les des tiempo de generar tensiones y sembrar descontento. No les des espacio para maniobrar. Deja que una persona sufra para que el resto pueda vivir en paz.

Ley cotidiana: Cuando el líder se va, el centro de gravedad desaparece; no hay nada alrededor de lo cual girar y todo se cae a pedazos. Dirige tu ataque a la fuente del problema y las ovejas se dispersarán.

Las 48 leyes del poder, Ley nº 42: Muerto el perro, se acabó la rabia

12 de junio

•

Usa la táctica de la capitulación

Cuando seas el más débil, nunca luches simplemente por salvar tu honor. Opta, en cambio, por la capitulación. Rendirte te dará tiempo para recuperarte, tiempo para atormentar e irritar al vencedor, tiempo para esperar a que el poder de éste se diluya. No le des la satisfacción de luchar y ser vencido por él. Capitula antes de ser derrotado. Al volver la otra mejilla, enfurecerás y desconcertarás a tu contrincante. Convierte la capitulación en un instrumento de poder. Ten presente lo siguiente: con una táctica de simulada rendición resulta muy fácil engañar a las personas que intentan hacer ostentación de autoridad. Las muestras externas de sumisión que hagas las harán sentirse importantes; satisfechas de ver que tú las respetas, se convierten en un fácil blanco para el contraataque.

> Ley cotidiana: Si te encuentras temporalmente debilitado, la táctica de la capitulación es perfecta para volverte a levantar —disfraza tu ambición; te enseña paciencia y autocontrol, habilidades clave en el juego.

Las 48 leyes del poder, Ley nº 22: Utiliza la táctica de la capitulación.
Transforma la debilidad en poder

13 de junio
•

Lidera desde el frente

Aníbal fue el mayor general de la antigüedad en razón de su admirable comprensión de la moral del combate [...]. Sus hombres no eran mejores que los soldados romanos. No estaban tan bien armados, y eran la mitad en número. Pero él siempre fue el vencedor. Entendía el valor de la moral. Tenía la absoluta confianza de su gente.
—CORONEL CHARLES ARDANT DU PICQ

La moral es contagiosa, y tú, como líder, das la pauta. Pide sacrificios que tú no harás (por realizarlo todo a través de asistentes) y tus tropas se volverán letárgicas y rencorosas; actúa con demasiada amabilidad, muestra demasiada preocupación por su bienestar, y vaciarás de tensión su alma, creando así niños mimados que se quejan a la menor presión o exigencia de trabajar más. El ejemplo personal es la mejor manera de dar la pauta apropiada y elevar la moral. Cuando tu gente ve tu dedicación a la causa, asimila tu espíritu de energía y abnegación. Unas cuantas críticas oportunas aquí y allá y sólo se esforzará más por complacerte, por cumplir tus altas normas. En vez de tener que empujar y jalar a tu ejército, lo verás persiguiéndote.

Ley cotidiana: Para dominar la influencia en el mundo, los seres humanos —un devoto ejército de seguidores— son más valiosos que el dinero. Ellos harán cosas por ti que el dinero no puede comprar.

Las 33 estrategias de la guerra, Estrategia 7: Transforma tu guerra en una cruzada. Estrategias para la moral

14 de junio

•

Disuade con una presencia amenazante

*Cuando el enemigo se niega a combatir contigo, es porque lo cree
desventajoso para él, o porque lo has empujado a creerlo así.*
—SUN TZU

Todos tenemos que encajar, jugar a la política, parecer afables y adaptarnos. En
la mayoría de los casos esto funciona correctamente, pero en momentos de peligro y dificultad, ser visto como una persona tan afable obrará en tu contra: indicará que puedes ser presionado, desalentado y obstruido. Si nunca antes has
estado dispuesto a defenderte, ningún gesto amenazador que hagas será creíble.
Entiéndelo: hay un enorme valor en hacerle saber a la gente que, en caso de ser
necesario, puedes olvidar tu afabilidad y ser francamente difícil y detestable. Un
par de claras demostraciones violentas serán suficientes. Una vez que la gente
vea que eres un guerrero, se acercará a ti con un poco de temor en el corazón. Y
como dijo Maquiavelo, es más útil ser temido que amado. A veces la incertidumbre es mejor que la amenaza abierta; si tus adversarios nunca están seguros de
cuánto les costará meterse contigo, no querrán averiguarlo.

Ley cotidiana: Constrúyete una reputación. Que estás un poco loco. Que
pelear contigo no vale la pena. Créate esta reputación y hazla creíble con
algunas acciones impresionantes —impresionantemente violentas.

Las 33 estrategias de la guerra, Estrategia 10: Crea una presencia amenazante.
Estrategias de disuasión

15 de junio

•

El arte de la presencia y la ausencia

La ausencia reduce las pasiones pequeñas e intensifica las grandes,
así como el viento apaga una vela y aviva el fuego.
—François de la Rochefoucauld

Los líderes deben aprender a equilibrar presencia y ausencia. En general, lo mejor es inclinarse un poco más en la dirección de la ausencia, para que cuando aparezcas ante el grupo generes entusiasmo y dramatismo. Bien hecho esto, la gente pensará en ti cuando no estés disponible. Hoy se ha perdido este arte. Las personas están demasiado presentes y son demasiado familiares, porque exhiben todos sus movimientos en las redes sociales. Esto podría facilitar que otros se identifiquen contigo, pero también te vulgariza, y es imposible proyectar autoridad con una presencia tan ordinaria. Ten en mente que hablar demasiado es una suerte de presencia excesiva que revela debilidad. El silencio es una forma de ausencia y repliegue que llama la atención; transmite autocontrol y poder, y cuando hables tu efecto será mayor. De igual modo, si cometes un error, no te deshagas en disculpas y explicaciones. Deja claro que asumes la responsabilidad de tus fallas y sigue adelante. Tu contrición debe ser sobria; tus actos subsecuentes demostrarán que aprendiste la lección. No te pongas a la defensiva ni te quejes si te agreden. Estás por encima de esto.

Ley cotidiana: Si eres demasiado presente y familiar, siempre disponible y visible, parecerás demasiado banal. No le darás espacio a la gente para idealizarte. Pero si eres demasiado distante, la gente no se podrá identificar contigo.

Las leyes de la naturaleza humana, 15: Haz que quieran seguirte.
La ley de la inconstancia

16 de junio

•

Haz que los demás jueguen con las cartas que tú repartes

Palabras como *libertad, opciones* y *elección* evocan un poder que va más allá de la realidad de los beneficios que encierran. Cuando se las examina con detenimiento, las opciones que tenemos —en el mercado, en lo político, en el trabajo— suelen adolecer de notables limitaciones. A menudo se trata simplemente de optar entre A y B, mientras que el resto del alfabeto queda fuera del espectro. Sin embargo, mientras el más débil espejismo de una opción asome en el horizonte, rara vez centramos nuestra atención en las opciones que no tenemos. "Elegimos" para creer que se está jugando limpio y que gozamos de libertad. Preferimos no analizar en profundidad esa libertad de elegir. Esta renuncia a analizar lo reducido de nuestras opciones proviene del hecho de que el exceso de libertad genera una suerte de angustia. La frase "opciones ilimitadas" suena muy prometedora, pero una cantidad ilimitada de opciones en realidad nos paralizaría y anularía nuestra capacidad de elegir. Nuestro espectro limitado de opciones en cierta forma nos reconforta. Cuando la gente puede elegir entre varias alternativas le cuesta creer que se trate de una manipulación o un engaño. Los otros no ven que tú les estás permitiendo una pequeña cantidad de libre albedrío a cambio de una imposición mucho más poderosa. Por eso, ofrecer un limitado espectro de opciones siempre debe formar parte de tus engaños.

Ley cotidiana: Hay un dicho: si consigues que el pájaro entre por sí mismo a la jaula, cantará mucho mejor. Dales a las personas opciones que sean favorables para ti, sin importar cuál sea la que elijan. Oblígalos a escoger entre el menor de dos males, de los cuales ambos servirán a tus propósitos.

Las 48 leyes del poder, Ley nº 31: Controla las opciones: haz que otros jueguen con las cartas que tú repartes

17 de junio

•

Los elementos visuales seductores

Cuando el célebre estafador Yellow Kid Weil redactó una gacetilla en la cual ofrecía las falsas acciones que trataba de colocar, la llamó *Red Letter Newsletter* (Gacetilla de las letras rojas) y la hizo imprimir, a un costo considerable, en tinta roja. El color creaba una sensación de urgencia, poder y buena suerte. Weil comprendió que detalles como ése eran la clave para el engaño, tal como lo comprenden hoy los publicitarios y los especialistas en comercialización masiva. Si utilizas la palabra *oro* en el título de cualquier cosa que intentes vender, imprime el material promocional en dorado. Dado que la vista predomina, la gente reaccionará más al color que a la palabra.

Ley cotidiana: Nunca descuides la forma en que acomodas las cosas visualmente. Factores como el color tienen una enorme resonancia simbólica.

Las 48 leyes del poder, Ley nº 37: Arma espectáculos imponentes

18 de junio

•

Nunca reformes demasiado a la vez

La psicología humana encierra muchas dualidades, una de las cuales es que, aun cuando comprenda la necesidad de cambio y reconozca la importancia de la ocasional renovación de instituciones e individuos, la gente se siente también irritada y alterada ante los cambios que la afectan en forma personal. Todos saben que el cambio es necesario y que lo novedoso alivia la monotonía y el aburrimiento, pero en lo más íntimo se aferran al pasado. Todos desean el cambio en abstracto, un cambio superficial, pero un cambio que modifique de manera fundamental sus hábitos y su rutina resulta profundamente perturbador. Ninguna revolución se ha producido sin sufrir poderosas contrarreacciones, porque a la larga el vacío que genera se revela demasiado perturbador para el ser humano, que inconscientemente asocia tales vacíos con la muerte y el caos. La oportunidad de cambio y renovación seduce a la gente y la hace que tome partido por la revolución, pero una vez que se diluyó el entusiasmo, como ocurre de manera indefectible, queda una sensación de vacío. Anhelosos del pasado, generan una apertura para que pueda volver a infiltrarse. Predica el cambio todo lo que quieras, y hasta implementa reformas, pero cúbrelas con la reconfortante apariencia de hechos y tradiciones del pasado.

Ley cotidiana: Si eres nuevo en una posición de poder, o si intentas construir una base de poder, aparenta respetar la antigua manera de hacer las cosas. Si es necesario cambiar algo, hazlo parecer como una ligera mejora al pasado.

Las 48 leyes del poder, Ley n° 45: Predica la necesidad de introducir cambios, pero nunca modifiques demasiado a la vez

19 de junio

•

Haz que los demás vayan hacia ti

Filippo Brunelleschi, el gran artista y arquitecto del Renacimiento, cultivó el arte de hacer que los demás fueran a él, como señal de su poder. En cierta ocasión lo habían contratado para reparar la cúpula de la iglesia Santa Maria del Fiore, en Florencia. Se trataba de un trabajo importante, que le daría prestigio. Pero cuando los funcionarios de la ciudad contrataron a un segundo hombre, Lorenzo Ghiberti, para que trabajara con Brunelleschi, el gran artista se sintió ofendido. Sabía que Ghiberti había obtenido aquel trabajo sólo gracias a sus relaciones, que no haría nada y aun así se llevaría la mitad de los laureles. En un momento crítico de la construcción, Brunelleschi comenzó de pronto a padecer una misteriosa enfermedad. Se vio obligado a suspender su trabajo pero tranquilizó a los funcionarios diciéndoles que, como habían contratado a Ghiberti, éste podría continuar solo. Pronto resultó evidente que Ghiberti era un inepto total, y los funcionarios fueron a rogarle a Brunelleschi que reanudara su trabajo. Brunelleschi ignoró sus ruegos e insistió en que Ghiberti debía terminar el proyecto. Por último sus empleadores se dieron cuenta de cuál era el problema y despidieron a Ghiberti. En forma milagrosa, Brunelleschi se recuperó al cabo de pocos días. No tuvo necesidad de manifestar su ira ni de ponerse en ridículo; simplemente aplicó la táctica de "hacer que los demás vayan hacia ti".

> Ley cotidiana: Si en alguna ocasión haces que sea una cuestión de dignidad el que los demás acudan a ti y tienes éxito, ellos continuarán haciéndolo incluso cuando tú dejes de buscarlo.

Las 48 leyes del poder, Ley n° 8: Haz que la gente vaya hacia ti y, de ser necesario, utiliza la carnada más adecuada para lograrlo

20 de junio

•

Muestra un poco de debilidad

Aprende a transformar tus vulnerabilidades en poder. Este juego es sutil; si te deleitas en tu debilidad, si cargas la mano, se te juzgará ansioso de compasión o, peor aún, patético. No, lo mejor es permitir que la gente tenga un destello ocasional del lado débil y frágil de tu carácter, por lo general cuando ya tiene un tiempo de conocerte. Ese destello te humanizará, lo que reducirá la desconfianza de los otros y preparará el terreno para un vínculo más firme. Normalmente fuerte y al mando, suéltate a ratos, cede a tus debilidades, déjalas ver.

Ley cotidiana: No luches contra tus vulnerabilidades ni intentes reprimirlas, mejor ponlas en juego.

El arte de la seducción, Desarma con debilidad y vulnerabilidad estratégicas

21 de junio

•

La toma lenta del poder

La ambición puede reptar tanto como volar.
—EDMUND BURKE

En casi todas las películas que Alfred Hitchcock hizo, tuvo que pasar por las mismas guerras, arrebatando gradualmente el control de la película de manos del productor, los actores y el resto del equipo. Sus riñas con guionistas eran un microcosmos de la guerra mayor. Hitchcock siempre quería que su visión de una película se reflejara exactamente en el guion, pero una mano demasiado firme en el cuello de su guionista no le ofrecería nada, excepto resentimiento y un trabajo mediocre. Así, procedía lentamente, empezando por dar margen al guionista para que trabajara con libertad a partir de sus notas, y luego solicitando revisiones que daban al guion la forma que él deseaba. Su control se volvía obvio sólo en forma gradual; y para el momento en que el guionista estaba emocionalmente atado al proyecto, él mismo promovía su aprobación, por frustrado que se sintiera. Hombre de enorme paciencia, Hitchcock dejaba que su poder se desplegara al paso del tiempo, para que el productor, el guionista y las estrellas comprendieran la cabalidad de su dominio sólo cuando la película estuviera terminada. Para obtener el control de un proyecto, debes estar dispuesto a hacer del tiempo tu aliado. Si empiezas con un control absoluto, apagarás el espíritu de la gente y causarás envidia y resentimiento. Así que comienza generando la ilusión de que todos colaboran en un esfuerzo en equipo, y luego mordisquea poco a poco. Si en el proceso haces enojar a la gente, no importa. Esto es sólo una señal de que sus emociones están comprometidas, lo que significa que es posible manipularla.

Ley cotidiana: La manipulación y la toma de poder abiertas son peligrosas, crean envidias, desconfianza y recelo. A menudo la mejor solución es moverse lentamente.

Las 33 estrategias de la guerra, Estrategia 29: Muerde poco a poco.
La estrategia del *fait accompli*

22 de junio

•

Controla lo que revelas

Nunca comiences a mover los labios antes que tus subordinados. Cuanto más tiempo
guardes silencio, más pronto los demás moverán sus labios. Y a medida que ellos
muevan los labios, tú podrás entender sus verdaderas intenciones... Si el soberano
no se muestra misterioso, los ministros encontrarán la oportunidad para exigir y exigir.

—HAN FEI-TZU

En muchos aspectos, el poder es un juego de apariencias, y cuando dices menos de lo necesario parecerás inevitablemente más grande y poderoso de lo que en realidad eres. Tu silencio hará sentir incómodos a los demás. El ser humano es una máquina que de continuo interpreta y explica; necesita saber qué es lo que estás pensando. Si controlas con cuidado lo que revelas, los otros no pueden adivinar tus intenciones ni el significado real de tus manifestaciones. Tus respuestas breves y tus silencios pondrán a los demás a la defensiva y, nerviosos, tratarán de llenar el silencio con todo tipo de comentarios que revelarán información valiosa sobre sí mismos y sus debilidades. Saldrán de una reunión contigo sintiendo que algo les ha sido robado y se irán ponderando cada palabra que hayas dicho. Esta atención especial a tus breves comentarios no hará más que incrementar tu poder.

Ley cotidiana: La gente poderosa impresiona e intimida diciendo menos.

Las 48 leyes del poder, Ley n° 4: Di siempre menos de lo necesario

23 de junio

•

Juega con la alta opinión que tienen de sí mismos

*El verdadero espíritu de la conversación consiste en exhibir la inteligencia de los demás
más que en mostrar la tuya propia.*
—Jean de La Bruyère

Si necesitas que alguien te haga un favor, no le recuerdes que te debe uno con la intención de obligar su gratitud. La gratitud es muy rara, porque nos recuerda nuestra impotencia, que al menos alguna vez dependimos de los demás. Nos agrada sentirnos independientes. Recuérdale en cambio las buenas cosas que ha hecho por ti, lo que contribuirá a que confirme su opinión de sí: "Sí, soy generoso". Una vez que le recuerdes eso, querrá seguir ajustándose a esa imagen y hacer otra buena obra. Un efecto similar se desprende de que perdones de súbito a tus enemigos y organices un reencuentro. Dentro de la turbulencia emocional que esto crea, se sentirán obligados a estar a la altura de la elevada opinión que tienes de ellos ahora y tendrán una motivación adicional para demostrar que son valiosos.

Ley cotidiana: Estimula sentimientos en tus blancos que los hagan tener una alta opinión de sí mismos.

Las leyes de la naturaleza humana, 7: Vence la resistencia de la gente confirmando su opinión de sí misma. La ley de la actitud defensiva

24 de junio

•

Lenguaje demoniaco

La mayoría de la gente emplea el lenguaje simbólico: sus palabras representan algo real, los sentimientos, ideas y creencias que en verdad tiene. O representan cosas concretas del mundo real. (El origen de la palabra *simbólico* reside en el término griego que significa "unir cosas"; en este caso, una palabra y algo real.) Como seductor, debes usar lo opuesto: el lenguaje diabólico. Tus palabras no representan nada real; su sonido, y los sentimientos que evocan, son más importantes que lo que se supone que significan. (La palabra *diabólico* significa en última instancia separar, apartar; aquí, palabras y realidad.) Entre más logres que los demás se concentren en tu dulce lenguaje, y en las ilusiones y fantasías a que alude, más disminuirás su contacto con la realidad. Súbelos a las nubes, donde es difícil distinguir la verdad de la mentira, lo real de lo irreal.

Ley cotidiana: Mantén tus palabras vagas y ambiguas, para que la gente nunca esté completamente segura de lo que quieres decir. Envuélvela en un lenguaje demoniaco y diabólico, y entonces no será capaz de concentrarse en tus maniobras, en las posibles consecuencias de tus manipulaciones.

El arte de la seducción, Usa el diabólico poder de las palabras para sembrar confusión

25 de junio

•

Crea un aire de misterio

Infunda misterio en todo, y su misterio provocará la veneración.
—Baltasar Gracián

El conde Victor Lustig, el aristócrata de los estafadores, era un maestro en ese juego. Siempre hacía cosas que se apartaban de lo tradicional o que parecían carecer de sentido. Se presentaba en los mejores hoteles en una limusina conducida por un chofer japonés; nunca nadie había visto un chofer japonés, de modo que resultaba algo extraño y exótico. Lustig se vestía con la ropa más cara pero en su vestimenta siempre había algo fuera de lugar o no convencional: una medalla, una flor, un brazalete. Esto no era visto como de mal gusto, sino como algo llamativo y misterioso. En los hoteles se le veía recibir telegramas a cualquier hora, uno tras otro, que le entregaba su chofer japonés... y que él rompía a la vista de todos con un aire de absoluta displicencia. (En realidad, eran telegramas en blanco.) Se sentaba solo en el comedor, a leer un libro de aspecto imponente, y sonreía a la gente aunque manteniendo siempre un aire de distancia. Toda esta atención que despertaba permitía a Lustig atraer con gran facilidad a sus víctimas, que buscaban su confianza y su compañía. Todos querían que los vieran al lado del misterioso aristócrata. Y, ante ese enigma que los encandilaba, ni siquiera se daban cuenta de que eran timados y robados.

Ley cotidiana: La gente ama el misterio y los enigmas, entonces dale lo que quiere.

Las 48 leyes del poder, Ley nº 6: Busca llamar la atención a cualquier precio

26 de junio

•

Nunca convencional

Nadie es tan valiente como para que no lo perturbe algo inesperado.
—JULIO CÉSAR

Lo no convencional es generalmente dominio de los jóvenes, quienes no están conformes con las convenciones y derivan gran placer de burlarse de ellas. El peligro es que, cuando maduramos, necesitamos más comodidad y predecibilidad y perdemos el gusto por lo heterodoxo. Así fue como Napoleón declinó como estratega: terminó por depender más del tamaño de su ejército y su superioridad en armamento que de estrategias novedosas y fluidas maniobras. Perdió el gusto por el espíritu de la estrategia y sucumbió al creciente peso de los años. Debes combatir el proceso del envejecimiento psicológico aún más que el físico, pues una mente llena de estratagemas, trucos y maniobras fluidas te mantendrá joven. Mantén girando las ruedas y hollado el suelo para que nada se estanque ni ahogue en lo convencional.

Ley cotidiana: Haz hincapié en romper los hábitos que has desarrollado, en actuar de una manera que es contraria a como has funcionado en el pasado; practica una especie de guerra no convencional con tu propia mente.

Las 33 estrategias de la guerra, Estrategia 24: Adopta la línea menos esperada. La estrategia de lo ordinario-extraordinario

27 de junio

•

Juega con las fantasías de la gente

La persona más detestada del mundo es aquella que siempre dice la verdad,
que nunca fantasea... Comprobé que es mucho más interesante y rentable
fantasear que decir la verdad.
—JOSEPH WEIL, ALIAS "THE YELLOW KID"

Muchas veces se evita la verdad porque suele ser dura y desagradable. Nunca recurras a la verdad ni a la realidad, salvo que estés dispuesto a enfrentar la ira que genera la desilusión. Para acceder al poder, deberás ser fuente de placer para quienes te rodean, y el placer surge del arte de adecuarse a las fantasías de la gente. Nunca prometas una mejora gradual mediante un gran esfuerzo. Promete, en cambio, la Luna, la gran transformación repentina, la vasija llena de monedas de oro.

Ley cotidiana: La vida es tan dura y angustiante que la persona que puede manufacturar romance o conjurar fantasía es como un oasis en el desierto: todos acuden en manada. Hay un gran poder en acceder a las fantasías de las masas.

Las 48 leyes del poder, Ley nº 32: Juega con las fantasías de la gente

28 de junio

•

Renueva tu aura de autoridad

Tu autoridad aumentará con cada acto que inspire confianza y respeto. Te permitirá darte el lujo de permanecer en el poder lo suficiente para realizar grandes proyectos. Pero cuando envejezcas, la autoridad que estableciste podría volverse rígida y densa. Te convertirás en la figura paterna que comienza a parecer opresiva por lo mucho que ha monopolizado el poder, aun si la gente te admiró en el pasado. Es inevitable que emerja una nueva generación inmune a tu encanto, al aura que creaste, que te verá como una reliquia. Al envejecer, tenderás también a volverte un poco intolerante y tiránico, pues no puedes evitar esperar que la gente te siga. Sin saberlo, empezarás a sentir que lo mereces todo y la gente lo percibirá. Además, al público le agradan la novedad y las caras frescas.

El primer paso para evitar este peligro es mantener la sensibilidad, para advertir el ánimo detrás de las palabras de la gente y medir el efecto que tienes en los recién llegados y los jóvenes. Perder esa empatía debería ser tu mayor temor, ya que de hacerlo comenzarás a refugiarte en tu gran reputación. El segundo paso es buscar nuevos mercados y audiencias que atraer, lo que te obligará a adaptarte. De ser posible, amplía el alcance de tu autoridad. Sin engañarte intentando atraer a un grupo joven al que en realidad no entiendes, cambia un poco tu estilo con el paso del tiempo. En las artes, éste ha sido el secreto del éxito de personas como Pablo Picasso, Alfred Hitchcock y Coco Chanel.

Ley cotidiana: La flexibilidad y la adaptabilidad te darán un toque de lo divino y lo inmortal —tu espíritu permanece vivo y abierto, y tu autoridad se ve renovada.

Las leyes de la naturaleza humana, 15: Haz que quieran seguirte.
La ley de la inconstancia

29 de junio

•

Imita sus valores

No déis a los perros lo que es santo, ni echéis vuestras perlas delante de los puercos,
no sea que las pisoteen con sus patas y después, volviéndose, os despedacen.
—JESUCRISTO, MATEO 7:6

Las personas sabias y sagaces aprenden pronto que pueden mostrar un comportamiento convencional y expresar ideas convencionales sin tener que creer en ellos. El poder que obtienen al combinar ambas posiciones es el de de gozar de la libertad de pensar lo que quieran, y expresárselo a quienes quieran sin sufrir aislamiento ni ostracismo. La extensión lógica de esta práctica es la tan valiosa habilidad de ser todo para todo el mundo. Cuando te integres en determinada sociedad, deja atrás tus propias ideas y valores y ponte la máscara más apropiada para el grupo en que te encuentras. Los demás se tragarán el anzuelo porque les halaga el pensar que compartes sus ideas. Si te manejas con cuidado, no te tomarán por hipócrita, porque ¿cómo podrían acusarte de hipócrita, si no saben con exactitud cuál es tu posición? Tampoco te verán como a una persona carente de valores. Por supuesto que tienes valores: los valores que compartes con ellos mientras te encuentras en su compañía.

Ley cotidiana: La libre expresión total es una imposibilidad social. Disimula tus pensamientos, y después di a los quisquillosos y los inseguros lo que tú sabes que quieren oír.

Las 48 leyes del poder, Ley nº 38: Piensa como quieras, pero compórtate
como los demás

30 de junio

•

Juega al canalla honesto

No hay cortina de humo, señuelo, falsa sinceridad ni ninguna otra táctica de distracción que logre ocultar tus intenciones si ya tienes fama de estafador. A medida que vayas avanzando en edad y que se incrementen tus éxitos, te resultará cada vez más difícil disimular tus tretas y engaños. Todo el mundo sabe de tus trampas; si insistes en hacerte el ingenuo, corres el riesgo de parecer el más grande de los hipócritas, lo que limitará seriamente tu campo de acción. En tales casos es mejor sincerarse, actuar de frente y aparecer como el rufián honesto o, mejor aún, el rufián arrepentido. No sólo te admirarán por su franqueza sino que, lo más maravilloso y sorprendente de todo, podrás seguir aplicando tus estratagemas. A medida que P. T. Barnum, el rey del fraude del siglo xix, fue envejeciendo, aprendió a usar su fama de gran estafador. Cierta vez organizó una cacería de búfalos en Nueva Jersey, con indígenas y algunos búfalos llevados al lugar ex profeso. Promovió la ocasión como una genuina cacería, pero la farsa resultó tan evidente que la multitud reunida allí, en lugar de enfurecerse y reclamar la devolución de su dinero, se divirtió muchísimo. Todos sabían que Barnum hacía todo tipo de trampas todo el tiempo; aquél era el secreto de su éxito y lo amaban por ello. Barnum aprendió la lección y dejó de disfrazar sus engaños e incluso los confesó en una reveladora autobiografía. Como dijo Kierkegaard: "El mundo quiere que lo engañen".

Ley cotidiana: Cuando ya no puedas disfrazar tu astucia, revela tus dispositivos.

Las 48 leyes del poder, Ley nº 3: Disimula tus intenciones

Julio

El carácter seductor

PENETRANDO LOS CORAZONES Y LAS MENTES

La mayoría de nosotros hemos conocido el poder de tener a alguien que se ha enamorado de nosotros. Nuestras acciones, nuestros gestos, las cosas que decimos, todo tiene un efecto positivo sobre esta persona; quizá no comprendamos del todo qué fue lo que hicimos bien, pero esta sensación de poder es intoxicante. Nos da confianza, lo que nos vuelve más seductores. También podemos experimentar esto en un entorno social o laboral —un día estamos con un ánimo elevado y la gente parece más receptiva, más cautivada por nosotros. Esos momentos de poder son efímeros, pero resuenan en nuestra memoria con gran intensidad. Queremos que se repitan. A nadie le gusta sentirse torpe o incapaz de llegar a la gente. El canto de las sirenas de la seducción es irresistible porque el poder es irresistible, y nada te dará más poder en el mundo moderno que la habilidad para seducir. Reprimir el deseo de seducir es una especie de reacción histérica que revela tu profunda fascinación por el proceso; solamente estás haciendo más fuertes tus deseos. Algún día saldrán a la superficie. Tener semejante poder no requiere de una transformación total de tu carácter ni de ningún tipo de mejoría física en tu apariencia. La seducción es un juego de psicología, no de belleza, y está al alcance de cualquier persona el convertirse en un maestro del juego. El mes de julio te proporcionará las armas del encanto, para que aquellos que te rodean pierdan lentamente su habilidad para resistirse sin saber cómo o por qué ha ocurrido. Es un arte de la guerra para tiempos difíciles.

Quiero que dejes de pensar que la seducción es sólo el tipo de cosa que los hombres hacen a las mujeres o las mujeres a los hombres. Es algo que permea nuestra cultura. Está en los anuncios publicitarios. En la mercadotecnia. En internet. En la política.

Es ligeramente distinta en cada caso. Desde luego, una seducción sexual no es exactamente lo mismo que un político que seduce al público estadunidense o una *influencer* a sus seguidores. Pero la dinámica, el conjuro del hechizo, el encantamiento, el proceso son similares.

Le digo a la gente que es como cuando estás viendo una película y sientes que la película te tiene hipnotizado. Que te mete a la historia. Que tiene un impacto emocional en ti. Que te saca de tu vida, del banal trabajo cotidiano, y te lleva a un viaje de ensueño. Para el final de la película, estás conmovido hasta las lágrimas o la risa o lo que sea. Ésa es una forma de seducción. Tu psicología ha sido penetrada por el director, el escritor, los actores y las actrices.

La gente ansía más de este tipo de seducción en su vida. Quiere ser hechizada. Quiere un poco de drama. Quiere placer. Quiere ser llevada a la aventura.

Es un deseo cimentado en la infancia. La seducción es como alcanzar al niño que hay dentro de una persona. Cuando eras chico, ¿cuál era tu más grande placer? Era ser alzado por tu madre o tu padre y que te dieran vueltas y más vueltas en el aire. La sensación de que alguien te estaba llevando a algún lado, de que estabas bajo su control: te hacía reír, te provocaba esta inmensa alegría. Eso es lo que sucede cuando miras la película: te lleva a un viaje en el que no sabes exactamente adónde vas ni qué está ocurriendo.

Las personas nunca tienen suficiente de eso en su vida. Es un asombroso poder que tú podrías tener.

Comienza con el deseo de ser un seductor. Podrías sentirte tentado a pensar: "Oh, yo no quiero ser un seductor, no me interesa la seducción". Sí, sí quieres. Sí, sí te interesa. Piensa en todos los muros que normalmente la gente levanta: no puedes comunicarte con tus hijos, con tu esposa, con ese empleado, con esos compañeros de trabajo. Están cerrados para ti. Eso te provoca tanta frustración. Ahora piensa en algún momento de tu vida en el que sentiste que tenías poder sobre otra persona, que alguien estaba bajo tu hechizo, que las cosas que decías le emocionaban y le interesaban. Hay electricidad en todo tu cuerpo.

Es sorprendente. Es poderoso. Quieres más de eso. Quieres ser capaz de seducir. Quieres atravesar los muros que la gente típicamente levanta alrededor de sus corazones y sus mentes.

Eso es lo primero: quieres seducción en tu vida.

Lo siguiente es: tienes una idea equivocada sobre la seducción. La mayoría de la gente la tiene. No se trata de entender esas estrategias frías y calculadoras. Tiene que haber una naturalidad en ello. Si eres alguien que calcula demasiado en el proceso de seducción —esto es lo que voy a hacer, paso A luego B luego C—, eso no es seductor. La gente puede oler tu frialdad. Sentimos que la otra persona se está esforzando demasiado, que han leído *El arte de la seducción*, que están aplicando las veinticuatro estrategias. No funciona.

Debes sacar las cualidades naturales que posees. Y yo sostengo que cada persona tiene una cualidad natural que la hace auténticamente seductora. Está dentro de ti. Está latente. Quiere salir. Y eso es lo que te convertirá en un interesante y buen seductor.

Eso, y adoptar el enfoque que el seductor tiene de la vida: todo es un juego, un campo para jugar. Saber que los moralistas, que los tipos reprimidos y malhumorados que se quejan de la maldad del seductor secretamente envidian su poder. Él no se preocupa por la opinión de los demás. Él no se ocupa de hacer juicios morales, nada podría ser menos seductor.

Todo es flexible, fluido como la vida misma. La seducción es una forma de engaño, pero la gente quiere dejarse engañar, anhela ser seducida.

Deshazte de toda tendencia moralizante, adopta la filosofía juguetona del seductor y encontrarás que el resto del proceso es sencillo y natural.

1 de julio

•

Observa el mundo a través de los ojos de un seductor

Tener el poder de seducción no te exige transformar por completo tu carácter ni hacer ningún tipo de mejora física en tu apariencia. La seducción es un juego de psicología, no de belleza, y dominar ese juego está al alcance de cualquiera. Lo único que necesitas es ver al mundo de otro modo, a través de los ojos del seductor. Un seductor ve la vida como un teatro, en el que cada quien es actor. La mayoría creemos tener papeles ceñidos en la vida, lo que nos vuelve infelices. Los seductores, en cambio, pueden ser cualquiera y asumir muchos papeles. Los seductores derivan placer de la actuación y no se sienten abrumados por su identidad, ni por la necesidad de ser ellos mismos o ser naturales. Esta libertad suya, esta soltura de cuerpo y espíritu, es lo que los vuelve atractivos. Lo que a la gente le hace falta en la vida no es más realidad, sino ilusión, fantasía, juego. La forma de vestir de los seductores, los lugares a los que te llevan, sus palabras y actos son ligeramente grandiosos; no demasiado teatrales, sino con un delicioso filo de irrealidad, como si ellos y tú vivieran una obra de ficción o fueran personajes de una película.

Ley cotidiana: La seducción es una especie de teatro en la vida real, el encuentro de la ilusión y la realidad.

El arte de la seducción, Prefacio

2 de julio

•

Retrasa la satisfacción

La habilidad para retardar la satisfacción es el arte consumado de la seducción: mientras espera, la víctima está subyugada. Las coquetas son las grandes maestras de este juego, pues orquestan el vaivén entre esperanza y frustración. Azuzan con una promesa de premio —la esperanza de placer físico, felicidad, fama por asociación, poder— que resulta elusiva, pero que sólo provoca que sus objetivos las persigan más. Las coquetas semejan ser totalmente autosuficientes: no te necesitan, parecen decir, y su narcisismo resulta endemoniadamente atractivo. Quieres conquistarlas, pero ellas tienen las cartas. La estrategia de la coqueta es no ofrecer nunca satisfacción total. Imita la vehemencia e indiferencia alternadas de la coqueta y mantendrás al seducido tras de ti. Debes entender una propiedad crítica del amor y el deseo: cuanto más obviamente persigas a una persona, más probable es que la ahuyentes. Demasiada atención puede ser interesante un rato, pero pronto se vuelve empalagosa, y al final es claustrofóbica y alarmante. Indica debilidad y necesidad, una combinación poco seductora. Muy a menudo cometemos este error, pensando que nuestra persistente presencia es tranquilizadora. Pero los coquetos poseen un conocimiento inherente de esta dinámica. Maestros del repliegue selectivo, insinúan frialdad, ausentándose a veces para mantener a su víctima fuera de balance, sorprendida, intrigada. Sus repliegues los vuelven misteriosos, y los engrandecemos en nuestra imaginación. (La familiaridad, por el contrario, socava lo que imaginamos.) Un poco de distancia compromete más las emociones; en vez de enojarnos, nos hace inseguros. Quizás en realidad no le gustemos a esa persona, a lo mejor hemos perdido su interés. Una vez que nuestra vanidad está en juego, sucumbimos al coqueto sólo para demostrar que aún somos deseables.

Ley cotidiana: La esencia de la coqueta no reside en la tentación, sino en el subsecuente paso atrás, el repliegue emocional. Ésa es la clave para esclavizar el deseo.

El arte de la seducción, La coqueta

3 de julio

•

Dirige tu mirada hacia fuera

Los seductores nunca se abstraen en sí mismos. Su mirada apunta afuera, no adentro. Cuando conocen a alguien, su primer paso es identificarse con esa persona, para ver el mundo a través de sus ojos. Son varias las razones de esto. Primero, el ensimismamiento es señal de inseguridad, es antiseductor. Todos tenemos inseguridades, pero los seductores consiguen ignorarlas, pues su terapia al dudar de sí mismos consiste en embelesarse con el mundo. Esto les concede un espíritu animado: queremos estar con ellos. Segundo, identificarse con otro, imaginar qué se siente ser él, ayuda al seductor a recabar valiosa información, a saber qué hace vibrar a esa persona, qué la hará no poder pensar claramente y caer en la trampa. Armado con esta información, puede prestar una atención concentrada e individualizada, algo raro en un mundo en el que la mayoría de la gente sólo nos ve desde atrás de la pantalla de sus prejuicios.

Ley cotidiana: Cuando conozcas a alguien, que tu primer movimiento sea meterte en la piel de esa persona, ver el mundo a través de sus ojos.

El arte de la seducción, Prefacio

4 de julio

•

La actitud empática

El mayor peligro que enfrentas es tu suposición general de que comprendes a la gente y puedes juzgarla y clasificarla con rapidez. Parte en cambio del supuesto de que eres ignorante y tienes sesgos innatos que te harán juzgar incorrectamente a otros. Cada persona que tratas es como un país aún por descubrir, con una química psicológica muy particular que deberás explorar con cuidado. Este espíritu flexible y abierto es semejante a la energía creativa, una disposición a considerar más posibilidades y opciones. De hecho, desarrollar tu empatía también hará que tus facultades creativas mejoren. El mejor punto de partida para la transformación de tu actitud son tus numerosas conversaciones diarias. Contén tu impulso normal a hablar y dar tu opinión y escucha, en cambio, el punto de vista del otro. Muestra una curiosidad inmensa en esta dirección. Interrumpe tanto como puedas tu incesante monólogo interior. Dirige toda tu atención al otro. Lo que importa aquí es la calidad de tu escucha, a fin de que en el curso de la conversación puedas reflejar las cosas que la otra persona dijo, o las que se quedaron sin decir pero que tú percibiste. Esto tendrá un efecto muy seductor.

Ley cotidiana: Deshazte de tu tendencia a hacer juicios apresurados. Abre tu mente para ver a las personas bajo una nueva luz. No asumas que son iguales o que comparten tus valores.

Las leyes de la naturaleza humana, 2: Transforma el amor propio en empatía.
La ley del narcisismo

5 de julio

•

Provoca la transgresión y el tabú

Hay gente que se empeña en quitar restricciones a su conducta privada, para hacer todo más libre, en el mundo actual, pero esto sólo vuelve más difícil y menos excitante la seducción. Haz todo lo que puedas por reimplantar una sensación de transgresión y delito, así sea sólo psicológica e ilusoria. Debe haber obstáculos por vencer, normas sociales por desobedecer, leyes por violar, para que la seducción pueda consumarse. Podría parecer que una sociedad permisiva impone pocos límites; busca algunos. Siempre habrá límites, vacas sagradas, normas de conducta: materia inagotable para fomentar las transgresiones y la violación de tabúes. Una vez que el deseo de transgresión atrae a tus blancos hacia ti, les será difícil detenerse.

Ley cotidiana: Llévalos más lejos de lo que imaginaban: el sentimiento compartido de culpa y complicidad creará un vínculo muy poderoso.

El arte de la seducción, Fomenta las transgresiones y lo prohibido

6 de julio

•

La venta suave

Supongamos que tu meta es venderte a ti mismo: como personalidad, inicia-
dor de tendencias, candidato a un puesto. Hay dos maneras de proceder: la venta agresiva (el método directo) y la venta suave (el método indirecto). En el caso
de la venta agresiva, expones tu caso enérgica y directamente, explicando por
qué tus talentos, ideas o mensaje político son superiores a los de cualquier otro.
Exaltas tus logros, citas estadísticas, mencionas la opinión de expertos e incluso llegas al grado de sugerir un poco de temor en la eventualidad de que el público
ignore tu mensaje. Algunas personas se sentirán ofendidas y se resistirán a tu
mensaje, aun si lo que dices es cierto. Otras sentirán que las manipulas: ¿quién
puede confiar en expertos y estadísticas, y por qué tú te empeñas tanto? La venta suave, por el contrario, puede atraer a millones, porque es entretenida, dulce
para los oídos y puede repetirse sin irritar a la gente. Esta técnica fue inventa-
da por los grandes charlatanes de la Europa del siglo XVII. Para vender sus elíxi-
res y brebajes alquímicos, primero montaban un espectáculo —payasos, música,
rutinas tipo vodevil— que no tenía nada que ver con lo que vendían. Se formaba
una multitud; y mientras el público reía y se relajaba, el charlatán salía al escenario y explicaba breve y teatralmente los milagrosos efectos del elíxir. Desde
entonces, publicistas, anunciantes, estrategas políticos y otros han llevado este
método a nuevas alturas, pero los rudimentos de la venta suave siguen siendo
los mismos: dar placer creando una atmósfera positiva en torno a tu nombre o
mensaje.

Ley cotidiana: Que nunca parezca que estás vendiendo algo —eso se verá
manipulador y sospechoso. En vez de eso, deja que el valor del entretenimiento y los buenos sentimientos tomen el centro del escenario, introduciendo furtivamente la venta por la puerta lateral.

El arte de la seducción, Seducción suave: cómo vender cualquier cosa a las masas

7 de julio

·

Aparenta ser un objeto del deseo

Las más de las veces preferimos una cosa a otra porque aquélla es la que ya prefieren nuestros amigos o porque ese objeto posee marcada importancia social. [...] Cuando decimos que un hombre o mujer es deseable, lo que realmente queremos decir es que otros lo desean.
—SERGE MOSCOVICI

Pocos se sienten atraídos por una persona que otros evitan o relegan; la gente se congrega en torno a los que despiertan interés. Queremos lo que otros quieren. Para atraer más a tus víctimas y provocarles el ansia de poseerte, debes crear un aura de deseabilidad: de ser requerido y cortejado por muchos. Será para ellos cuestión de vanidad volverse el objeto preferido de tu atención, conquistarte sobre una multitud de admiradores. Crea la ilusión de popularidad rodeándote de personas del sexo opuesto: amigos, examantes, pretendientes. Forma triángulos que estimulen la rivalidad y aumenten tu valor.

Ley cotidiana: Construye una reputación que te preceda: si muchos han sucumbido a tus encantos, debe haber una razón.

El arte de la seducción, Aparenta ser un objeto de deseo: forma triángulos

8 de julio

•

El antiseductor

Los antiseductores pueden adoptar muchas formas y clases, pero casi todos comparten un atributo, el origen de su fuerza repelente: la inseguridad. Todos somos inseguros, y sufrimos por ello. Pero a veces podemos superar esa sensación: un compromiso seductor puede sacarnos de nuestro usual ensimismamiento; y en el grado en que seducimos o somos seducidos, nos sentimos apasionados y seguros. Los antiseductores, en cambio, son hasta tal punto inseguros que es imposible atraerlos al proceso de la seducción. Sus necesidades, sus ansiedades, su apocamiento los cierran. Interpretan la menor ambigüedad de tu parte como un desaire a su ego; ven el mero indicio de alejamiento como traición, y es probable que se quejen amargamente de eso. Parece fácil: los antiseductores repelen, así que son repelidos: evítalos. Desafortunadamente, a muchos antiseductores no se les puede detectar como tales a primera vista. Son más sutiles, y a menos que tengas cuidado te atraparán en una relación muy insatisfactoria. Busca pistas de su ensimismamiento e inseguridad: quizá son mezquinos, o discuten con inusual tenacidad, o son hipercríticos. Tal vez te colman de elogios inmerecidos, y te declaran su amor antes de saber nada acerca de ti. O, sobre todo, no prestan atención a los detalles. Carecen de sutileza para crear el augurio de placer que la seducción requiere.

Ley cotidiana: Deshazte de cualquier tendencia antiseductora saliendo de ti mismo y tus inseguridades y penetrando en el espíritu de los demás.

El arte de la seducción, El antiseductor

9 de julio

•

Haz que quieran consentirte

La gente suele equivocarse al creer que lo que vuelve deseable y seductora a una persona es su belleza física, elegancia o franca sexualidad. Pero Cora Pearl no era excepcionalmente bella; tenía cuerpo de muchacho, y su estilo era chabacano y carente de gusto. Aun así, los hombres más garbosos de Europa se disputaban sus favores, cayendo a menudo en la ruina por ello. Lo que los cautivaba era el espíritu y actitud de Cora. Mimada por su padre, ella creía que consentirla era algo natural, que todos los hombres debían hacer lo mismo. La consecuencia fue que, como una niña, nunca sintió que tuviera que complacer. Su intenso aire de independencia era lo que hacía que los hombres quisieran poseerla, domarla. La lección es simple: quizá ya sea demasiado tarde para que tus padres te mimen, pero nunca lo será para que los demás lo hagan. Todo depende de tu actitud. A la gente le atraen quienes esperan mucho de la vida, mientras que tiende a no respetar a los temerosos y conformistas.

> Ley cotidiana: La independencia salvaje tiene un efecto provocador en nosotros: nos atrae, pero al mismo tiempo nos presenta un reto: queremos ser quien la dome, queremos que esa persona fogosa se vuelva dependiente de nosotros.

El arte de la seducción, El cándido

10 de julio

•

Desencadena efectos virales

En el momento en que las personas saben qué persigues —un voto, una venta—, se resisten. Pero disfraza tu argumento de ventas de evento noticioso y no sólo evitarás esa resistencia, sino que además crearás una tendencia social que hará la venta por ti. Para hacer esto, el evento que prepares debe distinguirse de todos los demás cubiertos por los medios, aunque no demasiado, o parecerá artificial. Un evento recogido como noticia tiene el *imprimatur* de la realidad. Es importante dotar a ese evento inventado de asociaciones positivas. Las asociaciones patrióticas, digamos, o sutilmente sexuales, o espirituales —cualquier cosa agradable y seductora—, cobran vida por sí solas. ¿Quién puede resistirse a ellas? Las personas se convencen de sumarse a la multitud sin siquiera darse cuenta de que ha tenido lugar una venta. La sensación de participación activa es vital para la seducción. Nadie desea sentirse fuera de un movimiento creciente. Anuncia tu mensaje como una tendencia, y eso será. La meta es crear una especie de efecto viral, y que cada vez más personas se contagien del deseo de tener lo que ofreces.

Ley cotidiana: Aparenta estar a la vanguardia de una tendencia o un estilo de vida y el público te aceptará con entusiasmo por miedo a quedarse atrás.

El arte de la seducción, Seducción suave: cómo vender cualquier cosa a las masas

11 de julio

•

De amigo a amante

No me acerco a ella, sólo bordeo la periferia de su existencia [...] Ésta es la primera telaraña en la que debe caer.
—Søren Kierkegaard

Pasar de la amistad al amor puede surtir efecto sin delatar la maniobra. Primero, tus conversaciones amistosas con tu objetivo te darán valiosa información sobre su carácter, gustos, debilidades, los anhelos infantiles que rigen su comportamiento adulto. Segundo, al pasar tiempo con tu blanco, puedes hacer que se sienta a gusto contigo. Creyendo que sólo te interesan sus ideas, su compañía, moderará su resistencia, disipando la usual tensión entre los sexos. Entonces será vulnerable, porque tu amistad con él habrá abierto la puerta dorada a su cuerpo: su mente. Llegado ese punto, todo comentario casual, todo leve contacto físico incitará una idea distinta, que lo tomará por sorpresa: quizá podría haber algo entre ustedes. Una vez motivada esa sensación, tu objetivo se preguntará por qué no has dado el paso, y tomará la iniciativa, disfrutando de la ilusión de que es él quien está al mando. No hay nada más efectivo en la seducción que hacer creer seductor al seducido.

Ley cotidiana: Cultiva una relación relativamente neutral, moviéndote gradualmente de amigo a amante.

El arte de la seducción, Crea una falsa sensación de seguridad:
acércate indirectamente

12 de julio

•

Incumple sus expectativas

Una paz demasiado constante produce tedio fatal. La uniformidad mata al amor;
porque tan pronto como el espíritu del método se infiltra en los asuntos del corazón,
la pasión desaparece, sobreviene la languidez, el fastidio inicia su corrosivo efecto
y el disgusto pone fin al capítulo.
—NINON DE L'ENCLOS

La familiaridad es la muerte de la seducción. Si el objetivo sabe todo sobre ti, la relación obtiene cierto nivel de confort pero pierde los elementos de la fantasía y la ansiedad. Sin ansiedad y un dejo de temor, la tensión erótica desaparece. Recuerda: la realidad no es seductora. Mantén algo de misterio o se te tendrá por seguro. Sólo podrás culparte a ti mismo de las consecuencias.

Ley cotidiana: Mantén algunos rincones oscuros en tu carácter, incumple expectativas, utiliza las ausencias para fragmentar la pegajosa y posesiva atracción que permite que la familiaridad entre a hurtadillas.

El arte de la seducción, Cuídate de las secuelas

13 de julio

•

Haz uso de los contrastes

Una cuidadosa explotación de personas insulsas o poco atractivas puede favorecer tu deseabilidad en comparación. En una ocasión social, por ejemplo, cerciórate de que tu blanco charle con la persona más aburrida entre las presentes. Llega a su rescate y le deleitará verte. En el *Diario de un seductor*, de Søren Kierkegaard, Johannes tiene designios sobre la inocente y joven Cordelia. Sabiendo que su amigo Edward es irremediablemente tímido y soso, lo alienta a cortejarla; unas semanas de atenciones de Edward harán que los ojos de Cordelia vaguen en busca de otra persona, cualquiera, y Johannes se asegurará de que se fijen en él. Johannes optó por la estrategia y la maniobra, pero casi cualquier medio social contendrá contrastes de los que puedes hacer uso en forma casi natural.

Ley cotidiana: Haz uso de los contrastes —desarrolla y exhibe aquellos atributos atractivos (humor, vivacidad, etcétera) que sean los más escasos en tu propio grupo social, o escoge un grupo en el que tus cualidades naturales sean raras, y éstas brillarán.

El arte de la seducción, Aparenta ser un objeto de deseo: forma triángulos

14 de julio

•

Crea sorpresas calculadas

Un niño suele ser una criatura terca y obstinada que hará deliberadamente lo contrario de lo que le pedimos. Pero hay un escenario en que los niños renunciarán con gusto a su usual terquedad: cuando se les promete una sorpresa. Podría ser un regalo oculto en una caja, un juego de final imprevisible, un viaje con destino desconocido, una historia de suspenso de desenlace inesperado. En los momentos en que los niños aguardan una sorpresa, su voluntad se detiene. Se someterán a ti mientras exhibas una posibilidad ante ellos. Este hábito infantil está profundamente arraigado en nosotros, y es la fuente de un placer humano elemental: el de ser llevado por una persona que sabe adónde va, y que nos guía en un viaje. En la seducción debes crear constante tensión y suspenso, una sensación de que contigo nada es predecible. En cuanto la gente cree saber qué puede esperar de ti, tu hechizo ha terminado. Más todavía: le has cedido poder. La única manera de adelantarse al seducido y mantener esa ventaja es generar suspenso, una sorpresa calculada. La gente adora el misterio, y ésta es la clave para atraerla aún más a tu telaraña. Actúa de tal forma que no deje de preguntarse: "¿Qué tramas?". Hacer algo que los demás no esperan de ti les procurará una deliciosa sensación de espontaneidad: no podrán saber qué sigue. Tú estás siempre un paso adelante y al mando. Estremece a la víctima con un cambio súbito de dirección.

> Ley cotidiana: Hay todo tipo de sorpresas calculadas que puedes dar a tus víctimas —enviar un mensaje sin motivo, llegar inesperadamente, llevarlas a un lugar al que nunca han ido. Pero las mejores de todas son las sorpresas que revelan algo nuevo sobre tu carácter.

El arte de la seducción, Mantenlos en suspenso: ¿qué sigue?

15 de julio

•

Eleva la experiencia

En la novela de Marcel Proust *En busca del tiempo perdido*, el personaje de Swann se ve gradualmente seducido por una mujer que en realidad no es su tipo. Él es un esteta, y adora las cosas más exquisitas de la vida. Ella es de clase inferior, menos refinada, incluso de mal gusto. Lo que la poetiza en su mente es una serie de eufóricos momentos que comparten, momentos que en adelante él asocia con esa mujer. Uno de ellos es un concierto en un salón al que ambos asisten, en el que él se embriaga con una pequeña melodía de una sonata. Cada vez que piensa en ella, recuerda esa escueta frase. Pequeños regalos que ella le ha dado, objetos que ella ha tocado o manipulado, empiezan a cobrar vida por sí solos. Una experiencia intensa de cualquier índole, artística o espiritual, permanece en la mente mucho más que la experiencia normal. Debes hallar la manera de compartir esos momentos con tus objetivos —un concierto, una obra de teatro, un encuentro espiritual, lo que sea—, para que ellos asocien contigo algo elevado. Los momentos de efusión compartida poseen enorme influencia seductora. Asimismo, cualquier clase de objeto puede imbuirse de resonancia poética y asociaciones sentimentales, como se dijo en el capítulo anterior. Los regalos que haces y otras cosas pueden imbuirse de tu presencia; si se asocian con gratos recuerdos, su vista te mantendrá en la mente de tu víctima y acelerará el proceso de poetización.

Ley cotidiana: Cualquier tipo de experiencia elevada, artística o espiritual, se queda en la mente mucho más tiempo que una experiencia normal.

El arte de la seducción, Poetiza tu presencia

16 de julio

•

Penetra su espíritu

Todas las grandes, implacables pasiones amorosas se relacionan con el hecho
de que un ser imagina ver su más secreto yo espiándolo tras la cortina
de los ojos del otro.
—ROBERT MUSIL

Todos somos narcisistas. De niños, nuestro narcisismo era físico: nos interesaba nuestra imagen, nuestro cuerpo, como si fuera un ser distinto. Cuando crecemos, nuestro narcisismo se hace más psicológico: nos abstraemos en nuestros gustos, opiniones, experiencias. Una concha dura se forma a nuestro alrededor. Paradójicamente, el modo de sacar a la gente de su concha es parecérsele, ser de hecho una suerte de imagen especular de ella. No tienes que pasar días estudiando su mente; sólo ajústate a su ánimo, adáptate a sus gustos, acepta todo lo que te dé. Al hacerlo, reducirás su defensividad natural. Su autoestima no se sentirá amenazada por tu diferencia ni tus hábitos distintos. La gente se ama mucho a sí misma, pero lo que más le agrada es ver sus gustos e ideas reflejados en otra persona. Esto le confiere validez. Su usual inseguridad desaparece. Hipnotizada por su imagen especular, se relaja. Derrumbado su muro interior, tú podrás hacerla salir poco a poco, e invertir al final la dinámica. Una vez que se haya abierto contigo, resultará fácil contagiarla de tu ánimo y pasión. Penetrar el espíritu de otra persona es una especie de hipnosis; es la forma de persuasión más insidiosa y efectiva conocida por los seres humanos.

Ley cotidiana: Atrae a la gente para que salga de su intratabilidad y su obsesión por sí misma entrando a su espíritu. Pronto podrás invertir la dinámica: una vez que hayas entrado en su espíritu, podrás hacer que entren al tuyo, en un punto en que será demasiado tarde volver atrás.

El arte de la seducción, Penetra su espíritu

17 de julio

•

Crea tentaciones

La única manera de librarse de la tentación es rendirse a ella.
—OSCAR WILDE

Lo que las personas quieren no es tentación; la tentación es cosa de todos los días. Lo que desean es ceder a la tentación, darse por vencidas. Ésa es la única manera en que pueden librarse de la tensión que existe en su vida. Cuesta mucho más trabajo resistirse a la tentación que rendirse a ella. Tu tarea, entonces, es crear una tentación que sea más intensa que la variedad cotidiana. Debe centrarse en los demás, apuntar a ellos como individuos, a su debilidad. Entiende: todos tenemos una debilidad dominante, de la que se deriva el resto. Halla esa inseguridad infantil, esa carencia en la vida de la gente, y tendrás la clave para tentarla. Su debilidad puede ser la codicia, la vanidad, el aburrimiento, un deseo reprimido a conciencia, el ansia de un fruto prohibido. Las personas dejan ver eso en pequeños detalles que escapan a su control consciente: su manera de vestir, un comentario casual. Su pasado, y en especial sus romances, estarán llenos de pistas. Tiéntalas con ardor, en forma ajustada a su debilidad, y harás que la esperanza de placer que despiertes en ellas figure más prominentemente que las dudas y ansiedades que la acompañan.

Ley cotidiana: Encuentra en ellos esa debilidad, esa fantasía que aún está por cumplirse, y deja entrever que tú puedes llevarlos a ella. Puede ser riqueza, puede ser aventuras, puede ser placeres prohibidos y culposos; la clave está en mantenerlo vago.

El arte de la seducción, Crea tentación

18 de julio

•

Demuestra tu valía

Efectuar tu proeza lo más gallarda y cortésmente posible elevará la seducción a un nuevo plano, incitará hondas emociones y disimulará todos los motivos ocultos que puedas tener. Tus sacrificios deben ser visibles; hablar de ellos, o explicar lo que te costaron, parecerá presunción. Deja de dormir, enférmate, pierde tiempo valioso, pon en riesgo tu carrera, gasta más dinero del que puedes permitirte. Exagera todo esto para impresionar, pero que no te sorprendan alardeando de ello o compadeciéndote de ti: cáusate dificultades y déjalo ver. Como casi todo el mundo parece buscar su beneficio, tu acto noble y desinteresado será irresistible.

Ley cotidiana: Escoge una acción difícil y dramática que revele el doloroso tiempo y esfuerzo invertido.

El arte de la seducción, Muestra de lo que eres capaz

19 de julio

•

Atrae a los demás a tu mundo de fantasía

Desde muy temprana edad, Josephine Baker no soportó la sensación de no tener ningún control sobre el mundo. Su solución fue algo que los niños suelen hacer: de cara a un medio sin esperanzas, se encerró en su propio mundo, para olvidarse del horror que la rodeaba. Este mundo fue llenado con baile, comicidad, sueños de grandes cosas. Que otros se lamentaran y quejaran; Josephine sonreiría, se mantendría segura e independiente. Casi todos los que la conocieron, desde sus primeros años hasta el final, comentaron lo seductora que era esta cualidad. La negativa de Josephine a transigir, o a satisfacer las expectativas de los demás, hizo que todo lo que ella llevaba a cabo pareciera natural y auténtico. A un niño le encanta jugar, y crear un pequeño mundo autónomo. Cuando los niños se abstraen en sus fantasías, son encantadores. Infunden en su imaginación enorme sentimiento y seriedad. Los cándidos adultos hacen algo parecido, en particular si son artistas: crean su propio mundo fantástico, y viven en él como si fuera el verdadero. La fantasía es mucho más grata que la realidad, y como la mayoría de la gente no tiene fuerza o valor para crear un mundo así, goza al estar con quienes lo hacen.

Ley cotidiana: Aprende a jugar con tu imagen, sin tomarla nunca con demasiada seriedad. La clave es impregnar tu juego con la convicción y las emociones de un niño, haciéndolo parecer natural. Cuanto más absorto parezcas estar en tu propio mundo lleno de felicidad, más seductor te volverás.

El arte de la seducción, El cándido

20 de julio

•

Sé una fuente de placer

Nadie quiere enterarse de tus problemas y dificultades. Escucha las quejas de tus objetivos, pero sobre todo distráelos de sus problemas dándoles placer. (Haz esto con la frecuencia suficiente y caerán bajo tu hechizo.) Ser alegre y divertido siempre es más encantador que ser serio y censurador. De igual forma, una presencia enérgica es más cautivante que la letargia, la cual insinúa aburrimiento, un enorme tabú social; y la elegancia y el estilo se impondrán usualmente sobre la vulgaridad, pues a la mayoría de la gente le gusta asociarse con lo que considera elevado y culto.

> **Ley cotidiana:** Ser desenfadado y divertido siempre es más encantador que ser serio y crítico.

El arte de la seducción, El encantador

21 de julio

•

La ley de la codicia

Coco Chanel se cercioró desde el principio de que sus atuendos estuviesen en todas partes. Ver que otras mujeres vestían tales prendas incitaba deseos competitivos por tenerlas y no quedarse atrás. Lo cierto es que los sombreros de paja originales de Chanel no eran sino objetos comunes que podían comprarse en una tienda departamental. Sus prendas iniciales se hacían con las telas más baratas. Su perfume era una mezcla de flores ordinarias, como el jazmín, y sustancias químicas, nada exótico ni especial. Lo que los transformaba en objetos que despertaban un vivo deseo de poseerlos era magia psicológica pura. Justo como Chanel, debes invertir tu perspectiva. En lugar de concentrarte en lo que deseas y codicias en el mundo, debes concentrarte en los demás, en sus deseos reprimidos y fantasías incumplidas. Descubre cómo te perciben y qué piensan de lo que haces, como si vieras tu trabajo desde fuera. Esto te dará el casi ilimitado poder de determinar su percepción de esos objetos y entusiasmarlos. La gente no quiere verdad ni sinceridad, por más que se nos repita esa tontería; desea que su imaginación sea estimulada y verse transportada más allá de sus banales circunstancias. Rodéate y rodea tu trabajo de un aire de misterio. Asócialo con algo nuevo, desconocido, exótico, progresista y tabú. No definas tu mensaje; déjalo vago.

Ley cotidiana: Crea una ilusión de ubicuidad —tu objeto es visto en todas partes y deseado por otros. Entonces deja que la codicia latente en todos los humanos haga el resto, provocando una reacción en cadena de deseo.

Las leyes de la naturaleza humana, 5: Sé un elusivo objeto del deseo.
La ley de la codicia

22 de julio

•

Crea una herida

En el *Simposio* de Platón —el más antiguo tratado occidental sobre el amor, y un texto que ha tenido una influencia determinante en nuestras ideas acerca del deseo—, la cortesana Diotima explica a Sócrates el origen de Eros, el dios del amor. El padre de Eros fue Ingenio, o Astucia, y su madre Pobreza, o Necesidad. Eros salió a ellos: está en constante necesidad, y se las ingenia incesantemente para satisfacerla. Como dios del amor, sabe que éste no puede inducirse en otra persona a menos que ella también se sienta necesitada. Y eso es lo que hacen las flechas: al traspasar el cuerpo de un individuo, le hacen experimentar una carencia, un dolor, un ansia. Ésta es la esencia de tu tarea como seductor. Al igual que Eros, debes producir una herida en tu víctima, orientándote a su punto débil, la grieta en su autoestima. Si ella está estancada, haz que lo sienta más hondo, aludiendo "inocentemente" al asunto y hablando de él. Lo que necesitas es una herida, una inseguridad que puedas extender un poco, una ansiedad cuyo alivio ideal sea relacionarse con otra persona, o sea tú.

Ley cotidiana: Trata de posicionarte como si hubieras venido de fuera, como un extranjero o algo así. Tú representas el cambio, la diferencia, un rompimiento de rutinas. Haz sentir a tus víctimas que, en comparación, sus vidas son aburridas y sus amigos menos interesantes de lo que creían.

El arte de la seducción, Engendra una necesidad: provoca ansiedad y descontento

23 de julio

•

Pon atención a los detalles

De niños, nuestros sentidos eran mucho más activos. Los colores de un nuevo juguete, o un espectáculo como un circo, nos subyugaban; un olor o un sonido podía fascinarnos. En los juegos que inventábamos, muchos de los cuales reproducían algo del mundo adulto a menor escala, ¡qué placer nos daba orquestar cada detalle! Nos fijábamos en todo. Cuando crecemos, nuestros sentidos se embotan. Ya no nos fijamos tanto, porque invariablemente estamos de prisa, haciendo cosas, pasando a la siguiente tarea. En la seducción, siempre tratas que tu objetivo regrese a los dorados momentos de la infancia. Un niño es menos racional, más fácil de engañar. También está más en sintonía con los placeres de los sentidos. Así, cuando tus objetivos están contigo, nunca debes darles la sensación que normalmente reciben en el mundo real, donde todos estamos apresurados, tensos, fuera de nosotros mismos. Retarda deliberadamente las cosas, y haz retornar a tus blancos a los sencillos momentos de su niñez. Los detalles que orquestas —colores, regalos, pequeñas ceremonias— apuntan a sus sentidos, y al deleite infantil que nos deparan los inmediatos encantos del mundo natural. Llenos de delicias sus sentidos, ellos serán menos capaces de juicio y racionalidad. Presta atención a los detalles y te descubrirás asumiendo un ritmo más lento; tus objetivos no se fijarán en lo que podrías perseguir porque pareces muy considerado, muy atento. En el reino infantil de los sentidos en que los envuelves, ellos obtienen una clara sensación de que los sumerges en algo distinto a la realidad, un ingrediente esencial de la seducción.

> Ley cotidiana: Las palabras elevadas y los grandes gestos pueden ser sospechosos: ¿por qué te esfuerzas tanto en complacer? Los detalles de la seducción —los gestos sutiles, las cosas que haces improvisadamente— a menudo son más encantadores y reveladores.

El arte de la seducción, Presta atención a los detalles

24 de julio

•

Haz que te fechiticen

Cuando Marlene Dietrich entraba en una habitación o llegaba a una fiesta, todas las miradas se volvían inevitablemente hacia ella. Primero estaba su sorprendente ropa, elegida para hacer girar las cabezas. Luego estaba su aire de despreocupada indiferencia. Los hombres, y también las mujeres, se obsesionaron con ella y la convirtieron en un fetiche mucho después de que otros recuerdos de la noche se hubieran desvanecido. Marlene Dietrich podía distanciarse de sí misma: estudiar su rostro, sus piernas, su cuerpo como si fueran de otra persona. Esto le permitía moldear su aspecto, y transformar su apariencia para llamar la atención. Era como un objeto hermoso, algo por fetichizar y admirar como admiramos una obra de arte. Si tú te ves como un objeto, otros lo harán también. Un aire etéreo e irreal agudizará este efecto. Considérate como una pantalla en blanco. Flota por la vida sin comprometerte y la gente querrá atraparte y consumirte. De todas las partes de tu cuerpo que atraen esa atención fetichista, la más imponente es el rostro; así, aprende a afinar tu rostro como si fuera un instrumento, haciéndolo irradiar una vaguedad fascinadora e impresionante. Y como tendrás que distinguirte de otras estrellas en el cielo, deberás desarrollar un estilo que llame la atención. Dietrich fue la gran profesional de este arte; su estilo era tan chic que deslumbraba, tan extraño que embelesaba.

Ley cotidiana: Tu propia imagen y tu presencia son materiales que puedes controlar. El sentido de estar participando en esta especie de obra hará que la gente te vea como alguien superior y digno de imitar.

El arte de la seducción, La estrella

25 de julio

•

Juega con la ambigüedad

Para captar y mantener la atención de los demás, debes mostrar atributos que vayan contra tu apariencia física, lo que producirá profundidad y misterio. Si tienes una cara dulce y un aire inocente, emite indicios de algo oscuro, e incluso vagamente cruel, en tu carácter. Esto no debe anunciarse en tus palabras, sino en tu actitud. No te preocupes si esta cualidad oculta es negativa, como peligro, crueldad o amoralidad; la gente se sentirá atraída por el enigma de todas maneras, y es raro que la bondad pura sea seductora.

Ley cotidiana: Nadie es naturalmente misterioso, al menos no por mucho tiempo; el misterio es algo que tienes que trabajar, una estrategia de tu parte, y algo que debe ser utilizado pronto durante la seducción.

El arte de la seducción, Emite señales contradictorias

26 de julio

•

Sabe cuándo retirarte

El amor nunca se muere de hambre, pero sí de indigestión.
—Ninon de l'Enclos

La seductora rusa Lou Andreas-Salomé tenía una presencia intensa; cuando un hombre estaba con ella, él sentía que sus ojos lo traspasaban, y con frecuencia le extasiaban la coquetería de sus modales y espíritu. Pero luego, casi invariablemente ocurría algo: ella tenía que dejar la ciudad un tiempo, o estaría demasiado ocupada para verlo. Durante sus ausencias, los hombres se enamoraban perdidamente de Lou, y juraban ser más enérgicos la próxima vez que estuviera con ellos. Tus ausencias en este avanzado momento de la seducción deben parecer al menos un tanto justificadas. No insinúes un distanciamiento franco, sino una ligera duda: quizás habrías podido hallar una razón para quedarte, quizás estés perdiendo interés, tal vez hay alguien más.

Ley cotidiana: En tu ausencia, su aprecio por ti crecerá. Olvidarán tus defectos, perdonarán tus pecados. En el momento que vuelvas, correrán tras de ti como tú lo deseas. Será como si hubieras regresado de entre los muertos.

El arte de la seducción, Dales la oportunidad de caer: el perseguidor perseguido

27 de julio

•

Distingue cuándo ser atrevido

*Cuanta mayor timidez exhibe ante nosotras un amante, más a orgullo nos tomamos
acosarlo; cuanto mayor respeto tenga a nuestra resistencia, más respeto exigiremos
de él. Digamos por voluntad propia a los hombres: "¡Ah, por piedad, no nos crean
tan virtuosas! Nos obligan a serlo en exceso".*
—Ninon de l'Enclos

La timidez es una protección que desarrollamos. Si nunca nos arriesgamos, si
nunca probamos, jamás tendremos que sufrir las consecuencias del fracaso o el
éxito. Si somos buenos y discretos, nadie resultará ofendido; de hecho, parece-
remos santos y agradables. Pero la verdad es que las personas tímidas suelen estar ensimismadas, obsesionadas con la forma en que la gente las ve, y no ser en
absoluto santas. Además, la humildad puede tener usos sociales, pero es mortí-
fera en la seducción. A veces debes ser capaz de pasar por santo y humilde; esta
máscara te será útil. Pero en la seducción, quítatela. La audacia es vigorizante,
erótica y absolutamente necesaria para llevar la seducción hasta su conclusión.
Bien hecho, esto indicará a tus objetivos que te han forzado a perder tu natural
compostura, y los autorizará a hacerlo también. La gente anhela tener la oportunidad de ejercer los lados reprimidos de su personalidad.

**Ley cotidiana: En la etapa final de la seducción, la audacia elimina cualquier
incomodidad o duda.**

El arte de la seducción, Domina el arte de la acción audaz

28 de julio

•

Comunícate con los sentidos de la gente

Libérate de la necesidad de comunicar al modo directo normal y se te presentarán mayores oportunidades para la venta blanda. Haz tus palabras discretas, vagas, tentadoras. Y presta mucha mayor atención a tu estilo, los recursos visuales, la historia que éstos cuentan. Transmite una sensación de agilidad y avance mostrándote en movimiento. Expresa seguridad no a través de datos y cifras, sino de colores e imágenes positivas, apelando al niño en todos. Deja que los medios te cubran sin guía y estarás a su merced. Así que invierte la dinámica: ¿la prensa necesita drama y recursos visuales? Proporciónaselos. Está bien hablar de problemas o de la "verdad", mientras los incluyas en forma entretenida. Recuerda: las imágenes permanecen en la mente mucho después de que las palabras se olvidan. No prediques: eso nunca funciona. Aprende a expresar tu mensaje con recursos visuales que sugieran emociones positivas y sensaciones agradables. El público quizá se concentre superficialmente en el contenido o moraleja que predicas, pero absorberá los elementos visuales, los cuales calan hondo y permanecen más tiempo que las palabras o pronunciamientos sermoneadores.

Ley cotidiana: Pon más atención a la forma de tu mensaje que al contenido. Las imágenes son más seductoras que las palabras, y en realidad los elementos visuales tendrían que ser tu verdadero mensaje.

El arte de la seducción, Seducción suave: cómo vender cualquier cosa a las masas

29 de julio

•

El perseguidor es perseguido

Me retraigo, y entonces le enseño a ella a ser victoriosa al perseguirme. Retrocedo
sin cesar, y con este movimiento hacia atrás le enseño a conocer a través de mí todos
los poderes del amor erótico, sus turbulentas ideas, su pasión, lo añorante que es,
y la esperanza, y la expectación impaciente.
—SØREN KIERKEGAARD

Cada género tiene sus propios señuelos seductores, que le son naturales. El hecho de que intereses a alguien pero no respondas sexualmente es muy perturbador, y plantea un reto: encontrar la manera de seducirte. Para producir este efecto, revela primero interés en tus objetivos, por medio de cartas o insinuaciones sutiles. Pero cuando estés en su presencia, asume una especie de neutralidad asexual. Sé amigable, incluso cordial, pero nada más. Los empujarás así a armarse de los encantos seductores naturales a su sexo, justo lo que tú deseas.

Ley cotidiana: Crea la ilusión de que el seductor está siendo seducido.

El arte de la seducción, Dales la oportunidad de caer: el perseguidor perseguido

30 de julio

•

La emoción de la ilusión

El teatro produce una sensación de un mundo distinto, mágico. El maquillaje de los actores, la falsa pero tentadora escenografía, el vestuario levemente irreal: estos realzados recursos visuales, junto con la trama de la obra, engendran ilusión. Para producir este efecto en la vida real, debes modelar tu ropa, maquillaje y actitud para que posean un filo lúdico, artificial: una sensación de que te has arreglado para el deleite de tu público. Éste era el efecto de diosa de Marlene Dietrich, o el fascinante efecto de un dandy como Beau Brummel. Tus encuentros con tus objetivos también deben tener una sensación de drama, obtenida a través de los escenarios que eliges, y de tus acciones. El objetivo no debe saber qué ocurrirá después. Provoca suspenso mediante giros y vuelcos que conduzcan al final feliz: ofrece una función.

Ley cotidiana: Cuando sea que te reúnas con tus objetivos, transmíteles la vaga impresión de estar en una obra, la emoción de usar una máscara, de interpretar un rol distinto al que la vida les ha asignado.

El arte de la seducción, Apéndice A. Ambiente seductor/momento seductor

31 de julio

•

Poetiza tu presencia

Quien no sepa mantener fascinada a una muchacha, tanto que ella no sepa ver nada fuera de lo que se quiere que vea; quien no sepa identificarse con el ser de ella hasta conseguir cuanto desea, es un inepto, un inútil. [...] Identificarse con el ser de una muchacha es un arte.
—Søren Kierkegaard

En un mundo cruel y lleno de desilusiones, es un gran placer poder fantasear con la persona con que te relacionas. Esto facilita la tarea del seductor: la gente se muere por recibir la oportunidad de fantasear contigo. No eches a perder esta oportunidad de oro sobrexponiéndote, o volviéndote tan familiar y banal que tu objetivo te vea exactamente como eres. No tienes que ser un ángel, o un dechado de virtudes; eso sería muy aburrido. Puedes ser peligroso, atrevido, incluso algo vulgar, dependiendo de los gustos de tu víctima.

Ley cotidiana: Nunca seas ordinario o limitado. En la poesía (a diferencia de la realidad) cualquier cosa es posible.

El arte de la seducción, Poetiza tu presencia

Agosto

El maestro de la persuasión

ABLANDANDO LA RESISTENCIA DE LA GENTE

Los humanos no podemos evitar tratar de influenciar a los demás. Todo lo que decimos o hacemos es examinado e interpretado por los otros para buscar pistas que delaten nuestras intenciones. En tanto que animales sociales, no podemos evitar jugar constantemente el juego, seamos conscientes o no. La mayoría de las personas no quieren invertir en el esfuerzo que se requiere para reflexionar sobre los demás y descubrir una estrategia que les permita superar sus defensas. Son perezosas. Simplemente quieren ser ellas mismas, hablar con honestidad, o no hacer nada y justificárselo a sí mismas pensando que esto es producto de una gran elección moral. Dado que el juego es inevitable, es mejor ser diestro para jugarlo que para negarlo o simplemente improvisar en el momento. Al final, ser bueno para influenciar es en realidad más beneficioso socialmente que la postura moral. Ser competente en la persuasión requiere que adoptemos la perspectiva de los demás, que ejerzamos nuestra empatía. El mes de agosto te enseñará las maniobras y estrategias que te permitirán crear un hechizo, quebrar la resistencia de la gente, conferirle movimiento y fuerza a tu persuasión e inducir la rendición en tu objetivo.

A menudo me preguntan por qué le hablo al lector con historias.

Yo estoy muy concentrado en el lector. Cuando escribo siempre estoy pensando: ¿cómo va a absorber esta información?

Existe un problema que los psicólogos han notado. Si eres un maestro, supones que tus estudiantes tienen el mismo conocimiento que tú. Esto te convierte en un mal maestro. Yo sé que mis lectores no necesariamente saben de lo que hablo. Si hablo de Carl Jung, por ejemplo, y simplemente suelto el argot, el lector no va a comprenderlo. Así que tengo que hacerlo comprensible para la persona promedio.

En *El arte de la seducción* explico cómo contar una historia reduce la resistencia de la gente. Las historias hacen que la mente se abra.

Desde que somos niños —cuando nos cargan nuestros padres o cuando jugamos al escondite— la sensación de no saber lo que va a pasar a continuación se arraiga profundamente en la psicología humana.

Así que, si cuento una historia sobre Rockefeller para ilustrar la agresividad, sé que el lector, a medida que se adentra en la historia, no sabe adónde quiero llegar, o quién es el agresor de la historia, o la lección que estoy tratando de extraer. Por lo tanto, querrá seguir leyendo. Querrá leer más y más y más. Lo he engañado para que llegue a la página ocho. En cambio, si lo golpeo inmediatamente con Jung y este estudio y aquél y un poco de jerga sociológica, su mente se cerrará. Se quedará dormido.

Ése es el error que comete el 98 por ciento de la gente que escribe libros. No piensan en el lector. Suponen que el lector está tan interesado como ellos en el material. Tienes que seducir al lector. Debes persuadirlo de que lo que tienes que decir vale la pena su tiempo. Ésa es la razón de que cuente historias.

La gente comete el mismo error en el ámbito social, al intentar persuadir o influenciar a los demás. Si quieres que alguien obedezca tus órdenes, que te ayude, que financie tu película o lo que sea —si llegas pensando únicamente en lo que deseas o mereces, no tiene ningún efecto. Pero si piensas en términos de cómo piensan ellos, las historias que quieren escuchar, lo que les gusta, lo que les interesa, el juego cambia. Tienes poder sobre ellos.

Así como yo tengo el poder de influenciar al lector cuando me pongo a pensar en lo que desea, tú tienes el poder de influir en las personas cuando piensas en lo que ellas desean.

1 de agosto

•

El arte del hipnotista

La meta del discurso seductor suele ser generar una especie de hipnosis: distraer a las personas, bajar sus defensas, hacerlas más vulnerables a la sugestión. Aprende las lecciones de repetición y afirmación del hipnotista, elementos clave para dormir a un sujeto. La repetición implica el uso de las mismas palabras una y otra vez, de preferencia un término de contenido emocional: *impuestos, liberales, fanáticos*. El efecto es hipnótico: la simple repetición de ideas puede bastar para implantarlas de fijo en el inconsciente de la gente. La afirmación se reduce a hacer enérgicos enunciados positivos, como las órdenes del hipnotista. El lenguaje seductor debe poseer una suerte de intrepidez, que encubrirá múltiples deficiencias. Tu público quedará tan atrapado por tu lenguaje intrépido que no tendrá tiempo de reflexionar si es cierto o no. Nunca digas: "No creo que la otra parte tome una buena decisión"; di: "Merecemos algo mejor", o "Han hecho un desastre". El lenguaje afirmativo es activo, está lleno de verbos, imperativos y frases cortas.

> Ley cotidiana: Elimina los "yo creo", "tal vez", "en mi opinión". Apunta directo al corazón.

El arte de la seducción, Usa el diabólico poder de las palabras para sembrar confusión

2 de agosto

•

Juega con su espíritu competitivo

En 1948, el director Billy Wilder hizo pruebas de reparto para su nueva película, *A Foreign Affair* (*Berlín Occidental*), ambientada en Berlín justo después de la guerra. Uno de los personajes principales era Erika von Shlütow, cantante alemana de cabaret con sospechosos lazos con varios nazis durante la guerra. Wilder sabía que Marlene Dietrich sería la actriz perfecta para ese papel, pero ella había expresado públicamente su aversión por cualquier cosa que tuviera que ver con los nazis y había trabajado mucho en favor de varias causas aliadas. Cuando se le ofreció el papel, lo juzgó de mal gusto y ahí terminó la conversación. Wilder no protestó ni rogó, lo cual habría sido fútil, dada la célebre terquedad de Dietrich. En cambio, le dijo que había encontrado a dos actrices estadunidenses perfectas para el papel, pero que quería su opinión para elegir a la mejor. ¿Vería sus pruebas? Aceptó; no iba a rechazar a su viejo amigo Wilder. Sin embargo, éste había probado astutamente a dos conocidas actrices que sabía que se verían ridículas en el papel de una sexy cantante alemana de cabaret. La treta funcionó como un hechizo. La muy competitiva Dietrich quedó horrorizada por aquellas actuaciones y se ofreció de inmediato para interpretar al personaje.

Ley cotidiana: Tus intentos por influir siempre deben seguir la misma lógica: ¿cómo puedes hacer que otros perciban lo que tú quieres que ellos hagan como algo que ellos escogieron?

Las leyes de la naturaleza humana, 7: Vence la resistencia de la gente confirmando su opinión de sí misma. La ley de la actitud defensiva

3 de agosto

•

Conviértelos en la estrella del espectáculo

La mayoría de los hombres [...] buscan menos ser instruidos, e incluso divertidos,
que elogiados y aplaudidos.
—JEAN DE LA BRUYÈRE

La influencia en la gente y el poder que eso otorga se ganan de la forma contraria a la que podrías imaginar. Normalmente intentamos atraer a los demás con nuestras ideas y presentarnos bajo la mejor luz. Ensalzamos nuestros logros, prometemos grandes cosas y pedimos favores, en la creencia de que ser sinceros es la mejor política. Pero no entendemos que de ese modo ponemos toda la atención en nosotros. En un mundo en el que la gente está cada vez más ensimismada, eso sólo tiene el efecto de que los demás se vuelvan, en cambio, más introspectivos y piensen más en sus intereses que en los nuestros. El verdadero camino a la influencia y el poder sigue la dirección opuesta: dirigir la atención a los demás. Permíteles que hablen. Deja que sean las estrellas de la función. Sus opiniones y valores merecen emularse. Las causas que apoyan son las más nobles. Tal atención es rara en este mundo y la gente está tan ansiosa de ella que darle esa validación hará que baje la guardia y abra la mente a las ideas que desees sugerirle.

Ley cotidiana: En una conversación, trata de que los otros hablen el setenta por ciento del tiempo sin que se den cuenta, y observa el efecto.

Las leyes de la naturaleza humana, 7: Vence la resistencia de la gente confirmando su opinión de sí misma. La ley de la actitud defensiva

4 de agosto

Canaliza las emociones abrumadoras

Malcolm X habló por todo Estados Unidos. Jamás leía un texto; mirando al público, hacía contacto visual con él, señalando con el dedo. Su enojo era obvio, no tanto en su tono —siempre era mesurado y articulado— como en su feroz energía, que le hacía saltar las venas del cuello. Muchos líderes negros anteriores habían usado palabras prudentes, y pedido a sus seguidores lidiar paciente y civilizadamente con su situación social, por injusta que fuera. Malcolm era un gran alivio. Ridiculizaba a los racistas, ridiculizaba a los liberales, ridiculizaba al presidente; ningún blanco escapaba a su desprecio. Si los blancos eran violentos, decía, había que responderles con el lenguaje de la violencia, porque era el único que entendían. "¡La hostilidad es buena!", exclamaba. "Ha sido reprimida mucho tiempo." Malcolm X tuvo un efecto tonificante en muchas personas que sentían el mismo enojo que él pero temían expresarlo. Malcolm X fue un carismático al estilo de Moisés: un libertador. El poder de este tipo de personalidad procede de que expresa emociones negativas acumuladas durante años de opresión. Ésta es la esencia del carisma: una emoción irresistible que transmiten tus gestos, tu tono de voz, señales sutiles, tanto más poderosas por ser mudas. Sientes algo con más profundidad que los demás, y ninguna emoción es tan intensa y capaz de crear una reacción carismática como el odio, en particular si procede de arraigadas sensaciones de opresión. Expresa lo que los demás temen decir y verán enorme poder en ti. Di lo que quieren decir pero no pueden.

> **Ley cotidiana:** Aprende a canalizar tus emociones. Nada es más carismático que la sensación de que alguien está luchando contra una gran emoción en lugar de simplemente rendirse ante ella.

El arte de la seducción, El carismático

5 de agosto

•

Gana a través de tus acciones

Durante su larga carrera como el más celebrado arquitecto de Gran Bretaña, a Sir Christopher Wren muchas veces sus clientes le pidieron que introdujera en sus diseños cambios contraproducentes o impracticables. Wren siempre evitó toda discusión u ofensa. Tenía otras formas de demostrar qué era lo correcto. En 1688 Wren diseñó un magnífico edificio para el ayuntamiento de la ciudad de Westminster. Sin embargo, el alcalde no quedó satisfecho con el diseño; le dijo a Wren que temía que la planta alta no fuera segura y pudiera derrumbarse sobre su oficina, ubicada en la planta baja. Exigió que Wren agregara dos columnas de piedra para reforzar el apoyo. Wren, que era un ingeniero consumado, sabía que aquellas columnas no cumplirían propósito alguno y que los temores del alcalde carecían de fundamento. Pero, a pesar de ello, construyó las dos columnas y el alcalde quedó muy contento. Sólo muchos años después, unos obreros, subidos a un andamio para realizar trabajos de mantenimiento, vieron que las columnas terminaban justo debajo del cielo raso. Eran columnas falsas. Pero los dos hombres obtuvieron lo que querían: el alcalde se quedó tranquilo, y Wren sabía que la posteridad comprendería que su diseño original funcionaba y que las columnas eran superfluas.

Ley cotidiana: Demuestra, no expliques.

Las 48 leyes del poder, Ley nº 9: Gana a través de tus acciones,
nunca por medio de argumentos

6 de agosto
•

Mantenlos adivinando

Apenas meses después de su arribo a París en 1926, Josephine Baker había encantado y seducido por completo al público francés con su danza salvaje. Pero menos de un año más tarde, ella percibió que el interés menguaba. Desde su infancia había aborrecido sentir que su vida estaba fuera de control. ¿Por qué estar a merced del veleidoso público? Abandonó París y regresó un año después, con una actitud totalmente distinta: desempeñaba para entonces el papel de una francesa elegante, que era por casualidad una ingeniosa bailarina y artista. Los franceses se enamoraron de nueva cuenta de ella; el poder estaba otra vez de su lado. Si estás expuesto a la mirada pública, aprende del truco de la sorpresa. La gente se aburre, no sólo de su vida, sino también de las personas dedicadas a evitar su tedio. En cuanto crea poder predecir tu siguiente paso, te comerá vivo. El pintor Andy Warhol pasaba de una personificación a otra, y nadie podía prever la siguiente: artista, cineasta, hombre de sociedad. Ten siempre una sorpresa bajo la manga.

> Ley cotidiana: Para conservar la atención del público, mantenlos adivinando. Deja que los moralistas te acusen de insinceridad, de no tener una esencia o un centro. Ellos en realidad están celosos de la libertad y jovialidad que muestras en tu persona pública.

El arte de la seducción, Mantenlos en suspenso: ¿qué sigue?

7 de agosto

•

Considera su interés personal

La mayoría de las personas son tan profundamente subjetivas que, en el fondo,
no les interesa nada ni nadie más que ellas mismas.
—ARTHUR SCHOPENHAUER

La forma más rápida de conquistar la mente de los demás consiste en demostrar, de la forma más simple posible, de qué manera una acción determinada los beneficiará. El egoísmo es la más fuerte de todas las motivaciones: una causa noble quizá fascine la mente, una vez que el furor del primer entusiasmo se haya desvanecido, el interés decaerá excepto que haya algo muy específico que ganar. El egoísmo es el más sólido de los fundamentos. Las causas que mejor funcionan utilizan un barniz de nobleza para cubrir la franca apelación al interés personal; la causa seduce, pero el interés personal asegura el compromiso.

Ley cotidiana: Muéstrale a la gente lo que podría ganar.

Las 48 leyes del poder, Ley n° 43: Trabaja sobre la mente y el corazón de los demás

8 de agosto

•

Evita las discusiones

Nunca discutas. En una sociedad no debe discutirse nada; sólo presenta resultados.
—Benjamin Disraeli

El argumentador no comprende que las palabras nunca son neutrales, y que al discutir con un superior impugna la inteligencia de alguien más poderoso que él. Tampoco tiene percepción alguna de la persona con la que está tratando. Dado que todo individuo considera que está en lo cierto y rara vez se le convence de lo contrario sólo con palabras, el razonamiento del argumentador cae en oídos sordos. Cuando se ve acorralado, lo único que se le ocurre hacer es seguir discutiendo, con lo cual cava su propia fosa. Una vez que ha logrado que la otra persona se sienta insegura e inferior en cuanto a sus convicciones, ni la elocuencia de Sócrates podría salvar la situación. No es sólo cuestión de evitar una discusión con quienes están por encima de uno. Todos nos creemos expertos en el ámbito de las opiniones y del razonamiento.

Ley cotidiana: Debes ser muy cuidadoso para siempre tratar de demostrar indirectamente lo correcto de tus ideas.

Las 48 leyes del poder, Ley nº 9: Gana a través de tus acciones,
nunca por medio de argumentos

9 de agosto

•

El Efecto Moral

El poder del argumento verbal es en extremo limitado, y a menudo logra lo opuesto de lo que pretendemos. Como observó Gracián: "La verdad por lo general se ve; muy pocas veces se oye". El Efecto Moral es la forma perfecta de demostrar las propias ideas a través de la acción. En síntesis, das a otros una lección al hacerles probar la medicina que ellos pretenden administrarte. En el Efecto Moral, tú reflejas lo que otros te hacen, de forma tal que se dan cuenta con suma claridad de que les estás haciendo exactamente lo que te hicieron ellos. Les haces sentir que se han comportado de manera desagradable o hiriente, en lugar de quejarte y lamentarte, lo cual sólo los pone a la defensiva. Y al sentir que las consecuencias de sus propias acciones les son devueltas por un espejo, los otros comprenden en toda su magnitud de qué manera lastimaron o castigaron con su comportamiento asocial.

Ley cotidiana: Objetiva las cualidades de las que quieres que ellos se avergüencen y crea un espejo en el que puedan contemplar sus tonterías y aprender una lección sobre ellos mismos.

Las 48 leyes del poder, Ley n° 44: Sé cambiante en tu forma

10 de agosto

•

Ancla su ego

Piensa en el ego y vanidad de las personas como una especie de frente. Cuando te atacan y no sabes por qué, suele deberse a que inadvertidamente has amenazado su ego, su sentido de su importancia en el mundo. Cada vez que sea posible, haz que la gente se sienta segura de sí. De nueva cuenta, usa lo que funcione: sutiles halagos, un presente, un ascenso inesperado, una oferta de alianza, una exhibición de ella y tú como iguales, un reflejo de sus ideas y valores. Todas estas cosas la harán sentir anclada en su posición frontal en relación con el mundo, lo que hará que reduzca sus defensas y le agrades. Segura y cómoda, estará lista para una maniobra de flanqueo. Esto es particularmente devastador con un blanco de ataque de ego delicado.

> Ley cotidiana: Cuando las personas se sienten seguras de sí mismas, cuando tú les anclas el ego que ponen de fachada, ellas quedan desarmadas y fáciles de manejar.

Las 33 estrategias de la guerra, Estrategia 18: Descubre y ataca el flanco débil de tu adversario. La estrategia de rotación

11 de agosto

•

Domina el arte de la insinuación

Ningún seductor puede esperar tener éxito sin dominar el lenguaje y arte de la insinuación. Comentarios aparentemente inadvertidos para "consultar con la almohada", referencias tentadoras, afirmaciones de las que te disculpas al instante: todo esto posee inmenso poder de insinuación. Cala tan hondo en la gente como un veneno, y cobra vida por sí solo. La clave para triunfar con tus insinuaciones es hacerlas cuando tus objetivos están más relajados o distraídos, para que no sepan qué ocurre. Las bromas corteses son a menudo una fachada perfecta para esto; los demás piensan en lo que dirán después, o están absortos en sus ideas. Tus insinuaciones apenas si serán registradas, que es justo lo que quieres. Hay muy poco misterio en el mundo; demasiadas personas dicen exactamente lo que sienten o quieren. Ansiamos algo enigmático, algo que alimente nuestras fantasías. Dada la falta de sugerencia y ambigüedad en la vida diaria, quien las usa repentinamente parece poseer algo tentador y lleno de presagios.

Ley cotidiana: La insinuación es el medio supremo para influenciar a la gente. Indicios, sugerencias e insinuaciones eluden su resistencia natural. Haz que todo sea sugerente.

El arte de la seducción, Domina el arte de la insinuación

12 de agosto

•

Utiliza sus emociones

En el libro *Cambio,* los autores (los terapeutas Paul Watzlawick, John Weakland y Richard Fisch) discuten el caso de un adolescente rebelde, suspendido de la escuela por el director luego de ser atrapado vendiendo drogas. Él tenía que seguir haciendo sus deberes desde casa, pero tenía prohibido entrar al campus. Esto afectaría gravemente a su negocio de venta de drogas. El chico hervía con el deseo de vengarse.

La madre consultó a un terapeuta que le recomendó hacer lo siguiente: explicarle al hijo que el director creía que sólo los estudiantes que asistían a clase en persona podían sacar buenos resultados. En la mente del director, al mantener al chico alejado de la escuela estaba asegurándose de que fracasara. Si él sacaba mejores notas desde casa que en la escuela, el director se sentiría avergonzado. Era mejor no esforzarse tanto este semestre, le aconsejó que le dijera; en lugar de eso, había que ganarse al director probando que tenía razón. Por supuesto, tal consejo estaba astutamente diseñado para jugar con su naturaleza rebelde. Ahora el chico no deseaba nada más que avergonzar al director, así que se dedicó al estudio con gran energía, lo cual había sido la meta del terapeuta desde el principio.

> Ley cotidiana: En esencia, la idea es no enfrentarse a las emociones fuertes de la gente, sino moverse con ellas y encontrar una manera de canalizarlas en una dirección productiva.

Robert Greene, "4 estrategias para convertirse en un maestro de la persuasión", Medium, 14 de noviembre de 2008

13 de agosto

•

Penetra en sus mentes

Maquiavelo anhelaba el poder de difundir sus ideas y consejos. Negado este poder por la política, se propuso ganar a través de los libros: convertiría a los lectores a su causa, y ellos difundirían sus ideas, portadores voluntarios o involuntarios. Sabía que los poderosos suelen resistirse a tomar consejo, en particular de alguien aparentemente inferior a ellos. También sabía que muchos de quienes no estaban en el poder podían asustarse con los peligrosos aspectos de su filosofía: que muchos lectores se sentirían atraídos y repelidos al mismo tiempo. Para conquistar a los renuentes y ambivalentes, los libros de Maquiavelo tendrían que ser estratégicos, indirectos y hábiles. Así, ideó tácticas retóricas no convencionales para penetrar profundamente detrás de las defensas de sus lectores. Primero, llenó sus libros de consejos indispensables: ideas prácticas sobre cómo obtener el poder, mantenerse en el poder, proteger el propio poder. Esto atrae a lectores de todo tipo, porque todos pensamos primero en nuestro interés propio. Luego, Maquiavelo hilvanó anécdotas históricas a lo largo de su texto para ilustrar sus ideas. A las personas les gusta que se le muestren maneras de imaginarse como modernos Césares o Médicis, y que se les entretenga con una buena historia; y una mente cautivada por una historia es relativamente indefensa y abierta a sugestiones. Finalmente, Maquiavelo usó un lenguaje simple y sin adornos para dar movimiento a su escritura. En lugar de que su mente se afloje y adormezca, los lectores son contagiados por el deseo de ir más allá de la idea y pasar a la acción.

Ley cotidiana: Quizá tengas ideas brillantes, del tipo de las que podrían revolucionar al mundo, pero a menos que puedas expresarlas efectivamente, no tendrán ninguna fuerza, ningún poder para entrar en la mente de las personas de una manera profunda y duradera. Sé estratégico en tu forma de transmitir tu mensaje.

Las 33 estrategias de la guerra, Estrategia 30: Penetra su mente.
Estrategias de comunicación

14 de agosto
•

Deja a la gente con un sentimiento

Para la mayoría de nosotros, la conclusión de cualquier cosa —un proyecto, una campaña, un intento de persuasión— representa una especie de muro: nuestro trabajo está hecho y es momento de contar nuestras pérdidas y ganancias y seguir adelante. Lyndon Johnson veía el mundo en forma muy diferente: un final no era como un muro, sino más bien como una puerta, que conducía a la siguiente fase o batalla. Lo que importaba para él no era obtener una victoria, sino adónde lo llevaría ésta, cómo abriría la siguiente ronda. Tenía fija la vista en el futuro, y en el éxito que le permitiría seguir adelante. Johnson usó el mismo método en sus esfuerzos por conseguir votantes. En vez de tratar de obtener el apoyo de la gente mediante discursos y palabras bonitas (no era muy buen orador de cualquier forma), se centró en la sensación que dejaba en ella. Sabía que la persuasión es en definitiva un proceso de las emociones: las palabras pueden sonar bien; pero si la gente sospecha que un político no es sincero, que lo único que busca son votos, se cerrará a él y lo olvidará. Así que Johnson se dedicó a establecer una relación emocional con los votantes, y terminaba sus conversaciones con un cordial apretón de manos y una mirada a los ojos, un temblor en la voz, que sellaban el vínculo entre ellos. Dejaba en los votantes la sensación de que lo volverían a ver, y despertaba emociones que eliminaban toda sospecha de que pudiera ser insincero. El final de la conversación era de hecho una especie de comienzo, porque permanecía en la mente de la gente y se traducía en votos.

Ley cotidiana: Pon atención a las repercusiones de cualquier encuentro. Piensa más en el sentimiento que dejas en la gente: un sentimiento que podría traducirse en un deseo de ver más de ti.

Las 33 estrategias de la guerra, Estrategia 22: Aprende a terminar las cosas.
La estrategia de salida

15 de agosto

·

Crea espectáculos imponentes

Recurrir a las palabras para presentar tu causa es una actitud arriesgada: las palabras son instrumentos peligrosos y a veces no dan en el blanco. Las palabras que usa la gente para persuadirnos nos invitan a traducirlas a nuestros propios términos; las reformamos y a menudo terminamos por interpretar lo opuesto de lo que nos han dicho. (Esto forma parte de nuestra perversa naturaleza.) También sucede que hay palabras que nos ofenden sólo porque generan en nosotros asociaciones que estaban muy lejos de la intención de quien las pronunció. Lo visual, en cambio, tiende un puente sobre el laberinto de las palabras. Nos impresiona con un poder emocional y una inmediatez que no dejan espacios para la reflexión o la duda. Al igual que la música, salta por encima de los pensamientos racionales y razonables. La manera más eficaz de usar imágenes y símbolos consiste en reunirlos en un gran espectáculo que impresione a la gente y la distraiga de realidades desagradables. Es muy fácil de lograr: a la gente le encanta lo grandioso, lo espectacular, lo que se destaca en forma exagerada. Apela a esas emociones, y acudirán a tus espectáculos en multitudes. Lo visual es el camino más fácil y directo al corazón de los otros.

Ley cotidiana: Monta espectáculos para aquellos que te rodean, llenos de impresionantes elementos visuales y símbolos radiantes que eleven tu presencia. Deslumbrados por las apariencias, nadie se dará cuenta de lo que realmente estás haciendo.

Las 48 leyes del poder, Ley n° 37: Arma espectáculos imponentes

16 de agosto

•

Utiliza su rigidez

El hijo de un prestamista fue a ver una vez al gran maestro zen del siglo XVIII Hakuin con el problema siguiente: quería que su padre practicara el budismo, pero éste fingía estar muy ocupado con sus cuentas como para tener tiempo para siquiera un solo cántico u oración. Hakuin conocía al prestamista; era un avaro inveterado que sin duda sólo pretextaba eso para rehuir de la religión, a la que consideraba una pérdida de tiempo. Aconsejó al chico que le dijera a su padre que el maestro zen le compraría cada oración y cántico que hiciera a diario. Era estrictamente un asunto de negocios. Desde luego que el prestamista aceptó el acuerdo: podría callarle la boca a su hijo y ganar dinero entretanto. Cada día le llevaba a Hakuin su cuenta de rezos y éste le pagaba debidamente. Pero el séptimo día no se presentó. ¿Se había abstraído tanto en los cánticos que olvidó contar cuántas oraciones había hecho? Días después admitió ante Hakuin que ahora le gustaba orar, se sentía mucho mejor y ya no necesitaba el pago. Pronto se convirtió en un generoso donador del templo de Hakuin. La rígida oposición de la gente a algo se deriva de un profundo temor al cambio y la incertidumbre que éste podría provocar. Debe hacerlo todo a su modo y sentirlo bajo su control. Le haces el juego si con tus consejos intentas alentar el cambio; le das algo ante lo cual reaccionar y justificar su rigidez. Se vuelve más obstinada. No pelees más con esas personas y usa la naturaleza misma de su rigidez para hacer un cambio leve que conduzca a uno mayor.

Ley cotidiana: Las personas a menudo no harán lo que otros les piden que hagan, simplemente porque quieren reafirmar su voluntad. Si tú sinceramente concuerdas con su rebelión, ellos se rebelarán de nuevo y reafirmarán su voluntad en la dirección opuesta, que es lo que tú querías desde el principio: la esencia de la psicología inversa.

Las leyes de la naturaleza humana, 7: Vence la resistencia de la gente confirmando su opinión de sí misma. La ley de la actitud defensiva

17 de agosto

•

Persuade con un toque ligero

La forma más antiseductora del lenguaje es la discusión. ¿Cuántos enemigos ocultos nos creamos discutiendo? Hay una manera superior de hacer que la gente escuche y se convenza: el humor y un toque de ligereza. El político inglés del siglo XIX, Benjamin Disraeli, era un maestro de este juego. En el parlamento, no contestar una acusación o comentario calumnioso era un grave error: el silencio significaba que el acusador tenía razón. Pero responder airadamente, entrar en una discusión, era arriesgarse a parecer amenazador y defensivo. Disraeli usaba una táctica diferente: mantenía la calma. Cuando llegaba el momento de responder a un ataque, se abría lento camino hasta el estrado, hacía una pausa y expelía una réplica humorística o sarcástica. Todos reían. Habiendo animado a los presentes, procedía a refutar a su enemigo, insertando aún divertidos comentarios; o simplemente pasaba a otro tema, como si estuviera por encima de todo eso. Su humor quitaba la ponzoña a cualquier ataque en su contra. La risa y el aplauso tienen un efecto dominó: una vez que tus oyentes ríen, es más probable que vuelvan a hacerlo. Gracias a este buen humor, también son más propensos a escuchar.

Ley cotidiana: Un toque sutil y un poco de ironía te darán oportunidad de persuadirlos, de jalarlos a tu lado, de burlarte de tus enemigos. Ésa es la forma seductora de la discusión.

El arte de la seducción, Usa el diabólico poder de las palabras
para sembrar confusión

18 de agosto

•

Haz que sientan tu argumento

En cierta ocasión, un provocador interrumpió a Nikita Kruschev en medio de un discurso en el cual denunciaba los crímenes de Stalin. "Usted fue colega de Stalin —gritó el hombre—. ¿Por qué no se opuso a él en su momento?" Kruschev, que en apariencia no alcanzaba a ver a la persona que lo había interrumpido, ladró: "¿Quién dijo eso?". Nadie levantó la mano. Los rostros permanecieron impasibles. Al cabo de unos segundos de tenso silencio, Kruschev dijo, con voz serena: "Ahora saben por qué no me opuse a él en su momento". En lugar de defenderse alegando que cualquiera que se encontrara frente a Stalin sentía terror, pues sabía que la menor señal de rebelión significaría la muerte segura, les hizo sentir lo que significaba enfrentar a Stalin: la paranoia, el temor a abrir la boca, el terror de enfrentar al líder (en este caso, Kruschev). La demostración fue tan visceral que no hizo falta ningún otro argumento. El poder de saber demostrar las propias ideas radica en que los rivales no se ponen a la defensiva y por lo tanto resultan mucho más fáciles de persuadir.

Ley cotidiana: Tu objetivo debe ser que ellos literal y físicamente sientan lo que quieres decir, más que simplemente inundarlos con palabras.

Las 48 leyes del poder, Ley n° 9: Gana a través de tus acciones,
nunca por medio de argumentos

19 de agosto

•

Déjalos que ganen los puntos menores

En 1782, el dramaturgo francés Pierre-Augustin Caron de Beaumarchais dio los últimos toques a su gran obra maestra, *Las bodas de Fígaro*. Requerida la aprobación del rey Luis XVI, cuando el monarca leyó el manuscrito se puso furioso. Esa obra provocaría una revolución, dijo: "Este hombre se burla de todo lo que debe ser respetado en un gobierno". Luego de muchas presiones, aceptó que se le representara en privado en Versalles. A la aristocracia le fascinó. Aunque el rey permitió más funciones, instruyó a sus censores para que alteraran los peores pasajes antes de que se diera a conocer públicamente. Para evitar eso, Beaumarchais encargó a un tribunal de académicos, intelectuales, cortesanos y ministros del gobierno que revisaran la obra con él. Un asistente a esa reunión escribió: "Monsieur de Beaumarchais anunció que se sometería sin reservas a cualquier omisión y cambio que los caballeros, e incluso las damas, presentes juzgaran apropiados. [...] Todos querían añadir algo propio. [...] Monsieur de Breteuil sugirió una agudeza; Beaumarchais la aceptó y se la agradeció. [...] 'Salvará el cuarto acto.' Madame de Matignon sugirió el color de la cinta del pajecillo; fue adoptado y después se puso de moda". Beaumarchais era, en efecto, muy astuto. Cuando permitió que otros hicieran cambios menores a su obra maestra, halagó enormemente su ego e inteligencia. Desde luego que no cedió a los cambios mayores que los censores de Luis XVI solicitaron más tarde, pero para entonces se había ganado de tal forma a los miembros de su propio tribunal que lo defendieron ruidosamente, y el rey tuvo que dar marcha atrás.

Ley cotidiana: Aprende a bajar las defensas de las personas estando de acuerdo con ellas en cosas que no son tan importantes. Esto te dará gran libertad para moverte en la dirección que deseas y hacer que cedan ante tus deseos en asuntos más importantes.

Las leyes de la naturaleza humana, 7: Vence la resistencia de la gente confirmando su opinión de sí misma. La ley de la actitud defensiva

20 de agosto

•

Cómo lidiar con los fastidiosos

En los inicios de su carrera, cuando era profesor de medicina en la universidad, el renombrado psicoterapeuta Milton Erickson tuvo que lidiar con una alumna muy inteligente llamada Anne, que siempre llegaba tarde a su clase y se disculpaba profusa y sinceramente. Resultaba que era una estudiante de excelentes calificaciones. Siempre prometía que llegaría a tiempo para la siguiente clase, pero no lo cumplía. Esto era una molestia para sus compañeros, pues con frecuencia interrumpía la lección o el trabajo de laboratorio. El primer día de clases de un nuevo curso de Erickson, ella volvió a sus viejos trucos, pero esta vez él estaba preparado. Cuando ella llegó tarde, él pidió a todo el grupo que se pusiera de pie y le hiciera una reverencia; él hizo lo mismo. Aun después de la clase, mientras ella recorría el pasillo, sus compañeros no cesaban de inclinarse. El mensaje era claro: "No te creemos". La vergüenza e incomodidad que esto le hizo sentir la impulsó a dejar de llegar tarde.

Ley cotidiana: Enséñales una lección a los fastidiosos dándoles una probada de su propia medicina o mostrándoles que ves a través de ellos.

Las leyes de la naturaleza humana, 16: Ve la hostilidad detrás de la apariencia amable.
La ley de la agresividad

21 de agosto
•

El maestro motivador

En la víspera de la primera batalla de su ejército con las temibles legiones romanas, Aníbal tenía que revitalizar de alguna manera a sus extenuados hombres. Decidió montar un espectáculo: tras reunir a su ejército, presentó a un grupo de prisioneros y les dijo que si peleaban a muerte entre sí, como los gladiadores, quienes ganaran obtendrían su libertad y un sitio en el ejército cartaginés. Los prisioneros aceptaron, y los soldados de Aníbal fueron obsequiados con horas de sangriento entretenimiento. Cuando el torneo terminó, Aníbal se dirigió a sus hombres. "Ustedes, soldados", les dijo, "están exactamente en la misma posición que los prisioneros. Están a muchos kilómetros de la patria, en territorio hostil, y no tienen adónde ir; en cierto sentido, también son prisioneros. Es libertad o esclavitud, victoria o muerte. Pero peleen como estos hombres pelearon hoy y prevalecerán". El torneo y el discurso calaron hondo en los soldados de Aníbal, quienes al día siguiente combatieron con implacable ferocidad y derrotaron a los romanos. Aníbal era un maestro de la motivación de una variedad rara. Mientras que otros animaban a sus soldados con discursos, él sabía que confiar en las palabras era digno de lástima: éstas sólo tocaban la superficie de un soldado, y un líder debía arrebatar el corazón de sus hombres, hacerles hervir la sangre, entrar en su mente, alterar su ánimo. Aníbal llegaba indirectamente a las emociones de sus soldados, relajándolos, calmándolos, abstrayéndolos de sus problemas y haciéndolos unirse. Sólo entonces los impactaba con un discurso que les hacía ver claramente su precaria realidad y cimbraba sus emociones.

Ley cotidiana: Motivar a la gente es un arte sutil. Debes apuntar directamente a sus emociones. Al utilizar tu atractivo emocional, penetrarás al interior, en lugar de solamente arañar la superficie.

Las 33 estrategias de la guerra, Estrategia 7: Transforma tu guerra en una cruzada. Estrategias para la moral

22 de agosto

•

La atracción de lo desconocido

Una de las partes perversas de la naturaleza humana es que siempre deseamos lo que no tenemos. Miramos al otro lado de la cerca: el césped siempre es más verde, el vecino tiene un mejor auto, sus hijos se comportan mejor. Siempre estamos deseando lo que tienen los demás. Pensamos que lo que no tenemos es mejor. Ésa es la naturaleza del deseo. Cuando finalmente conseguimos algo, no nos genera una gran sensación. La importancia del deseo es estar siempre persiguiendo algo, algo fuera de nosotros. Queremos lo que es raro, lo que es exótico, lo que nunca hemos tenido en nuestras vidas. Queremos lo que es transgresor, lo que es tabú, lo que los demás no tienen, lo que es nuevo o fresco. Tú tienes que crear ese objeto del deseo —en lo que sea que crees en la vida. Tienes que darle a la gente esa sensación de que hay algo un poco tabú y transgresor en ello, que fue lo que hice con *Las 48 leyes del poder*. Cuando tomas ese libro, sientes que estás haciendo una cosa un poco sucia y perversa. Quieres crear la sensación de que lo que ofreces no es nada conocido.

Ley cotidiana: Cuando una persona o un objeto es familiar, sentimos un poco de desdén. Pero cuando es distante y tentador y misterioso y algo que no tenemos, enciende la chispa de nuestro deseo. Ésa es la clave para cualquier tipo de mercadotecnia o venta suave.

Robert Greene en conversación en Live Talks Los Ángeles, 11 de febrero de 2019

23 de agosto

•

Encuentra su punto débil

Halle el punto débil a cada uno. Ésta es la forma de mover las voluntades ajenas.
Más consiste en destreza que en decisión: hay que saber por dónde presionar a cada
uno. No hay voluntad sin un motivo especial, y éste es diferente según la variedad de los
gustos. Todos los hombres son idólatras: unos de la fama, otros del interés y la mayoría
del deleite. La maña está en conocer estos ídolos para motivar cada voluntad: conocer
a cada uno lo que lo impulsa es como tener la llave del querer ajeno.
—Baltasar Gracián

Todos tenemos resistencias. Vivimos cubiertos por una perpetua armadura, a
fin de defendernos del cambio y la acción invasora de amigos o rivales. Nada nos
gustaría más que nos dejaran en paz para poder hacer las cosas a nuestra manera. Luchar sin cesar contra estas resistencias te costará mucha energía. Una de
las cosas más importantes que hay que comprender con respecto a la gente es
que todos tienen alguna debilidad, alguna parte de su armadura psicológica que
no resistirá, que cederá ante tu voluntad si la encuentras y la presionas. Algunas
personas demuestran abiertamente sus debilidades; otras, tratan de disimular-
las. Quienes las disimulan suelen ser los que más rápidamente se desmoronan
cuando uno encuentra ese hueco en su armadura.

Ley cotidiana: Todos tienen un punto débil, un hueco en el muro del castillo.
Una vez que lo encuentres, podrás utilizar ese punto débil a tu favor.

Las 48 leyes del poder, Ley n° 33: Descubre el talón de Aquiles de los demás

24 de agosto

•

Mezcla rudeza con amabilidad

Napoleón ha sido el mejor manejador de soldados de la historia: tomó a millones de ingobernables, indisciplinados, poco marciales jóvenes, recién liberados por la Revolución Francesa, y los moldeó hasta convertirlos en una de las más exitosas fuerzas de combate nunca antes vista. De todas las técnicas de Napoleón, ninguna fue más efectiva que su uso de castigos y premios, escenificado para el mayor impacto dramático. Sus reprimendas personales eran raras; pero cuando estaba enojado, cuando castigaba, el efecto era devastador: el implicado se sentía repudiado, degradado. Como si hubiera sido expulsado del seno de su familia, pugnaba por recuperar el favor del general, y jamás volvía a darle razón de enojarse. Ascensos, premios y elogios públicos eran igualmente raros, y cuando llegaban, siempre era por méritos, nunca por un cálculo político. Atrapados entre los polos de no querer disgustar jamás a Napoleón y anhelar su reconocimiento, sus hombres caían bajo su influencia, siguiéndolo devotamente, aunque sin alcanzarlo nunca ni por asomo. Aprende del maestro: la mejor manera de manejar a la gente es mantenerla en suspenso. Crea primero un vínculo entre tus soldados y tú. Que te respeten, te admiren e incluso te teman un poco. Para fortalecer ese vínculo, detente, crea algo de espacio a tu alrededor; sé cordial, pero con un toque de distancia. Una vez forjado el vínculo, preséntate con menor frecuencia. Haz que tanto tus castigos como tus elogios sean raros e inesperados, por errores o éxitos que parezcan menores en el momento pero que tengan significado simbólico. Comprende: una vez que la gente sabe qué te agrada y qué te enoja, se volverá un *poodle* amaestrado, empeñado en agradarte con evidente buena conducta.

Ley cotidiana: Mantenlos en suspenso —hazlos pensar constantemente en ti y querer complacerte, pero sin saber exactamente cómo hacerlo. Una vez que estén en la trampa, tendrás una atracción magnética sobre ellos. La motivación se volverá automática.

Las 33 estrategias de la guerra, Estrategia 7: Transforma tu guerra en una cruzada. Estrategias para la moral

25 de agosto

•

Cultiva el tercer ojo

En 401 a.C., diez mil mercenarios griegos se vieron de pronto en el bando per-
dedor de la batalla, atrapados en el centro de Persia. Vagaban por el campamen-
to lamentando su destino. Entre ellos estaba el escritor Jenofonte, quien había
acompañado a los soldados en calidad de reportero itinerante. Jenofonte había estudiado filosofía con Sócrates. Creía en la supremacía del pensamiento racional,
de ver el panorama completo, la idea general detrás de las fugaces apariencias de
la vida ordinaria. Había practicado durante varios años tales habilidades mentales. Esa noche tuvo una visión de la forma en que los griegos podían salir de
aquella trampa y volver a casa. Los vio atravesando rápida y furtivamente Persia, y sacrificando todo por la velocidad. Vio que se marchaban de inmediato, y
que aprovechaban el factor sorpresa para ganar distancia. En el espacio de unas
cuantas horas, reunió los detalles de la retirada, inspirado en su visión general
de la rápida ruta en zigzag al Mediterráneo y su hogar. Aunque carecía de experiencia militar, su revelación era tan completa y la comunicó con tanto aplomo
que los soldados lo nombraron su líder de facto. Este relato contiene la esencia
de toda autoridad y el elemento básico para establecerla. La mayoría de la gente está atrapada en el momento. Tiende a exagerar y alarmarse, a ver sólo una
estrecha parte de la realidad frente al grupo. No puede abrigar ideas alternas ni
priorizar. Quienes mantienen su presencia de ánimo y elevan su perspectiva por
encima del momento se valen de las facultades visionarias de la mente humana
y cultivan ese tercer ojo para detectar fuerzas y tendencias invisibles. Se distinguen del grupo, ejercen la genuina función del liderazgo.

Ley cotidiana: Créate un aura de autoridad aparentando poseer la habilidad
divina de predecir el futuro. Éste es un poder que puede ser practicado y
desarrollado y aplicado a cualquier situación.

Las leyes de la naturaleza humana, 15: Haz que quieran seguirte.
La ley de la inconstancia

26 de agosto

•

Apela a su grandeza no realizada

La mayoría de la gente supone ser más grande de lo que parece ante el mundo. Tiene muchos ideales sin cumplir: podría ser artista, pensadora, líder, una figura espiritual, pero el mundo la ha oprimido, le ha negado la oportunidad de dejar florecer sus habilidades. Ésta es la clave para seducirla, y conservarla así al paso del tiempo. El amante ideal sabe invocar este tipo de magia. Si sólo apelas al lado físico de las personas, como lo hacen muchos seductores aficionados, te reprocharán que explotes sus bajos instintos. Pero apela a lo mejor de ellas, a un plano más alto de belleza, y apenas si notarán que las has seducido.

Ley cotidiana: Haz que tus objetivos se sientan elevados, nobles, espirituales, y tu poder sobre ellos será ilimitado.

El arte de la seducción, El amante ideal

27 de agosto

•

Transfórmate en un oyente profundo

Tú conoces demasiado bien tus pensamientos. Es raro que te sorprendan. Tu mente tiende a dar vueltas obsesivamente alrededor de los mismos temas. En cambio, cada persona que tratas representa un país por descubrir, lleno de cosas inesperadas. Imagina por un momento que pudieras entrar en la mente de esas personas y el increíble viaje que éste podría ser. La gente que parece torpe y callada suele tener la más extraña vida interior, y tú podrías explorarla. Aun en el caso de patanes necios, podrías enterarte del origen y naturaleza de sus defectos.

Ley cotidiana: Transformarte en un oyente profundo no sólo demostrará ser muy divertido al abrir tu mente a su mente, sino que también te enseñará las lecciones más invaluables sobre psicología humana. El secreto para esto: encontrar a las otras personas infinitamente fascinantes.

Las leyes de la naturaleza humana, 7: Vence la resistencia de la gente confirmando su opinión de sí misma. La ley de la actitud defensiva

28 de agosto
•

Infunde un sentimiento de seguridad interior

Cuando tratas de convencer de algo a la gente, sucederá una de tres cosas. Primero, podrías desafiar sin querer un aspecto particular de su opinión de sí. Segundo, puedes dejar su opinión de sí en una posición neutral, ni refutada ni confirmada. Tercero, puedes confirmar su opinión de sí. En este caso, satisfaces una de sus mayores necesidades emocionales. Así creamos ser independientes, listos, autónomos y decentes, sólo los demás pueden confirmárnoslo. Y en un mundo cruel y competitivo en el que todos tendemos a dudar de nosotros mismos, casi nunca recibimos la validación que tanto anhelamos. Cuando se la des a la gente, producirás el mágico efecto que tú mismo sentiste cuando estuviste bebido, en un mitin o enamorado: la gente se relajará. Libre de sus inseguridades, dirigirá su atención al exterior. Su mente se abrirá, y esto la volverá susceptible a sugerencias e insinuaciones. Si decide ayudarte, sentirá que lo hace por voluntad propia.

Ley cotidiana: Tu tarea es sencilla: infunde en la gente un sentimiento de seguridad interior. Imita sus valores, muéstrale que te gusta y la respetas, hazla sentir que aprecias su sabiduría y su experiencia.

Las leyes de la naturaleza humana, 7: Vence la resistencia de la gente confirmando su opinión de sí misma. La ley de la actitud defensiva

29 de agosto

•

Contagia a la gente del ánimo apropiado

Si estás relajado y prevés una experiencia agradable, lo dejarás sentir, y esto tendrá un efecto de espejo en la otra persona. Una de las mejores actitudes por adoptar con este propósito es la completa indulgencia. No juzgues a los demás; acéptalos tal como son. En la novela *Los embajadores*, el escritor Henry James pinta el retrato de este ideal en Marie de Vionnet, una anciana francesa de modales impecables que usa subrepticiamente al estadunidense Lambert Strether para que le ayude en una aventura amorosa. Con sólo verla, Strether se siente cautivado: ella parece una "combinación de lucidez y misterio". Lo escucha con interés y, sin decir nada, le hace sentir que lo entiende a la perfección. Lo envuelve con su empatía. Ella actúa desde el principio como si fueran viejos amigos, pero eso está en su actitud, no dice nada. Strether califica su indulgencia de "hermosa y consciente afabilidad", y esto ejerce un poder hipnótico sobre él. Antes siquiera de que ella le pida ayuda, él está completamente bajo su hechizo y hará lo que sea por una dama así. Esa actitud reproduce la de la figura materna ideal: dotada de amor incondicional. No se expresa tanto con palabras como con miradas y lenguaje corporal. Opera por igual en hombres y mujeres, y tiene un efecto hipnótico casi en cualquiera.

Ley cotidiana: En tanto que animales sociales, somos extremadamente susceptibles al ánimo de otras personas. Utiliza este poder para infundir en la gente de forma sutil el ánimo apropiado para influenciarla.

Las leyes de la naturaleza humana, 7: Vence la resistencia de la gente confirmando su opinión de sí misma. La ley de la actitud defensiva

30 de agosto

•

Imagínalos bajo la mejor luz

Ten en mente que comunicas a los demás tus expectativas sobre ellos de forma no verbal. Se ha demostrado, por ejemplo, que los maestros que esperan grandes cosas de sus pupilos pueden tener un positivo efecto en su trabajo y calificaciones sin decir una sola palabra. Si conocer a alguien te hace sentir particularmente emocionado, esto se lo harás saber de un modo muy poderoso. Cuando finalmente le pides un favor a alguien, imagínalo bajo la mejor luz, generoso y afectuoso, de ser posible. Algunos afirman que obtienen excelentes resultados con el simple pensamiento de que la otra persona es apuesta o tiene una buena apariencia.

Ley cotidiana: Si hay alguna persona a la que en algún momento le pedirás un favor, intenta imaginarla bajo la mejor luz —generosa y solícita—, si eso es posible.

Las leyes de la naturaleza humana, 7: Vence la resistencia de la gente confirmando su opinión de sí misma. La ley de la actitud defensiva

31 de agosto

•

Acepta tu propia opinión de ti mismo

Por último, intenta guardar cierta distancia irónica de tu opinión sobre ti mismo. Conoce su existencia y la forma en que opera en tu interior. Acepta que no eres tan libre y autónomo como quisieras. Te ajustas a las opiniones de los grupos a los que perteneces; compras productos a causa de la influencia subliminal que ejercen en ti; puedes ser manipulado. Admite también que no eres tan bueno como la imagen idealizada de tu opinión de ti mismo. Igual que todos, puedes ensimismarte y obsesionarte con tus fines. En conocimiento de esto, no sentirás la necesidad de que los demás te validen.

Ley cotidiana: Ocúpate de volverte verdaderamente independiente y preocupado por el bienestar de los demás, en lugar de permanecer atado a la ilusión de tu opinión de ti mismo.

Las leyes de la naturaleza humana, 7: Vence la resistencia de la gente confirmando su opinión de sí misma. La ley de la actitud defensiva

Septiembre

El gran estratega

SALIENDO DEL INFIERNO TÁCTICO

La estrategia es un arte que requiere no solamente de una manera distinta de pensar, sino también de un enfoque totalmente diferente de la vida. Con demasiada frecuencia hay un abismo entre nuestras ideas y conocimiento, por un lado, y nuestra experiencia real por el otro. Absorbemos trivialidades e información que ocupa espacio mental pero que no nos lleva a ninguna parte. Tenemos ideas sublimes que no ponemos en práctica. También tenemos muchas experiencias enriquecedoras que no analizamos lo suficiente, que no nos inspiran ideas y cuyas lecciones ignoramos. La estrategia requiere de un contacto permanente entre dos universos. Es conocimiento práctico en su forma más elevada. Los eventos de la vida no significan nada si no te reflejas en ellos de una manera profunda, y las ideas de los libros son inútiles si no tienen aplicación en tu vida tal como la vives. En términos de estrategia, todo en la vida es un juego que estás jugando. Este juego es emocionante pero también requiere de una atención seria y profunda. Los riesgos son muy grandes. Lo que sabes debe ser traducido en acción, y la acción debe traducirse en conocimiento. De esta forma, la estrategia se convierte en un desafío de por vida y en constante fuente de placer al superar las dificultades y resolver los problemas. El mes de septiembre se propone transformarte en un guerrero estratega de la vida diaria.

En mi libro *Las 33 estrategias de la guerra* explico que la mayoría de nosotros existimos en un mundo que yo llamo el infierno táctico. Este infierno consiste en toda la gente a nuestro alrededor que está compitiendo por poder o por algún tipo de control, y cuyas acciones intersecan nuestra vida en mil direcciones distintas. Constantemente tenemos que reaccionar a lo que tal persona hace o dice, alterándonos emocionalmente en el proceso. Una vez que te has hundido en este infierno, no es nada fácil que tu mente salga de allí. Tienes que lidiar con una batalla tras otra, y ninguna de ellas termina con alguna resolución. Es muy difícil que veas el infierno como lo que es; estás demasiado cerca de él, demasiado inmerso en él para considerarlo de cualquier otra manera. Debido a que hay tanta gente compitiendo por poder en este mundo, y a que nuestra atención está tan distraída en muchas direcciones distintas, esta dinámica solamente va de mal en peor.

La estrategia es la única respuesta. Esto no es cualquier árida controversia académica. De hecho, es un asunto de gran importancia, la diferencia entre una vida de miseria y una de éxito y equilibrio. La estrategia es un proceso mental en el cual tu mente se eleva por encima del campo de batalla. Tienes un sentido de un propósito más grande para tu vida, el cual estabas destinado a cumplir. Esto vuelve más fácil decidir qué es verdaderamente importante y qué batallas evitar. Eres capaz de controlar tus emociones, de ver el mundo con un grado de desapego.

Si una persona intenta arrastrarte a sus batallas o sus problemas, tú tienes la distancia y la perspectiva necesarias para mantenerte alejado o para ayudarle sin perder tu equilibrio. Ves todo con un interés estratégico, incluyendo cómo está estructurado el grupo que lideras —para la movilidad, para la confianza. Una vez que estás en esta ruta, todo se vuelve más fácil. Una derrota o un revés son una lección por aprender, no una afrenta personal. El éxito no se te sube a la cabeza, no te lleva a extralimitarte.

En este mundo hay falsos estrategas que no son más que maestros tácticos. Parecen estrategas porque son capaces de controlar problemas inmediatos con un grado de aplomo. Saben solucionar problemas. Salen adelante, o más bien, son capaces de sacar la cabeza por encima del agua. Pero inevitablemente se equivocan. Yo considero al presidente Bill Clinton como un ejemplo de esto, a comparación de Abraham Lincoln o Franklin Delano Roosevelt, que eran verdaderos estrategas.

Hay otros que también parecen tener una visión, un gran plan en la vida. Igualmente parecen estrategas, pero sus planes no tienen relación con la realidad. Sus planes y metas realmente son reflejos de sus deseos. Y en la ejecución podemos apreciar eso. Todo se vuelve fricción. La "gran estrategia" del presidente Bush para remodelar el Medio Oriente es un ejemplo de ello. Parece grande y envolvente, sobre el papel tiene sentido, pero en la práctica es un rotundo fracaso, porque no tiene relación con la realidad en el terreno. Si algo son los estrategas es realistas: pueden observar al mundo y a ellos mismos con un grado de objetividad más alto que los demás.

Mis libros han sido descritos como malvados e inmorales, y yo como alguien que está causando más daño en el mundo al escribirlos. No lo tomo personal, pero la verdad, como yo lo veo, es que los libros no son malvados en absoluto. Creo que muchas más cosas malas ocurren en este mundo porque la gente no sabe cómo actuar efectiva o estratégicamente. Lanzan guerras sin saber adónde van dirigidas; empiezan negocios con bases poco firmes y no llegan a ningún lado; dirigen campañas políticas que están mal planeadas y fracasan; desperdician tiempo y energía valiosa en cosas que no importan. Para la gente es tentador hablar del bien y del mal cómodamente desde su sillón. Nada es más fácil. Pero para volver esas ideas realidad se requiere de un pensamiento estratégico. Hasta Gandhi lo sabía.

Para los antiguos griegos, se causa más mal en este mundo por estupidez e incompetencia que por abierta maldad. Aquellos que son descaradamente malvados pueden ser combatidos, porque es fácil reconocerlos para luchar contra ellos. El incompetente y el estúpido son mucho más peligrosos porque nunca estamos del todo seguros de adónde nos llevan, hasta que es demasiado tarde. Los más grandes desastres militares de la historia han sido originados en su mayoría por líderes que carecen de una sabiduría estratégica.

Es casi un asunto religioso: ¿te convertirás al lado iluminado, el de la estrategia? ¿O te mantendrás en el infierno táctico? El compromiso mental de ser más estratega en esta vida representa la mitad de la batalla. Es todo lo que pido a mis lectores.

1 de septiembre

•

Elévate sobre el campo de batalla

> *[La estrategia] es más que una ciencia: es la aplicación del conocimiento a la vida*
> *práctica, el desarrollo de pensamientos capaces de modificar la idea rectora original*
> *a la luz de situaciones siempre variables; es el arte de actuar bajo la presión*
> *de las más difíciles condiciones.*
> —Helmuth von Moltk

En la guerra, la estrategia es el arte de dirigir todas las operaciones militares. La táctica es, por su parte, la habilidad de formar al ejército para que combata solo y resuelva las necesidades inmediatas del campo de batalla. En la vida, la mayoría de nosotros somos tácticos, no estrategas. Nos enredamos tanto en nuestros conflictos que sólo podemos pensar en cómo lograr lo que queremos en la batalla que sostenemos en el momento presente. Pensar estratégicamente es difícil y poco natural. Tú podrás creer que eres estratégico, pero es muy probable que seas meramente táctico. Para tener el poder que sólo la estrategia te puede brindar, debes ser capaz de elevarte sobre el campo de batalla, concentrarte en tus objetivos de largo plazo, planear una campaña íntegra y abandonar el modo reactivo en el que tantas batallas en la vida te encierran. Teniendo en mente tus metas generales, te será mucho más fácil decidir cuándo pelear y cuándo retirarte. Eso volverá mucho más sencillas y racionales las decisiones tácticas de la vida diaria.

Ley cotidiana: La gente táctica es pesada y se queda adherida al suelo; los estrategas son de pies ligeros y pueden ver a lo largo y ancho. ¿Dónde te encuentras tú en ese espectro?

Las 33 estrategias de la guerra, Prefacio

2 de septiembre

•

Controla todo el tablero de ajedrez

El director de cine Alfred Hitchcock hizo de esta estrategia un principio de vida. Cada acción suya era una preparación destinada a dar resultados sobre la marcha, así que tranquilamente pensaba con anticipación y avanzaba paso a paso. Su meta era hacer una película idéntica a su visión original, no corrompida por la influencia de los actores, productores y otras personas que necesariamente aparecían después. Controlando cada detalle del guion, hacía casi imposible que el productor interfiriera. Si el productor trataba de entrometerse durante el rodaje, Hitchcock tenía lista en el foro una cámara sin película. Podía fingir que hacía las tomas extras que el productor quería, permitiéndole sentirse poderoso sin riesgo para el resultado final. Hitchcock procedía igual con los actores: en lugar de decirles directamente qué debían hacer, los contagiaba de la emoción que deseaba —temor, enojo, deseo— por la manera como los trataba en el foro. Cada paso en el transcurso de la campaña encajaba perfectamente con el siguiente.

Ley cotidiana: Mantén el control de tus emociones y planea tus movimientos con anticipación, viendo la totalidad del tablero de ajedrez.

Las 33 estrategias de la guerra, Estrategia 12: Pierde batallas pero gana la guerra.
La gran estrategia

3 de septiembre

•

Ataca al centro de gravedad

Es propio de la naturaleza del poder presentar un aspecto enérgico, parecer amenazante e intimidatorio, fuerte y decidido. Pero su despliegue exterior suele ser exagerado, e incluso francamente engañoso, pues el poder no se atreve a exhibir sus debilidades. Y bajo ese despliegue está el soporte en que el poder descansa: su "centro de gravedad". La expresión es de Von Clausewitz, quien la definió como "el eje de todo poder y movimiento, del que todo depende". Atacar ese centro de gravedad, neutralizarlo o destruirlo, es la máxima estrategia en la guerra, pues sin él toda la estructura se desplomará. Golpear ese centro es la mejor manera de terminar un conflicto definitiva y económicamente. Al buscar esos centros, es crucial no dejarse engañar por un aspecto intimidatorio o deslumbrante, confundiendo la apariencia exterior con lo que ésta pone en movimiento. Probablemente tengas que dar varios pasos, uno por uno, para descubrir esa última fuente de poder, desprendiendo capa tras capa.

Ley cotidiana: Cuando mires a tus rivales, busca el centro de gravedad que mantienen unida toda la estructura. Ese centro puede ser su riqueza, su popularidad, una posición clave, una estrategia ganadora. Golpearlos allí puede infligir un dolor desproporcionado.

Las 33 estrategias de la guerra, Estrategia 16: Dales donde más les duele.
La estrategia del centro de gravedad

4 de septiembre

•

Evita el infierno táctico

Esta dinámica es común en las querellas matrimoniales: no se trata ya de enmendar la relación, sino de imponer el punto de vista propio. Atrapado en estas batallas, en ocasiones te sientes mezquino y a la defensiva, con el ánimo por los suelos. Esto es señal casi infalible de que has caído en la pesadilla táctica. Nuestra mente está diseñada para el pensamiento estratégico: el cálculo previo de varios pasos hacia nuestras metas. En la pesadilla táctica no puedes elevar lo suficiente tu perspectiva para pensar de ese modo. Reaccionas sin cesar a los movimientos de esta u otra persona, enredado en sus dramas y emociones, y no haces más que dar vueltas en círculos. La única solución es apartarte temporal o permanentemente de esas batallas, en particular si ocurren en varios frentes. Necesitas distancia y perspectiva. Calma tu ego. Recuerda que ganar una discusión o imponer tu punto de vista no te llevará a la larga a ningún lado. Gana con tus actos, no con tus palabras. Piensa de nuevo en tus metas a largo plazo.

Ley cotidiana: Crea una escalera de valores y prioridades en tu vida para recordarte lo que realmente es importante para ti. Si tú decides que una batalla en particular de verdad es importante, con gran sentido de desapego podrás después planear una respuesta más estratégica.

Las leyes de la naturaleza humana, 6: Eleva tus perspectivas.
La ley de la cortedad de miras

5 de septiembre

•

Colócate en la shih

Para separarte de los tipos mecánicos y reactivos, debes librarte de un malenten-dido común: la esencia de la estrategia no es ejecutar un brillante plan que pro-ceda por pasos; es ponerte en situaciones en las que tengas más opciones que el enemigo. En lugar de aferrarte a la opción A como la única respuesta correc-ta, la verdadera estrategia consiste en colocarte de tal forma que puedas hacer A, B o C, dependiendo de las circunstancias. Ésta es profundidad estratégica de pensamiento, en oposición al pensamiento formulista. Sun Tzu expresó de otro modo esta idea: a lo que debes aspirar en la estrategia, dijo, es a la *shih*, una po-sición de fuerza potencial; la posición de una roca precariamente posada en una cumbre, por decir algo, o de un arco tensado. Un golpe en la roca, la liberación del arco, y la fuerza potencial se desatará violentamente. La roca o la flecha pueden ir en cualquier dirección; se ajustarán a las acciones del enemigo. Lo que impor-ta no es seguir pasos predeterminados, sino situarte en la *shih* y darte opciones.

Ley cotidiana: Deshazte de la ilusión de que una estrategia es una serie de pa-sos a seguir para alcanzar una meta. Aléjate corriendo de cualquier experto o gurú que proclame poseer una fórmula secreta para el éxito y el poder.

Las 33 estrategias de la guerra, Estrategia 6: Segmenta tus fuerzas.
La estrategia del caos controlado

6 de septiembre
•

Nunca ataques a tus oponentes de frente

Una de las estrategias favoritas de Napoleón era la que él llamó *manœuvre sur les derrières*. Su éxito se basaba en dos verdades: primero, los generales gustan de colocar sus ejércitos en una fuerte posición frontal, ya sea para realizar o enfrentar un ataque. Napoleón solía aprovechar esta tendencia para avanzar en batalla dando la impresión de acometer frontalmente al enemigo; en medio de la batalla, era difícil saber que en realidad sólo desplegaba así a la mitad de su ejército, mientras colaba la otra mitad por un lado o por la retaguardia. Segundo, un ejército que siente un ataque por el flanco se alarma y es vulnerable, y debe rotar para enfrentar la amenaza. Este momento de rotación contiene gran debilidad y confusión. Aprende del gran maestro: atacar por el frente no suele ser sensato. Los soldados ante ti estarán ceñidamente apiñados, concentración de fuerza que amplificará su poder para resistirte. Ve a su flanco, su lado vulnerable. Este principio es aplicable a conflictos o choques de cualquier escala. Los individuos suelen exhibir su flanco, señalar su vulnerabilidad, mediante su contrario, la fachada que muestran más visiblemente al mundo. Esta fachada puede ser una personalidad agresiva, una manera de tratar a la gente presionándola. O puede ser un obvio mecanismo de defensa, una insistencia en excluir a los intrusos para preservar la estabilidad en su vida. Pueden ser sus más preciadas creencias e ideas; puede ser la manera en que se hacen estimar. Cuanto más logres que la gente ponga al descubierto esta fachada y muestre más de ella misma y de la dirección en que tiende a moverse, más claros resultarán sus flancos desprotegidos: deseos inconscientes, inseguridades profundas, precarias alianzas, compulsiones incontrolables. Una vez que te desplaces a su flanco, tus blancos de ataque rotarán para enfrentarte y perderán su equilibrio. Todos los enemigos son vulnerables de lado. No existe defensa contra una bien planeada maniobra de flanqueo.

Ley cotidiana: Cuando atacas a las personas de frente, haces más firme su resistencia y vuelves mucho más difícil tu tarea. En vez de eso, distrae la atención de tus oponentes hacia el frente y después atácalos por un costado, donde menos se lo esperan.

Las 33 estrategias de la guerra, Estrategia 18: Descubre y ataca el flanco débil de tu adversario. La estrategia de rotación

7 de septiembre

•

Divide y conquistarás

El gran espadachín japonés del siglo XVII Miyamoto Musashi enfrentó en varias ocasiones bandas de guerreros determinados a liquidarlo. La vista de un grupo así intimidaría a cualquiera, o al menos lo haría vacilar, error fatal en un samurái. Otra tendencia sería reaccionar violentamente, tratando de matar de un solo golpe a la mayor cantidad posible de atacantes, aunque a riesgo de perder el control de la situación. Pero, como estratega, Musashi estaba encima de todo eso, y resolvió tales dilemas en la forma más racional posible. Se colocaba de tal manera que sus agresores sólo tenían acceso a él en línea o en ángulo. Luego se concentraba en la eliminación del primero de ellos, tras de lo cual recorría rápidamente la línea. En vez de abrumarse o de esforzarse en exceso, dividía a la banda en partes. Después, sólo tenía que matar al adversario número uno, mientras se colocaba en posición de enfrentar al adversario número dos e impedía que su mente se opacara y confundiera con los demás atacantes que lo aguardaban. El efecto era que podía conservar su concentración al tiempo que mantenía trastornados a sus adversarios, puesto que, conforme avanzaba por la línea, ellos eran los intimidados y aturdidos. Ya sea que te veas asediado por muchos problemas pequeños o uno gigantesco, convierte a Musashi en el modelo de tu proceso mental. Si permites que la complejidad de la situación te confunda y vacilas o reaccionas sin pensar, perderás el control de tu mente, lo que sólo añadirá impulso a la fuerza negativa contra ti. Divide siempre el asunto en cuestión, colocándote primero en una posición central y procediendo después a lo largo de la línea, liquidando tus problemas uno por uno. Suele ser razonable comenzar por el problema menor, mientras mantienes a raya a los más peligrosos. Resolver ése te ayudará a generar impulso, tanto físico como psicológico, lo que contribuirá a que aplastes el resto.

Ley cotidiana: Enfrenta los problemas uno por uno.

Las 33 estrategias de la guerra, Estrategia 17: Derrótalos minuciosamente.
La estrategia de divide y vencerás

8 de septiembre

·

Explota el caos

Caos: donde nacen los sueños brillantes.
I Ching

Concibe tu mente como un ejército. Los ejércitos deben adaptarse a la complejidad y caos de la guerra moderna volviéndose más fluidos y maniobrables. La
prolongación última de esta evolución es la guerra de guerrillas, que explota
el caos convirtiendo el desorden y la impredecibilidad en estrategia. Un ejército guerrillero nunca se detiene a defender un lugar o ciudad en particular; gana
moviéndose siempre, manteniéndose un paso adelante. Al no seguir un patrón
fijo, no ofrece ningún blanco al enemigo. El ejército guerrillero nunca repite la
misma táctica. Responde a la situación, al momento, al terreno donde casual-
mente se encuentra. No hay frente, línea concreta de comunicación o suminis-
tro, furgón lento. El ejército guerrillero es movilidad pura. Éste es el modelo para
tu nueva manera de pensar. No apliques rígidamente ninguna táctica; no permitas que tu mente se estanque en posiciones estáticas, defendiendo un lugar o
idea particular, repitiendo las mismas maniobras sin vida. Ataca los problemas
desde nuevos ángulos, adaptándote al paisaje y al estado de cosas. Al mantenerte en constante movimiento, no ofrecerás a tus enemigos ningún blanco de ataque. Explotarás el caos del mundo en vez de sucumbir a él.

Ley cotidiana: Ataca los problemas desde nuevos ángulos, adaptándote al
escenario y a lo que te es dado.

Las 33 estrategias de la guerra, Estrategia 2: No des la guerra pasada:
la estrategia de la guerra de guerrillas mental

9 de septiembre

•

Ve los peligros más grandes que acechan en el futuro

*La experiencia nos demuestra que, si uno prevé de lejos los objetivos
que quiere alcanzar, es posible actuar con rapidez cuando llega
el momento para hacerlos realidad.*
—CARDENAL RICHELIEU

Según la cosmología de los antiguos griegos, se creía que los dioses tenían una visión completa del futuro. Veían todo el porvenir, hasta en sus detalles más complejos. Los hombres, por otra parte, eran considerados como víctimas del destino, prisioneros del momento y de sus emociones, incapaces de ver más allá de los peligros inmediatos. Aquellos héroes que, como Ulises, eran capaces de ver más allá del presente y planear varios pasos por adelantado, parecían desafiar el destino y acercarse a los dioses en su capacidad de determinar el futuro. Esta comparación aún es válida hoy en día: quienes son capaces de prever y planear con paciencia para lograr que sus planes den sus frutos tienen un poder cercano al de los dioses. Dado que la mayoría de la gente está demasiado prisionera del momento presente como para planificar con ese tipo de previsión, la capacidad de ignorar los peligros y los placeres inmediatos se traduce en poder.

Ley cotidiana: Supera la tendencia humana natural a reaccionar ante las cosas en cuanto suceden, y en vez de eso entrénate para dar un paso atrás e imaginar las cosas más grandes que están tomando forma más allá de tu visión inmediata.

Las 48 leyes del poder, Ley nº 29: Planifica tus acciones de principio a fin

10 de septiembre

•

Nunca parezcas a la defensiva

HOMBRE: *Patéalo; él te perdonará. Adúlalo; podrá adivinar o no tus verdaderas intenciones. Pero ignóralo, y te odiará.*
—IDRIES SHAH, CARAVANA DE SUEÑOS

El escritor renacentista Pietro Aretino muchas veces se pavoneaba de su linaje artistocrático, el cual, por supuesto, era pura ficción, ya que en realidad él era hijo de un zapatero. Cuando un enemigo reveló la embarazosa realidad, la voz se corrió con rapidez y pronto toda Venecia (donde él vivía en aquel momento) quedó estupefacta ante las mentiras de Aretino. Si él hubiera tratado de defenderse, sólo se habría enredado y hundido más. Su reacción fue magistral: anunció que, en efecto, era hijo de un zapatero, pero que eso probaba su grandeza, ya que se había elevado desde lo más bajo de la sociedad hasta la cima. A partir de ese momento no volvió a mencionar su mentira; en cambio, pregonaba su nueva posición con respecto de sus ancestros. Recuerda: la respuesta poderosa a pequeñas y mezquinas ofensas o problemas consiste en mostrar menosprecio y desdén. Nunca reveles que algo te ha afectado u ofendido: esto sólo demuestra que reconoces la existencia de un problema. El desdén es un plato que conviene servir frío y sin ceremonias.

Ley cotidiana: Al reconocer un problema insignificante le das existencia y credibilidad. Entre menos interés demuestres, más superior parecerás.

Las 48 leyes del poder, Ley n° 36: Menosprecia las cosas que no puedes obtener: ignorarlas es la mejor de las venganzas

11 de septiembre

•

El credo del guerrero

La realidad puede definirse como una incisiva serie de limitaciones sobre cada ser vivo, siendo la muerte la última frontera. Nuestra energía tiene un tope antes de cansarnos; los alimentos y recursos a nuestra disposición son limitados; nuestras habilidades y capacidades sólo pueden llegar hasta cierto punto. Un animal vive dentro de esos límites: no intenta volar más alto o correr más rápido o gastar demasiada energía acumulando una pila de alimentos, porque eso lo agotaría y lo haría vulnerable al ataque. Intenta simplemente sacar el mayor provecho de lo que tiene. Un gato, por ejemplo, practica instintivamente una economía de movimientos y ademanes, sin desperdiciar jamás su esfuerzo. La gente que vive en la pobreza, de igual manera, está agudamente consciente de sus límites: obligada a sacar el mayor provecho de lo que tiene, es incesantemente inventiva. La necesidad ejerce un poderoso efecto sobre su creatividad. El problema que enfrentamos quienes vivimos en sociedades de abundancia es que perdemos el sentido de los límites. La abundancia nos hace ricos en sueños, puesto que en los sueños no hay límites. Pero nos hace pobres en realidades. Nos vuelve blandos y decadentes, hartos de lo que tenemos y en necesidad de constantes sacudidas para recordarnos que estamos vivos. En la vida debes ser un guerrero, y la guerra requiere realismo. Aunque hay quienes encuentran belleza en sueños interminables, los guerreros la hallan en la realidad, en la conciencia de los límites, en sacar el mayor provecho de lo que tienen. Como el gato, buscan la perfecta economía de movimientos y ademanes, el modo de dotar a sus golpes del mayor vigor con la menor inversión de esfuerzo. Su conciencia de que sus días están contados —de que podrían morir en cualquier momento— los ubica en la realidad. Hay cosas que nunca podrán hacer, talentos que jamás tendrán, elevadas metas que nunca alcanzarán; eso difícilmente los perturba. Los guerreros se concentran en lo que tienen, en las fortalezas que poseen y que deben usar creativamente. Saber cuándo detenerse, renovarse y reatrincherarse les permite sobrevivir a sus adversarios. Juegan para el largo plazo.

Ley cotidiana: A veces en estrategia tienes que ignorar tu fuerza mayor y obligarte a obtener lo máximo con lo mínimo. Incluso si tienes la tecnología, pelea la guerra del campesino.

Las 33 estrategias de la guerra, Estrategia 8: Elige cuidadosamente tus batallas.
La estrategia de la economía perfecta

12 de septiembre

•

El tiempo es lo único que tienes

Puedo recuperar espacio. Tiempo, nunca.
—Napoleón Bonaparte

El tiempo es tan importante como el espacio en el pensamiento estratégico, y saber cómo usarlo hará de ti un estratega superior, dando una dimensión adicional a tus ataques y defensa. Para lograrlo debes dejar de pensar en el tiempo como una abstracción: en realidad, a partir del minuto en que naciste, el tiempo es lo único que tienes. Es tu único bien verdadero. La gente puede arrebatarte tus posesiones, pero —salvo que te liquiden— ni siquiera los más poderosos agresores podrán arrebatarte el tiempo a menos que tú se lo permitas. Aun en prisión tu tiempo es tuyo, si lo usas para tus propósitos. Perder tu tiempo en batallas que no has elegido es más que un error: es una estupidez del mayor orden.

Ley cotidiana: Resiste la urgencia de responder a las molestias triviales. El tiempo perdido nunca puede ser recuperado.

Las 33 estrategias de la guerra, Estrategia 11: Cambia espacio por tiempo.
La estrategia de la inacción

13 de septiembre

•

Piensa en las consecuencias imprevistas

Los años enseñan muchas cosas que los días nunca sabrán.
—Ralph Waldo Emerson

En la antigua Roma, un grupo de hombres leales a la república temían que Julio César quisiera perpetuarse en el poder y estableciera una monarquía. En 44 a.C. decidieron asesinarlo y restaurar la república. En el caos y vacío de poder subsecuente, el sobrino nieto de César, Octavio, ascendió rápidamente a la cima, asumió el poder, puso fin a la república y estableció una monarquía *de facto*. Muerto César, resultó que jamás había sido su intención crear un sistema monárquico. Los conspiradores provocaron justo lo que querían impedir. Invariablemente, en estos casos el pensamiento de las personas es simple y perezoso: mata a César y la república retornará, la acción A conduce al resultado B. Entiende: todo fenómeno en el mundo es complejo por naturaleza. La gente que tratas es igualmente compleja. Cualquier acción desata una ilimitada cadena de reacciones. Nunca es tan simple como que A conduce a B, B conduce a C, a D, y más allá. Otros actores intervendrán en el drama, y es difícil predecir sus motivaciones y reacciones. No puedes trazar esas cadenas ni prever por completo las consecuencias, pero si adoptas un pensamiento más congruente, al menos estarás al tanto de las consecuencias negativas más obvias, lo que a menudo representa la diferencia entre el éxito y el desastre. Necesitas profundidad de pensamiento y avanzar varios grados en la imaginación de las permutaciones, hasta donde tu mente pueda llegar.

Ley cotidiana: Contempla todas las posibles consecuencias de una estrategia o línea de acción.

Las leyes de la naturaleza humana, 6: Eleva tus perspectivas.
La ley de la cortedad de miras

14 de septiembre

•

Deja fuera el pánico

El señor Yamanouchi, aristócrata japonés del siglo XVIII, le pidió una vez a su maestro de té que lo acompañara a una visita a Edo (hoy Tokio), donde permanecería una temporada. Ahora bien, el maestro de té sabía todo lo que había que saber acerca de la ceremonia del té, pero poco más. Se vestía, sin embargo, como samurái, como lo demandaba su alta posición. Un día, el maestro de té fue abordado por un samurái que lo retó a duelo. A pesar de que no era espadachín, rechazar el desafío deshonraría tanto a su familia como al señor Yamanouchi. Aceptó, aunque eso significara una muerte segura, solicitando únicamente que el duelo se aplazara para el día siguiente. Su deseo fue concedido. Aterrado, el maestro de té se precipitó a la más cercana escuela de esgrima. Si iba a morir, quería aprender a hacerlo honorablemente. El maestro de esgrima escuchó su caso y accedió a enseñarle al pobre visitante el arte de morir, pero antes quiso que le sirviera un poco de té. Mientras el maestro de té ejecutaba el ritual, el maestro de esgrima exclamó entusiasmado: "¡No es necesario que usted aprenda el arte de la muerte! El estado de ánimo en que se encuentra ahora es suficiente para que enfrente a cualquier samurái. Cuando vea a su retador, imagine que está a punto de servir té a un huésped". Completado este ritual, el maestro de té debía elevar su espada con igual espíritu alerta. Entonces estaría listo para morir. El maestro de té estuvo de acuerdo en hacer lo que su maestro le había dicho. Al día siguiente fue a encontrarse con el samurái, quien no pudo sino advertir la expresión extremadamente tranquila y digna en el rostro de su adversario mientras éste se quitaba el abrigo. "Tal vez", pensó el samurái, "este torpe maestro de té es en realidad un hábil espadachín". Hizo una reverencia, pidió perdón por su conducta del día anterior y se marchó a toda prisa. Cuando las circunstancias nos atemorizan, nuestra imaginación tiende a imponerse, llenando nuestra mente de interminables angustias. Debes obtener el control de tu imaginación. Una mente concentrada no deja margen a la angustia ni a los efectos de una imaginación desbordada.

Ley cotidiana: Toma el control obligando a tu mente a concentrarse en algo relativamente simple —un ritual tranquilizador, una tarea repetitiva en la que seas bueno. Estás creando el tipo de compostura que naturalmente tienes cuando tu mente está absorta en un problema.

Las 33 estrategias de la guerra, Estrategia 3: En la confusión de los hechos, no pierdas tu presencia de ánimo: la estrategia del contrapeso

15 de septiembre

•

Abandona tus nociones preconcebidas

Si pones una calabaza hueca en el agua y la tocas, se inclinará a un lado. Por más que lo intentes, no se quedará en su sitio. La mente de alguien que ha alcanzado el último estado no se queda en nada, ni siquiera un segundo. Es como una calabaza hueca al ser empujada en el agua.

—Takuan Soho

Los más grandes generales, los más creativos estrategas, no sobresalen porque tengan más conocimientos, sino porque son capaces, cuando es necesario, de abandonar sus nociones preconcebidas y concentrarse intensamente en el momento presente. Así es como se enciende la creatividad y se aprovechan las oportunidades. El conocimiento, la experiencia y la teoría tienen limitaciones: ningún grado de previsión puede prepararte para el caos de la vida, para las infinitas posibilidades del momento. El gran filósofo de la guerra Carl von Clausewitz llamó a esto "fricción": la diferencia entre nuestros planes y lo que realmente sucede. Como la fricción es inevitable, nuestra mente tiene que ser capaz de seguirle el paso al cambio y adaptarse a lo inesperado. Cuanto mejor podamos adaptar nuestros pensamientos a las nuevas circunstancias, más realistas serán nuestras reacciones a ellas. Cuanto más nos perdamos en teorías predigeridas y experiencias pasadas, más impropia y delirante será nuestra reacción. Puede ser valioso analizar qué marchó mal en el pasado, pero es mucho más importante desarrollar la capacidad de pensar en el momento. De esta manera, cometerás muchos menos errores por analizar.

Ley cotidiana: Piensa en la mente como en un río: entre más rápido fluye, mejor se adapta al presente y responde al cambio.

Las 33 estrategias de la guerra, Estrategia 2: No des la guerra pasada: la estrategia de la guerra de guerrillas mental

16 de septiembre

•

Oblígalos a salir de lo negativo

Siempre es más fácil discutir desde el lado negativo: criticar las acciones de los demás, diseccionar sus motivos, etcétera. Y ésa es la razón de que la mayoría de la gente opte por hacer eso. Si tuvieran que describir una visión positiva de lo que quieren en el mundo, o de cómo podrían lograr una tarea en particular, esto los expondría a todo tipo de ataques y críticas. Se requiere de esfuerzo y reflexión para establecer una posición positiva. Se requiere de menos esfuerzo concentrarse en lo que las otras personas han hecho para encontrarles una infinidad de fallas. También te hace parecer duro y perspicaz, porque a la gente le fascina escuchar a alguien destrozar una idea. Enfrentar a estos negativistas en un debate o discusión es exasperante. Te pueden atacar desde todos los ángulos: te golpean con sarcasmo y comentarios insidiosos, urden toda clase de abstracciones que pueden hacerte quedar mal. Si tú te rebajas hasta su posición, terminas como un boxeador que lanza golpes al aire. Estos oponentes no te dan nada para golpear. (En la guerra siempre es más fácil mantener la posición que ganar terreno.) Tu tarea es obligarlos a salir de esa zona haciéndolos que se comprometan con alguna posición positiva. Ahora tendrás un blanco. Si ellos se rehúsan a hacerlo, puedes atacarlos por esta resistencia.

Ley cotidiana: Evita la tentación de contraatacar al mismo nivel que tu oponente. Siempre debes cambiar los términos de la batalla hacia el terreno de tu elección. En ese momento de cambio, tú tendrás la iniciativa y la ventaja.

Robert Greene, "Sólo los torpes y los estúpidos pelean de frente: algunos pensamientos estratégicos", powerseductionandwar.com, 15 de julio de 2007

17 de septiembre

•

Equilibra fines y medios

Los generales prudentes de todas las épocas han aprendido a comenzar por examinar los medios que tienen a la mano y a desarrollar su estrategia a partir de esos instrumentos. Siempre piensan primero en lo dado: la composición de su ejército y el del enemigo, sus respectivas proporciones de caballería e infantería, el terreno, la moral de sus tropas, el clima. Esto les da el fundamento no sólo para su plan de ataque, sino también para los fines que quieren alcanzar en un choque en particular. En vez de encerrarse en una forma de combatir, ellos ajustan constantemente sus fines a sus medios. La siguiente vez que lances una campaña, prueba un experimento: no pienses en tus sólidas metas ni en tus grandes sueños, ni planees tu estrategia sobre el papel. En cambio, piensa profundamente en lo que tienes: los instrumentos y materiales con que trabajarás. No te bases en sueños y planes, sino en la realidad: piensa en tus propias habilidades, cualquier ventaja política que puedas tener, la moral de tus tropas, qué tan creativamente puedes usar los medios a tu disposición. Luego, a partir de ese proceso, deja que tus planes y metas florezcan. Tus estrategias serán no sólo más realistas, sino también más inventivas y vigorosas. Soñar primero en lo que quieres y tratar de encontrar después los medios para alcanzarlo es una receta para el agotamiento, el desperdicio y la derrota.

Ley cotidiana: Equilibra constantemente los fines y los medios: puedes tener el mejor plan para conseguir un cierto fin, pero a menos que tengas los medios para alcanzarlo, tu plan es inservible.

Las 33 estrategias de la guerra, Estrategia 8: Elige cuidadosamente tus batallas. La estrategia de la economía perfecta

18 de septiembre

•

La estrategia del poco a poco

*Multiplicar los pequeños éxitos es precisamente conseguir un tesoro tras otro.
Con el tiempo, uno se vuelve rico sin saber cómo ocurrió.*
—FEDERICO EL GRANDE

El problema que muchos de nosotros enfrentamos es que tenemos grandes sueños y ambiciones. Atrapados en las emociones de nuestros sueños y en la vastedad de nuestros deseos, hallamos muy difícil concentrarnos en los pequeños y tediosos pasos usualmente necesarios para alcanzarlos. Tendemos a pensar en términos de saltos gigantescos hacia nuestras metas. Pero en el mundo social, como en la naturaleza, todo lo que tiene tamaño y estabilidad crece lentamente. La estrategia por partes es el perfecto antídoto contra nuestra natural impaciencia: nos concentra en algo pequeño e inmediato, una primera mordida, y luego en cómo y dónde una segunda mordida podrá acercarnos a nuestro objetivo último. Nos obliga a pensar en términos de un proceso, una secuencia de pasos y acciones entrelazados, por pequeños que sean, con inconmensurables beneficios psicológicos también. Muy a menudo la magnitud de nuestros deseos nos abruma; dar ese pequeño primer paso los hace parecer realizables. No hay nada más terapéutico que la acción.

Ley cotidiana: Ten un sentido claro de tu objetivo, pero luego identifica los pequeños pasos que lo componen. Ahora alcanzar tu sueño será fácil: paso a paso.

Las 33 estrategias de la guerra, Estrategia 29: Muerde poco a poco.
La estrategia del *fait accompli*

19 de septiembre

•

Haz uso de la pata del gato

Las causas superiores no obran sin el premio o el castigo. Influya inmediatamente
en el bien; y en el mal, por medio de los demás.
—Baltasar Gracián

En la fábula, el mono toma la pata de su amigo, el gato, y la utiliza para sacar castañas del fuego; consigue así las nueces que desea, sin quemarse las manos. Si es preciso hacer algo desagradable o impopular, es demasiado riesgoso que lo hagas tú mismo. En ese caso necesitas una pata de gato, alguien que haga el trabajo sucio o peligroso por ti. La pata de gato te permite conseguir lo que necesitas, lastimar a quien debes lastimar, y evitar que la gente se percate de que tú eres el responsable.

Ley cotidiana: Deja que alguien más sea el verdugo o el portador de las malas noticias, mientras que tú sólo traes felicidad y alegres nuevas.

Las 48 leyes del poder, Ley nº 26: Mantén tus manos limpias

20 de septiembre

•

Golpea desde ángulos inesperados

La gente espera que tu comportamiento se ajuste a patrones conocidos y convenciones. Tu tarea como estratega es alterar sus expectativas. Sorpréndelos con caos e impredecibilidad —que ellos tratarán desesperadamente de mantener a raya. Para Sun Tzu y los antiguos chinos, hacer algo extraordinario tenía poco efecto si no se apoyaba en algo ordinario. Tú debes mezclar los dos: cumplir con las expectativas de tu oponente con alguna maniobra banal y ordinaria, un patrón confortable que ellos después esperarán que sigas. Con el enemigo lo suficientemente hipnotizado, habrás entonces de golpearlo con lo extraordinario, un espectáculo de impresionante fuerza desde un ángulo completamente nuevo. Con la trampa de lo predecible, el golpe tendrá un impacto doble.

Ley cotidiana: Actúa según tu propio ritmo, adaptando las estrategias a tu idiosincrasia, y no a la inversa. Rehusarte a seguir los patrones comunes dificultará que la gente adivine lo que harás a continuación.

Robert Greene, "Lo que Mohamed Ali puede enseñarnos sobre el éxito y una vida auténtica", *The Observer*, 15 de julio de 2007

21 de septiembre

•

Haz que revelen sus intenciones

Si tienes razones para sospechar que una persona te está mintiendo, simula creer cada palabra que dijo. Esto la alentará a seguir; hará que ponga más vehemencia en sus afirmaciones y termine por traicionarse.
—Arthur Schopenhauer

En el ámbito del poder, tu objetivo es ejercer un cierto grado de control sobre los hechos futuros. Por lo tanto, parte del problema que enfrentas es que la gente no te revela todos sus pensamientos, sus emociones y sus planes. Al controlar lo que dicen, la mayoría de las personas mantiene ocultos los aspectos más cruciales de su carácter: sus debilidades, sus motivos ulteriores, sus obsesiones. Como resultado, uno no puede predecir sus movimientos y se halla en constante penumbra. El secreto reside en encontrar alguna forma de sondearlos, de descubrir sus secretos y sus intenciones ocultas, sin que ellos sepan qué es lo que tú tramas. El político francés Talleyrand fue uno de los grandes practicantes de este arte. Poseía una increíble habilidad para sonsacar secretos mediante conversaciones corteses. Uno de sus contemporáneos, el barón de Vitrolles, escribió al respecto: "Un ingenio agudo y mucha gracia caracterizaban su conversación. Tenía el arte de disimular sus pensamientos o su malicia bajo un transparente velo de insinuaciones, de palabras que implican algo más de lo que expresan. Sólo cuando era absolutamente necesario mostraba su propia personalidad". Aquí la clave es la habilidad de Talleyrand para no revelarse en la conversación y lograr que los demás hablaran sin cesar de sí mismos y revelaran sin darse cuenta sus intenciones y sus planes.

Ley cotidiana: Suprímete en una conversación. Deja que los otros hablen sin parar.

Las 48 leyes del poder, Ley nº 14: Muéstrate como un amigo
pero actúa como un espía

22 de septiembre

•

Crea el máximo desorden

En efecto, conseguir cien victorias en cien batallas no es el colmo de la habilidad.
Capturar y tomar intacto al ejército enemigo vale más que destruirlo.
—SUN TZU

Tu enemigo depende de su capacidad de interpretarte, de hacerse una idea de tus intenciones. La meta de tus maniobras debe ser impedírselo, lanzarlo a una persecución inútil de información sin sentido, generar ambigüedad acerca de qué dirección seguirás.

Ley cotidiana: Cuanto más quiebres la habilidad de las personas para razonar sobre ti, más desorden inyectarás en su sistema.

Las 33 estrategias de la guerra, Estrategia 20: Maniobra para debilitarlos.
La estrategia de dejar madurar para segar

23 de septiembre

•

Desarrolla tu Fingerspitzengefühl

La presencia de ánimo depende no sólo de la capacidad de tu mente para salir en tu ayuda en situaciones difíciles, sino también de la rapidez con que eso suceda. Esperar hasta el día siguiente para pensar en la acción correcta por emprender no te hará ningún bien. "Rapidez" significa aquí responder a las circunstancias con celeridad y tomar decisiones como de rayo. Esta facultad suele interpretarse como una especie de intuición, que los alemanes llaman *Fingerspitzengefühl* (sensibilidad en las yemas de los dedos). Erwin Rommel, quien dirigió la campaña alemana de tanques en el norte de África durante la Segunda Guerra Mundial, tenía una gran sensibilidad en las yemas de los dedos. Sentía cuándo atacarían los aliados y desde qué dirección. Rommel no sólo estudiaba a sus hombres, sus tanques, el terreno y al enemigo; se metía en la piel de éste, comprendía el espíritu que lo animaba, lo que lo hacía vibrar. Habiendo palpado tales cosas, en la batalla entraba en un estado de ánimo en el que no tenía que pensar conscientemente en la situación. Todo lo que ocurría estaba en su sangre, en las yemas de sus dedos. Tenía *Fingerspitzengefühl*. Tengas o no la mente de un Rommel, hay cosas que puedes hacer para ayudarte a reaccionar más rápido y sacar a relucir la sensibilidad intuitiva que todos los animales poseemos. El profundo conocimiento del terreno te permitirá procesar información más rápido que tu enemigo, una ventaja tremenda. Tener noción del espíritu de la gente y del material, pensando cómo llegar a ellos en lugar de verlos desde fuera, te ayudará a ponerte en otra disposición mental, menos consciente y forzada, más inconsciente e intuitiva.

Ley cotidiana: Haz que tu mente adquiera el hábito de tomar decisiones rápidas como el rayo, confiando en tu intuición. Y desarrollarás esto conociendo tan profundamente como sea posible todos los detalles de cualquier situación.

Las 33 estrategias de la guerra, Estrategia 3: En la confusión de los hechos, no pierdas tu presencia de ánimo: la estrategia del contrapeso

24 de septiembre

•

Retírate para ganar perspectiva

Permanecer disciplinado y calmado mientras se espera que aparezca el desorden entre el enemigo es el arte del dominio propio.
—SUN TZU

El problema que todos enfrentamos en la estrategia, y en la vida, es que cada uno de nosotros es único y posee una personalidad única. Nuestras circunstancias también lo son; en realidad, ninguna situación se repite jamás. Pero por lo general apenas si estamos conscientes de lo que nos diferencia; en otras palabras, de lo que en realidad somos. Nuestras ideas proceden de libros, maestros, todo tipo de influencias invisibles. Respondemos a los hechos rutinaria y mecánicamente en vez de tratar de entender sus diferencias. En nuestro trato con los demás, asimismo, somos fácilmente contagiados por su *tempo* y ánimo. Todo esto crea una especie de niebla. No vemos los hechos como son; no nos conocemos a nosotros mismos. Tu tarea como estratega es simple: ver las diferencias entre tú y los demás, conocer tu bando y tu enemigo lo mejor que puedas, para tener una mejor perspectiva de los hechos, conocer las cosas tal como son. En la agitación de la vida diaria, esto no es fácil; la capacidad de hacerlo procede únicamente, en efecto, de saber cuándo y cómo retirarte. Si siempre estás avanzando, siempre atacando, siempre respondiendo emocionalmente a la gente, no tendrás tiempo para adquirir perspectiva. Tus estrategias serán débiles y mecánicas, basadas en cosas que ocurrieron en el pasado o a otra persona. Como el mono, imitarás en lugar de crear.

Ley cotidiana: Retirarte no muestra debilidad sino fortaleza. Es algo que debes hacer de vez en cuando para encontrarte a ti mismo y desconectarte de las influencias contagiosas.

Las 33 estrategias de la guerra, Estrategia 11: Cambia espacio por tiempo.
La estrategia de la inacción

25 de septiembre

•

Mantente alejado de las esquinas

En casi todos los juegos de tablero —ajedrez, go (wei chi), backgammon, etcétera— las esquinas significan derrota y muerte. Estas esquinas también existen en planos más altos y abstractos. Como eres ahora, en tu profesión o en tus relaciones o en las batallas que enfrentas, podrías estarte arrinconando en una esquina. Y la cosa es que raramente eres consciente de eso cuando sucede, porque a menudo es cuando estás entusiasmado y emocional, cuando te sientes comprometido y avanzando en cierta dirección, o cuando has resuelto algún problema, que inadvertidamente te atrapas a ti mismo. Siempre habrá maneras de salir, en un sentido táctico, pero el camino más sabio es convertirte en un estratega, en el sentido que Sun Tzu le da al término. Lo que importa, en el universo de Sun Tzu, no son las posiciones de fuerza y poder, sino las situaciones en las que tienes opciones, lleno de una fuerza potencial. A nivel de carrera, por ejemplo, yo siempre le recomiendo a la gente que mire hacia delante y esté abierta a los cambios de dirección. Ese empleo que ahora parece tan bueno puede fácilmente convertirse en una pesadilla si no ves las posibles esquinas donde puedes caer. Lo sé porque trabajando en Hollywood, seducido por la paga, yo sólo me arrinconé en una esquina. Únicamente pude salir pensando muy a futuro y planeando un rumbo muy distinto en mi vida. En lugar de apuntar a convertirme en guionista, una posición por demás entrampada, apunté a escribir libros sobre temas que me emocionaban y contemplé infinitas posibilidades para ir en una u otra dirección, incluso regresando a la escritura de guion, pero bajo mis propios términos.

Ley cotidiana: Los estrategas piensan de manera distinta a como muchos están acostumbrados, en la que casi todo gira alrededor de avanzar hacia una meta. Eso es pensamiento lineal. Lo que tú quieres es apuntar siempre a incrementar tus opciones de poder y movilidad.

"Esquinas", powerseductionandwar.com

26 de septiembre

•

Deja ir el pasado

Por esto, cuando he conseguido una victoria, no vuelvo a emplear la misma táctica otra vez, sino que, respondiendo a las circunstancias, varío mis métodos hasta el infinito.
—SUN TZU

Lo que limita a los individuos tanto como a las naciones es la incapacidad de enfrentar la realidad, de ver las cosas tal como son. Conforme envejecemos, nos aferramos cada vez más al pasado. Nos vence la costumbre. Lo que alguna vez nos funcionó se vuelve doctrina, una concha para protegernos de la realidad. La repetición remplaza a la creatividad. Es raro que nos demos cuenta de que hacemos esto, porque nos es casi imposible verlo suceder en nuestra mente. Luego, de repente, un joven Napoleón se cruza en nuestro camino, una persona que no respeta la tradición, que lucha en una forma nueva. Sólo entonces vemos que nuestra manera de pensar y reaccionar ya es obsoleta. Nunca des por supuesto que tus éxitos pasados cotinuarán en el futuro. En realidad, tus éxitos pasados son tu mayor obstáculo: cada batalla, cada guerra es diferente, y no puedes suponer que lo que funcionó antes funcionará hoy.

Ley cotidiana: Piensa en la mente como en un río: entre más rápido fluye, mejor se adapta al presente y responde al cambio. Los pensamientos obsesivos y las experiencias pasadas (sean traumas o éxitos) son como grandes rocas o fango en este río.

Las 33 estrategias de la guerra, Estrategia 2: No des la guerra pasada: la estrategia de la guerra de guerrillas mental

27 de septiembre

•

Date espacio para maniobrar

Cualquier proyecto —artístico, profesional o científico— es como librar una guerra. Hay cierta lógica estratégica en la manera en que atacas un problema, das forma a tu trabajo, manejas la fricción y la discrepancia entre lo que quieres y lo que logras. Los directores o artistas suelen partir de grandes ideas, pero en la planeación se crean una camisa de fuerza tal, un guion por seguir y una forma en la cual caber tan rígidos, que el proceso pierde todo su placer; no queda nada por explorar en la creación misma, y el resultado final parece inanimado y decepcionante. Por otro lado, los artistas pueden partir de una idea vaga que parece promisoria, pero son demasiado perezosos o indisciplinados para darle estructura y forma. Crean tanto espacio y confusión que al final nada es coherente. La solución es planear, tener una idea clara de lo que quieres y luego ponerte en espacio abierto y darte opciones para trabajar. Esto significa no sobrecargarte de compromisos que limiten tus acciones. No adoptar posturas que no te lleven a ninguna parte. La necesidad de espacio es psicológica tanto como física: debes tener una mente libre de cadenas para poder crear algo valioso.

Ley cotidiana: Siempre busca el espacio abierto, nunca las posiciones muertas. Dirige la situación, pero deja espacio para las oportunidades inesperadas y los acontecimientos azarosos.

Las 33 estrategias de la guerra, Estrategia 20: Maniobra para debilitarlos.
La estrategia de dejar madurar para segar

28 de septiembre

•

Planea todo el camino hasta el final

*La causa más común de los errores humanos es temer demasiado el peligro presente
y no lo suficiente el peligro remoto.*
—Cardenal de Retz

Si supiésemos ver los peligros remotos —los que acechan a la distancia—, cuántos errores podrían evitarse. Cuántos planes abortaríamos si comprendiéramos que estamos evitando un peligro pequeño sólo para internarnos en uno mucho mayor. Gran parte del poder tiene que ver no con lo que uno hace, sino con lo que no hace: las acciones precipitadas y necias que evitamos para no meternos en problemas. Planea en detalle antes de actuar y no permitas que la vaguedad de tus planes te involucre en situaciones difíciles. Los finales tristes son mucho más frecuentes que los finales felices. No te dejes obnubilar por el final feliz que te pinta tu imaginación.

Ley cotidiana: Pregúntate sobre cada acción potencial: ¿esto tendrá consecuencias imprevistas? ¿Me crearé nuevos enemigos? ¿Alguien más sacará provecho de mi esfuerzo?

Las 48 leyes del poder, Ley n° 29: Planifica tus acciones de principio a fin

29 de septiembre

•

Asume lo informe

La consumación de formar un ejército es llegar a lo informe. La victoria en la guerra no es repetitiva, sino que adapta su forma interminablemente... Una fuerza militar no tiene una formación constante, el agua no tiene una forma constante: la habilidad para conseguir la victoria cambiando y adaptándose al oponente se llama genialidad.
—Sun Tzu

Todo en la vida depende de las circunstancias en las que te encuentres. Por eso la última ley de *Las 48 leyes del poder* es "Asume lo informe". La idea es que ser amorfo como el agua es la forma más elevada del poder y la estrategia. En ese capítulo contradigo todo mi libro y en esencia digo: no existe ninguna ley. Tienes que estar en el momento. Tienes que entender las circunstancias en las que te encuentras. Aprender a adaptarse a cada nueva circunstancia significa ver los eventos a través de tus propios ojos, y a menudo ignorar los consejos que la gente constantemente te da. Significa que en última instancia debes deshacerte de las leyes que otros predican, y de los libros que escriben para decirte qué hacer, y del sabio consejo de los ancianos. "Las leyes que gobiernan las circunstancias son abolidas por nuevas circunstancias", escribió Napoleón, lo que significa que te corresponde a ti evaluar cada nueva situación.

Ley cotidiana: Acepta el hecho de que nada es seguro y que ninguna ley o estrategia es fija. La mejor manera de protegerte es ser tan fluido y amorfo como el agua; nunca apuestes por la estabilidad o el orden duraderos. Todo cambia.

"Robert Greene: maestría e investigación", *Encontrando la maestría: conversaciones con Michael Gervais,* 25 de enero de 2017

30 de septiembre

•

No vayas más allá de la meta que te propusiste

La esencia de la estrategia radica en controlar el hecho siguiente, y la euforia de la victoria puede alterar la capacidad de controlar lo que se avecina de dos maneras diferentes: en primer lugar, tratarás de seguir avanzando en la misma dirección sin detenerte a ver si ésta es aún la dirección que más te conviene. Segundo, el éxito tiende a subírsete a la cabeza y volverte muy emocional. Al sentirte invulnerable, actúas de forma tan agresiva que terminas deshaciendo la victoria que has ganado. La lección es simple: los poderosos varían sus ritmos y pautas, cambian de curso, se adaptan a las circunstancias y aprenden a improvisar. En lugar de dejar que sus audaces pies los impulsen a seguir simplemente hacia delante, dan un paso atrás, se detienen y miran hacia dónde se dirigen. Es como si su flujo sanguíneo contuviese una especie de antídoto a la intoxicación de la victoria, lo cual les permite controlar sus emociones y detenerse cuando han logrado el éxito. Se tranquilizan, se dan el espacio para reflexionar sobre lo que ha sucedido, examinan el papel de las circunstancias y la suerte en su éxito. Como suelen decir en las escuelas de equitación: antes de poder dominar al caballo, hay que saber dominarse uno mismo.

Ley cotidiana: El momento de la victoria es con frecuencia el de mayor peligro. No permitas que el éxito se te suba a la cabeza. No hay sustituto para la estrategia y la planeación cuidadosa. Establece una meta, y cuando la hayas alcanzado, detente.

Las 48 leyes del poder, Ley n° 47: No vayas más allá de tu objetivo original;
al triunfar, aprende cuándo detenerte

Octubre

El yo emocional

ACEPTANDO NUESTRO LADO OSCURO

Durante miles de años nuestro destino ha sido en gran parte andar a tientas entre las sombras cuando se trata de entendernos a nosotros mismos y a nuestra propia naturaleza. Nos hemos dejado engañar por tantas ilusiones sobre el animal humano —imaginando que descendimos mágicamente de una fuente divina, de ángeles y no de primates. Hemos encontrado cualquier signo de nuestra naturaleza primitiva y nuestras raíces animales profundamente angustioso, algo para negar y reprimir. Hemos ocultado nuestros más oscuros impulsos con todo tipo de excusas y racionalizaciones, facilitándoles a algunas personas el salirse con la suya con los comportamientos más desagradables. Pero finalmente estamos en un punto donde podemos superar nuestra resistencia a la verdad sobre quién somos gracias al peso del conocimiento que hemos acumulado acerca de la naturaleza humana. El mes de octubre te ayudará a aceptar la naturaleza humana, a aceptar que hay patrones más allá de tu control, y a entender tus raíces primitivas para que no seas destruido por ellas.

A lo largo de varios años, luego de la publicación de *Las 48 leyes del poder*, recibí miles de correos electrónicos de lectores que acudían a mí con sus problemas. También fui contactado por cientos de personas que querían hacerme una consulta privada sobre sus problemas.

Después de mucha reflexión sobre estas experiencias y sobre mis propias experiencias con gente que conocí, llegué a la siguiente conclusión: los humanos tenemos un secretito sucio. Es un secreto que no tiene nada que ver con la vida sexual ni con las fantasías ni con nada tan excitante como eso. El secreto, más bien, es que todos nosotros, en algún grado, estamos sufriendo. Es un sufrimiento que no discutimos o ni siquiera comprendemos.

La fuente de este sufrimiento son las demás personas.

A lo que me refiero es a nuestras frecuentemente decepcionantes, superficiales e insatisfactorias relaciones con la gente. Esto viene en la forma de relaciones y conexiones que no son muy profundas entre nosotros y aquellos que consideramos nuestros amigos, lo que nos conduce a una gran soledad. Viene en la forma de malas elecciones para escoger colaboradores y socios, lo que conduce a todos esos conflictos y rompimientos complicados. Viene de que dejamos entrar en nuestra vida a algún narcisista tóxico, lo que conduce a todo tipo de traumas emocionales que puede tomar años superar, si es que alguna vez lo hacemos. Y también viene en la forma de nuestra incapacidad para persuadir, para mover a la gente, para influenciarla, para hacer que se interese en nuestras ideas, lo que genera sentimientos de frustración y enojo.

Somos animales profundamente sociales, y tener relaciones sociales disfuncionales nos acarrea toda clase de problemas. Nos provoca depresión. Nos lleva a tener pensamientos obsesivos recurrentes, a la incapacidad para concentrarnos en nuestro trabajo, a padecer desórdenes alimenticios o incluso enfermedades físicas como cardiopatías. Únicamente vemos la superficie del fenómeno: la soledad o la depresión o el padecimiento físico. No vemos la fuente subyacente. Y a veces ni siquiera somos conscientes de que sufrimos de soledad.

Y así, en 2012, cuando estaba escribiendo *Maestría*, decidí que lo que realmente quería hacer a continuación era escribir un libro que ayudara a la gente a lidiar con y a superar este sufrimiento tan profundo que yo sentía que tantos de mis lectores me estaban expresando. Pero yo no quería simplemente escribir el clásico estúpido libro de autoayuda que te lanza pequeñas fórmulas, frases tri-lladas sobre cómo convivir con la gente. Yo quería escribir un libro como siempre trato de hacerlo: uno que te llegue al interior, que cambie la manera que tienes de pensar el mundo, que se te meta bajo la piel y verdaderamente modifique tu perspectiva sobre la gente y el mundo.

Entonces, con ese "modesto" objetivo en mente, me pregunté, como siempre hago cuando escribo un libro: ¿cuál es la fuente de este sufrimiento, de este problema? La respuesta obvia es que generalmente somos muy malos observadores de la gente a nuestro alrededor. Somos malos oyentes. Estamos tan absorbidos por nuestros teléfonos inteligentes y nuestra tecnología. No prestamos atención. Y cuando prestamos atención, proyectamos en la gente nuestras propias emociones, nuestros propios deseos. O nos apresuramos a juzgarla y categorizarla: esa persona es buena, ésa es mala; esa persona es agradable, ésa no.

Al ver sólo una pequeña parte de quién es la gente, naturalmente la malinterpretamos y la juzgamos mal, lo que conduce a todo tipo de problemas, a malas decisiones, a malas estrategias.

Por tanto, si ésa es la fuente de nuestro problema, la solución es simplemente que todos nos volvamos mejores observadores y oyentes, que es lo que dicen muchos de los libros de autoayuda que tratan del problema. Pero yo hallaba esa respuesta sumamente insatisfactoria. No era allí donde yo quería comenzar.

Reflexioné seriamente y decidí que quería hacer otra pregunta: ¿hay momentos en nuestra vida en los que realmente nos sentimos de otro modo? ¿En los que verdaderamente estamos prestando atención a la gente? ¿En los que efectivamente la observamos? Y dije sí, sí los hay.

Primero, cuando somos niños. Los niños son maestros observadores de la gente. Están muy sintonizados con las emociones y el ánimo de sus padres —su supervivencia depende de ello. Los artistas de la estafa odian a los niños porque ellos pueden ver a través de su falsedad. Todos éramos grandes observadores cuando éramos niños. Después, cuando viajamos a un país extranjero y todo es exótico y raro, nuestros sentidos se agudizan. Prestamos atención a la gente. Parece tan distinta: queremos entenderla. También cuando empezamos en un nuevo empleo y estamos un poco nerviosos: prestamos atención a todas las pequeñas dinámicas de poder que están en juego. Obviamente, cuando nos enamoramos estamos extremadamente atentos a la otra persona: identificamos cada pequeña señal y cada detalle que emite sobre si le gustamos o no, sobre quién es, sobre cómo es su carácter. Y finalmente, por más extraño que parezca, cuando leemos una buena novela o vemos una gran película: quedamos fascinados por los personajes que alguien ha creado y queremos entrar a su mundo.

¿Qué tienen en común todas estas experiencias? En esos momentos, nuestro deseo está involucrado. Estamos entusiasmados. Estamos curiosos. Sentimos la necesidad de prestar atención a la gente. Nuestra supervivencia podría depender de ello. Y cuando estamos entusiasmados y curiosos y sentimos la necesidad, de pronto nuestros ojos cobran vida. Y en ese momento nuestro ego se reduce. Salimos de nosotros mismos y entramos al mundo de las demás personas.

Normalmente no nos sentimos de ese modo. En realidad, tenemos poco interés por la gente que nos rodea. Odio decirlo, pero es verdad. La gente con la que tratamos todos los días nos resulta demasiado familiar. No nos parece emocionante. Sentimos que nuestros propios pensamientos y nuestro propio mundo son más interesantes que los de ellos. Tenemos nuestras propias necesidades y nuestros propios problemas con los que debemos lidiar.

Entonces decidí: ¿y si pudiera escribir un libro que te llevara de regreso a la posición que tenías en esos momentos? ¿Y si pudiera hacerte sentir otra vez como un niño? ¿Y si pudiera hacerte sentir como en esos momentos cuando estabas enamorado o cuando viajaste a un país extranjero o cuando estabas entusiasmado y curioso y de verdad querías explorar la mente de la gente a tu alrededor?

Eso cambiaría todo. No tendrías que imaginar que de repente eres un mejor oyente u observador. Te convertirías en un mejor oyente y observador.

Pero ¿cómo podría crear esa clase de magia? Llevándote como lector y guiándote hacia las profundidades del mundo interior de la gente que te rodea. Haciéndote ver cuáles son sus fantasías, cómo son sus vidas desde dentro.

Mi argumento es que las personas con las que tratas son mucho más interesantes y complicadas y raras de lo que imaginas. Crees que tienes que viajar a alguna región extranjera como Bali o ver alguna película interesante para encontrar interesante a la gente. No, el dependiente de la farmacia, o quien sea, en realidad tiene una vida interior rica y verdaderamente profunda.

Entonces, ¿cómo voy a ser capaz de lograr esto? ¿Cómo voy a hacer que entiendas a la gente en lugar de que los dejes causarte sufrimiento?

Sumergiéndote en el estudio de la naturaleza humana. Y como dije, modificaré desde dentro la manera en que percibes a la gente. Y una vez que te lleve allí, nunca más querrás regresar al lugar donde estabas antes.

1 de octubre

•

La ley primordial de la naturaleza humana

Comencemos con la ley primordial de la naturaleza humana. Si yo tuviera que decir cuál es la ley primordial de la naturaleza humana, diría que es negar que tenemos una naturaleza humana, negar que estamos sujetos a esas fuerzas. Pensamos: no soy irracional, no soy agresivo, no siento envidia, no soy narcisista. Siempre son los otros. Los republicanos, los espartanos, lo etíopes: ellos son los irracionales y agresivos. ¿Yo? No. La verdad es que todos evolucionamos a partir del mismo origen, del mismo pequeño grupo de personas. Nuestros cerebros son básicamente iguales. Estamos configurados de la misma manera. Emocionalmente experimentamos el mundo de la misma forma en que los cazadores recolectores lo experimentaban. Muy poco ha cambiado en ese sentido. Así que, si todos provenimos del mismo origen, ¿por qué habría de ser que sólo una pequeña cantidad de gente es agresiva e irracional? Todos somos iguales.

Ley cotidiana: Acepta la naturaleza que compartes con los demás. Deja de separarte como si fueras especial o superior.

"Las leyes de la naturaleza humana: una entrevista con Robert Greene", dailystoic.com, 23 de octubre de 2018

2 de octubre
•

No hay nada más fuerte que la naturaleza humana

Un hombre será mejor solamente cuando le hagas ver cómo es en realidad.
—ANTÓN CHÉJOV

Quizá te sientas tentado a imaginar que estos conocimientos son algo anticuados. Después de todo, podrías razonar, somos ya muy sofisticados y estamos muy avanzados en términos tecnológicos; somos muy progresistas e ilustrados; hemos llegado más allá de nuestras raíces primitivas; estamos en proceso de reescribir la naturaleza humana. Pero lo cierto es lo contrario: nunca antes habíamos estado tan esclavizados a nuestra naturaleza y su potencial destructivo. Y si ignoramos este hecho, jugamos con fuego. Mira cómo la permeabilidad de nuestras emociones se ha agudizado con las redes sociales, donde los efectos virales arrasan con nosotros una y otra vez, y donde los líderes más manipuladores son capaces de explotarnos y controlarnos. Ve la agresividad que se exhibe abiertamente en el mundo virtual, en el que resulta muy fácil poner en juego nuestros lados sombríos sin repercusión alguna. Nota cómo la propensión a compararnos con los demás, a sentir envidia y buscar prestigio mediante la atención se ha intensificado con la capacidad para comunicarnos tan rápido con tantas personas. Y por último, considera nuestras tendencias tribales y cómo han hallado el medio perfecto donde operar; podemos encontrar un grupo con el cual identificarnos, afianzar nuestras opiniones tribales en una cámara virtual de resonancia y satanizar a los ajenos, lo que conduce a la intimidación colectiva. El potencial de caos que se deriva del lado primitivo de nuestra naturaleza no ha hecho más que aumentar. Esto tiene una explicación muy simple: la naturaleza humana es más fuerte que cualquier individuo, institución o invento tecnológico. Al final determina lo que creamos, con objeto de reflejarse en ello junto con sus raíces primitivas. Nos mueve a su antojo como peones. Ignora esas leyes bajo tu cuenta y riesgo.

Ley cotidiana: Rehusarte a aceptar tu naturaleza humana significa simplemente que te estás condenando tú mismo a patrones que están más allá de tu control y a sentimientos de confusión y desamparo.

Las leyes de la naturaleza humana, Introducción

3 de octubre

•

La Atenea interior

En la concepción de Pericles, la mente humana debe adorar algo, tiene que dirigir su atención a algo que valore sobre todo lo demás. Para la mayoría, tal cosa es su ego; para otros, su familia, clan, dios o nación. Para Pericles era el *nous*, vocablo del griego antiguo que significa *mente* o *inteligencia*. El *nous* es una fuerza que permea al universo y crea orden y sentido. Por naturaleza, la mente humana se siente atraída a ese orden; ésta es la fuente de nuestra inteligencia. El *nous* que Pericles adoraba se encarnaba en la figura de la diosa Atenea. Ella nació literalmente de la cabeza de Zeus, como lo revela su nombre, una combinación de *dios* (*theos*) y *mente* (*nous*). Pero acabó por representar una forma de *nous* muy particular, eminentemente práctica, femenina y terrenal. Ella es la voz que llega hasta los héroes en momentos de necesidad, les infunde un espíritu sereno, orienta su mente a la idea indicada hacia la victoria y el éxito, y les da la energía precisa para lograrlos. En esencia, Atenea representaba la racionalidad, el mayor don de los dioses a los mortales, porque sólo ella podía lograr que un ser humano actuara con sabiduría divina. La voz de Atenea representa sencillamente un poder superior que llevas dentro, un potencial que quizás hayas sentido en momentos de serenidad y concentración, la idea perfecta que se te ocurre luego de mucho pensar. En el presente no estás en contacto con ese poder superior porque tu mente está agobiada por tus emociones.

Ley cotidiana: Cultiva tu Atenea interior y venérala. La racionalidad es lo que más valorarás y lo que te servirá de guía.

Las leyes de la naturaleza humana, 1: Domina tu lado emocional.
La ley de la irracionalidad

4 de octubre

•

Analiza, escruta, cuestiona

Es como si un segundo yo estuviera detrás del primero; éste es sensato y racional,
pero el otro se siente impulsado a hacer algo descabellado, muy gracioso
en ocasiones; repentinamente notas que deseas hacer esa cosa divertida,
Dios sabe por qué; quieres hacerla, por así decirlo, contra tu voluntad;
aunque la combatas con todas tus fuerzas, la deseas.
—FIÓDOR DOSTOIEVSKI, *EL ADOLESCENTE*

Para cultivar a su Atenea interior, Pericles tuvo que buscar primero la manera de dominar sus emociones. Éstas nos dirigen a la introspección, lejos del *nous*, lejos de la realidad. Nos demoramos en la cólera y nuestras inseguridades. Si miramos el mundo e intentamos resolver problemas, vemos las cosas a través del cristal de esas emociones; ellas nublan nuestra visión. Pericles aprendió a no reaccionar nunca en el momento, no tomar jamás una decisión mientras estuviera bajo la influencia de una emoción fuerte. En cambio, analizaba sus sentimientos. Usualmente, cuando examinaba con atención sus inseguridades o su ira, veía que no se justificaban y perdían importancia bajo su escrutinio. A veces tenía que alejarse físicamente de la acalorada asamblea y retirarse a su casa, donde permanecía solo durante días sin fin para calmarse. Poco a poco, la voz de Atenea llegaba hasta él.

Ley cotidiana: Observa aquellas emociones que continuamente están infectando tus ideas y decisiones. Aprende a cuestionarte: ¿por qué esta ira o resentimiento? ¿De dónde viene esta incesante necesidad de recibir atención?

Las leyes de la naturaleza humana, 1: Domina tu lado emocional.
La ley de la irracionalidad

5 de octubre

•

No permitas que el éxito te intoxique

Los seres humanos padecemos una debilidad latente que nos sumergirá en un proceso delirante sin que estemos al tanto siquiera de la dinámica. Esa debilidad proviene de la tendencia natural a sobreestimar nuestras habilidades. Es común que nuestra opinión de nosotros mismos no tenga proporción con la realidad. Necesitamos sentirnos superiores a los demás en algo: inteligencia, belleza, simpatía, popularidad o santidad. Esto puede ser algo positivo. Cierto grado de seguridad nos impulsa a enfrentar retos, rebasar nuestros límites y aprender entretanto. Pero una vez que experimentamos éxito en cualquier nivel —más atención de un individuo o grupo, un ascenso, financiamiento para un proyecto—, esa seguridad aumentará muy rápido y creará una creciente discrepancia entre nuestra opinión de nosotros mismos y la realidad.

Ley cotidiana: Después de cualquier tipo de éxito, analiza los componentes. Observa el elemento de suerte que inevitablemente está allí, así como el rol que las demás personas, incluyendo tus mentores, jugaron en tu buena fortuna.

Las leyes de la naturaleza humana, 11: Conoce tus límites. La ley de la presunción

6 de octubre

•

Asómate a tu propia naturaleza

Somos muy complicados. No sabemos de dónde vienen las ideas. No sabemos de dónde vienen nuestras emociones. Pero puedes acercarte a eso. Puedes tener un cierto nivel de claridad. Puedes empezar a percibir esa especie de lado umbrío o a ese extraño interior. Y ésa es realmente la única esperanza, porque cuando estás en negación, no te das cuenta de que estás siendo narcisista, de que estás siendo gobernado por tus emociones. Podrías pensar que eres superior a otras personas sólo por la opinión que tienes. Puedes dejar salir tu lado umbrío sin que ni siquiera seas consciente de ello. Necesitas aceptar el hecho de que 95 por ciento de tus ideas y opiniones no son tuyas —provienen de otras personas que te han enseñado, de lo que has leído en internet, de lo que otros dicen o hacen. Tú eres un conformista —eso es quien eres. Yo soy así y todos son así y únicamente te darás cuenta de ello si arrojas un poco de luz sobre ti mismo y comprendes que estas cualidades, estas fallas que están construidas dentro de nosotros, también están dentro de ti. Sólo entonces podrás empezar a superarlas y a utilizarlas con propósitos productivos. Cuestiona, cuestiona, cuestiona. No supongas que la razón por la que sientes algo es correcta, ni que eso está bien sólo porque tú lo sientes. Y en ese proceso te volverás racional, te convertirás en alguien que puede utilizar la empatía, tendrás la habilidad para juzgar apropiadamente a las personas y aceptarlas por quienes son, en lugar de estar continuamente moralizando y deseando que sean alguien que no son. Tendrás un paso mucho más tranquilo por la vida, serás más sereno y pacífico sin toda esa carga emocional que te agobia. Pero todo comienza cuando te asomas a tu interior y te cuestionas y no supone que todo lo que sientes o piensas es correcto.

Ley cotidiana: Pregúntate: "¿Dónde aprendí esta creencia?", "¿Es verdad?", "¿Estaría de acuerdo con ella si la escuchara hoy por primera vez?".

"'Deja de suponer que todo lo que sientes o piensas es correcto'.
Una entrevista con Robert Greene", *Quillette*, 1 de enero de 2019

7 de octubre

•

Racionalidad: una definición simple

Es obvio que las palabras *racional* e *irracional* pueden estar muy cargadas de sentido. La gente tilda siempre de "irracionales" a quienes discrepan de ella. Necesitamos una definición sencilla que pueda aplicarse a juzgar, lo más atinadamente posible, la diferencia entre esos términos. Éste podría ser nuestro termómetro: las emociones que sentimos todo el tiempo contagian nuestro pensamiento y nos hacen adoptar ideas que nos agradan y satisfacen nuestro ego. Es imposible que nuestras inclinaciones y sensaciones no se involucren en lo que pensamos. Las personas racionales están conscientes de esto y mediante la introspección y el esfuerzo son relativamente capaces de sacar las emociones de su pensamiento y contrarrestar su efecto. Las personas irracionales no tienen conciencia de ello; se precipitan a actuar sin considerar las ramificaciones y consecuencias. En todos los casos, el grado de conciencia representa la diferencia. Las personas racionales admiten con facilidad sus tendencias irracionales y la necesidad de estar alerta. Las irracionales se alteran cuando alguien objeta las raíces emocionales de sus decisiones. Son incapaces de introspección y aprendizaje. Sus errores las hacen ponerse cada vez más a la defensiva.

Ley cotidiana: ¿Cómo te clasificarías en esta escala?

Las leyes de la naturaleza humana, 1: Domina tu lado emocional.
La ley de la irracionalidad

8 de octubre

•

La locura de los grupos

La locura es rara en los individuos, pero en grupos, partidos,
pueblos y eras es la regla.
—Friedrich Nietzsche

Si como individuos tuviéramos un plan visiblemente ridículo, otros nos alertarían y nos harían volver a la tierra, pero en un grupo sucede lo contrario: todos parecen validar el proyecto, por delirante que sea (como invadir Irak y esperar ser recibidos como libertadores), y no hay extraños que nos salpiquen con un poco de agua fría. Siempre que te sientas demasiado seguro y entusiasmado con un plan o idea, retrocede y evalúa si se trata de un efecto viral grupal que opera en ti. Si puedes apartarte un momento de tu entusiasmo, quizá notes que tu pensamiento acostumbra racionalizar tus emociones, para confirmar la certidumbre que *quieres* sentir.

Ley cotidiana: Nunca renuncies a tu habilidad para dudar, reflexionar y considerar otras opciones —tu racionalidad como individuo es tu única protección contra la locura que puede dominar a un grupo.

Las leyes de la naturaleza humana, 14: Resiste la influencia degradante del grupo

9 de octubre
•

El poder de la asociación

El ser humano es en extremo susceptible a los humores, a las emociones e incluso a la forma de pensar de aquellas personas con las que comparte su tiempo. Los individuos desdichados y desequilibrados sin remedio tienen una capacidad particularmente grande para contagiarnos su toxicidad, gracias a la extrema intensidad de sus caracteres y emociones. A menudo se presentan como víctimas, lo cual, a primera vista, torna difícil comprender que sus desgracias son autogeneradas. Antes de que uno pueda darse cuenta de la verdadera naturaleza de sus problemas, ya ha sido contagiado por ellos. Es necesario que comprendas lo siguiente: en el juego del poder es de importancia crucial verificar con qué tipo de gente te asocias. El riesgo de interactuar con personas contagiosas reside en que desperdiciarás un tiempo valioso y mucha energía para liberarte de esa influencia negativa. Y, gracias a una especie de culpa por asociación, también perderás valor ante los ojos de los demás.

Ley cotidiana: Ten cuidado del poder que tienen sobre ti las personas con las que te asocias.

Las 48 leyes del poder, Ley nº 10: Peligro de contagio: evita a los perdedores
y los desdichados

10 de octubre

•

Piensa por ti mismo

Los seres humanos tendemos a ser animales increíblemente convencionales. Tomamos ideas de nuestros padres, de nuestra escuela, de la gente que nos rodea. Y eso se convierte en la forma en que pensamos sobre todas las cosas en el mundo. Dejamos de pensar por nosotros mismos, y con las redes sociales esto se ha vuelto mucho peor. Tenemos miedo de pensar por nosotros mismos. El clásico ejemplo de esta cobardía en el pensamiento proviene de los académicos —esos que supuestamente son los pensadores más brillantes de todos— muchos de los cuales han sido ampliamente adoctrinados en una manera particular de ver el mundo, llena de jerga y ortodoxia. Ellos nunca pueden salir de allí —todo lo que escriben, todo lo que ven, en todo lo que piensan es en esa pequeña burbuja que les han inculcado en su educación académica. Tú tienes que ser valiente. Tienes que ser capaz de deshacerte de todo aquello en lo que has creído. Tienes que deshacerte de todas las estrategias que has utilizado. De todas las ideas convencionales.

Mandamiento: Necesitas pensar por ti mismo y no estar atado a lo que otras personas te han dicho que es la realidad.

Robert Greene Official, "Irrationality 2020", YouTube, 29 de agosto de 2020

11 de octubre

•

Ten cuidado con el frágil ego

De todas las emociones humanas, ninguna es más engañosa o elusiva que la envidia, la sensación de que otros tienen lo que nosotros queremos: posesiones, atención, respeto. Pero aunque merecemos tenerlo, nos sentimos incapaces de conseguirlo. Sin embargo, paradójicamente, la envidia implica admitir que somos inferiores a otro en algo que valoramos. Admitir esta inferioridad es doloroso, pero es peor todavía que los demás se den cuenta de lo que sentimos. Así, casi tan pronto como experimentamos las primeras punzadas de la envidia, nos sentimos motivados a encubrirlas; lo que sentimos no es envidia, sino los efectos de la injusta distribución de los bienes o la atención, rencor por esta injusticia, e incluso enojo. La subyacente sensación de inferioridad es demasiado fuerte y conduce a una hostilidad que no puede desahogarse con un comentario o humillación. Guardarse mucho tiempo la envidia puede ser frustrante y doloroso. Sentir una justa indignación contra la persona envidiada, en cambio, es tonificante. Actuar por envidia, hacer algo que lastime al otro, produce satisfacción, aunque sólo por un tiempo muy breve, porque los envidiosos siempre encuentran algo nuevo que envidiar.

Ley cotidiana: La envidia es quizá la más fea de las emociones humanas. Destrúyela antes de que ella te destruya a ti. Desarrolla tu sentido de autoestima a partir de estándares internos y no de incesantes comparaciones.

Las 48 leyes del poder, Ley n° 10: Peligro de contagio: evita a los perdedores y los desdichados

12 de octubre
•

Ve las cosas como son,
no como tus emociones las colorean

Debes ver tus reacciones emocionales a los hechos como una especie de enfermedad por curar. El temor te hará sobreestimar al enemigo y actuar demasiado a la defensiva. El enojo y la impaciencia te empujarán a acciones precipitadas que reducirán tus opciones. El exceso de confianza, particularmente como resultado del éxito, te obligará a ir demasiado lejos. El amor y el afecto te cegarán ante las insidiosas maniobras de quienes aparentemente están de tu lado. Aun las más sutiles gradaciones de estas emociones podrían colorear tu manera de ver los hechos. El único remedio es estar consciente de que el brote de la emoción es inevitable, notarlo cuando aparezca y compensarlo. Cuando tengas éxito, sé extremadamente precavido. Cuando te enojes, no emprendas ninguna acción. Cuando tengas miedo, recuerda que exagerarás los peligros que enfrentes.

Ley cotidiana: La vida exige el máximo realismo, ver las cosas como son. Entre más puedas limitar o compensar tus respuestas emocionales, más te acercarás a este ideal.

Las 33 estrategias de la guerra, Prefacio

13 de octubre

•

Cambia tus circunstancias cambiando tu actitud

El mayor descubrimiento de mi generación es el hecho de que los seres humanos
pueden cambiar su vida si cambian su actitud.
—WILLIAM JAMES

Imaginemos el escenario siguiente: un joven estadunidense debe pasar un año estudiando en París. Tímido y cauteloso, propenso a la depresión y la baja autoestima, esa oportunidad le entusiasma. Una vez ahí, se le dificulta hablar el idioma, y tanto sus errores como el ligero desdén de los parisinos complican más todavía su aprendizaje. Descubre que la gente no es del todo amigable. El clima es húmedo y nublado, la comida demasiado condimentada. Incluso la catedral de Notre Dame le decepciona, con tantos turistas a su alrededor. Aunque tiene momentos placenteros, se siente apartado e infeliz. Concluye que París está sobrevalorada y que es más bien un lugar desagradable. Imaginemos ahora el mismo escenario con una joven extrovertida y de espíritu aventurero. No le molesta cometer errores en francés, ni el ocasional comentario sarcástico de un parisino. Aprender el idioma le resulta un reto interesante. Este espíritu cautiva a quienes la tratan. Hace amigos con facilidad y, gracias a eso, su conocimiento del francés mejora. El clima le parece romántico y muy adecuado para el lugar. La ciudad representa para ella interminables aventuras y la encuentra encantadora. En este caso, dos personas ven y juzgan la misma ciudad de manera opuesta. El mundo existe simplemente como es; las cosas o hechos no son buenos ni malos, correctos ni incorrectos, feos ni hermosos. Es nuestra perspectiva particular la que les da o les quita color a las cosas y las personas. Nos fijamos en la bella arquitectura gótica o en los fastidiosos turistas.

Ley cotidiana: Nosotros, con nuestra actitud, podemos hacer que la gente nos responda de una forma amistosa o agresiva, dependiendo de nuestra ansiedad o nuestra apertura. Nosotros le damos forma a una buena parte de la realidad que percibimos, según sean nuestro ánimo y nuestras emociones.

Las leyes de la naturaleza humana, 8: Cambia tus circunstancias, cambia de actitud. La ley del autosabotaje

14 de octubre

•

Confronta tu lado oscuro

Has creado un personaje público que acentúa tus fortalezas y oculta tus debili-dades. Como él, has reprimido los rasgos sociales menos aceptados que por na-turaleza tenías de niño. Te volviste gentil y agradable. E igual que él, tienes un lado oscuro que te resistes a admitir o examinar. Ese lado contiene tus más pro-fundas inseguridades, tus deseos ocultos de lastimar a la gente (incluso a la más cercana a ti), tus fantasías de venganza, tus sospechas de los demás, tu sed de atención y poder. Este lado oscuro frecuenta tus sueños. Emana de ti en mo-mentos de inexplicable depresión, inusual ansiedad, ánimo quisquilloso, súbi-ta indefensión y pensamientos suspicaces. Emerge en comentarios espontáneos que más tarde lamentas. En ocasiones, lleva incluso a un comportamiento des-tructivo. Culpas a las circunstancias o a otras personas de esos estados de áni-mo y tal conducta, pese a lo cual no cesan de repetirse, porque desconoces su fuente. Tu depresión y angustia se deben a tu falta de autenticidad, a que siem-pre desempeñas un papel. Hace falta mucha energía para mantener a raya ese lado oscuro, aunque a veces la conducta desagradable semeja ser una forma de liberar la tensión interior.

Ley cotidiana: Reconoce y examina el lado oscuro de tu carácter. Una vez sometido al escrutinio consciente, perderá su poder destructivo.

Las leyes de la naturaleza humana, 9. Enfrenta tu lado oscuro.
La ley de la represión

15 de octubre
•

Crea un espacio mental apartado del grupo

Si nos examináramos más de cerca y con sinceridad, tendríamos que admitir que tan pronto como entramos en nuestro espacio de trabajo o en cualquier grupo, sufrimos un cambio. Pasamos con facilidad a modos de pensamiento y conducta primitivos, sin darnos cuenta. En compañía de otros, tendemos naturalmente a sentirnos inseguros sobre lo que piensan de nosotros. Nos sentimos presionados a encajar, y para hacerlo empezamos a ajustar nuestros pensamientos y creencias a las ortodoxias del grupo. Imitamos de modo inconsciente a los demás integrantes del grupo, en apariencias, expresiones verbales e ideas. Tendemos a preocuparnos mucho por nuestro lugar y posición en la jerarquía: "¿Obtengo tanto respeto como mis colegas?". Ésta es la parte primate de nuestra naturaleza, pues compartimos esta obsesión por la categoría con nuestros parientes chimpancés. Dependiendo de los patrones de nuestra infancia temprana, en el contexto grupal somos más pasivos o agresivos que de costumbre, lo que revela los lados menos desarrollados de nuestro carácter. Para resistir esta fuerza descendente que los grupos ejercen inevitablemente sobre nosotros, debemos llevar a cabo un *experimento con la naturaleza humana*, con una meta muy sencilla en mente: desarrollar la capacidad para distanciarnos del grupo y crear un espacio mental que permita un verdadero pensamiento independiente. Comenzamos este experimento con la aceptación de la realidad del poderoso efecto que el grupo ejerce sobre nosotros.

Ley cotidiana: Sé brutalmente honesto contigo mismo para darte cuenta de cómo tu necesidad de encajar puede moldear y deformar tu pensamiento. ¿La ansiedad o el sentimiento de indignación que experimentamos proviene completamente desde dentro de ti, o está inspirado por el grupo?

Las leyes de la naturaleza humana, 14: Resiste la influencia degradante del grupo. La ley de la conformidad

16 de octubre

•

Pon a prueba la envidia

La raíz latina de envidia, *invidia*, significa "entrever, sondear con los ojos como si fueran una daga". El significado original de la palabra se asociaba con el "mal de ojo", la creencia de que una mirada puede transmitirle a alguien una maldición y daño físico. Los ojos son, en efecto, un indicio muy revelador, pero la microexpresión envidiosa afecta al rostro en su totalidad. El filósofo alemán Arthur Schopenhauer ideó una forma rápida de provocar esas miradas en busca de pruebas de envidia. Dale a un sospechoso de envidia una buena noticia sobre ti: un ascenso, un nuevo y emocionante interés sentimental, un contrato para un libro. Notarás una muy veloz expresión de desconcierto. Su tono de voz cuando te felicite delatará tensión y esfuerzo. De igual forma, cuéntale alguna desgracia tuya y nota la incontrolable microexpresión de júbilo por tu dolor, lo que se conoce comúnmente como *Schadenfreude*. Sus ojos se iluminarán un segundo. Las personas envidiosas no pueden evitar sentir alegría cuando se enteran de la mala suerte de aquellos que envidian.

Ley cotidiana: Si ves tales miradas en los primeros encuentros con alguien, y éstas ocurren más de una vez, mantente vigilante ante un peligroso envidioso entrando a tu vida.

Las leyes de la naturaleza humana, 10: Guárdate del ego frágil. La ley de la envidia

17 de octubre

•

Asómate al espíritu de los tiempos

Debes cambiar tu actitud hacia tu generación. Nos gusta imaginarnos autónomos y que nuestros valores e ideas proceden de dentro, no de fuera, cuando no es así. Tu meta debe ser comprender lo mejor posible la enorme influencia que el espíritu de tu generación y el momento en que vives ejercen en tu forma de percibir el mundo. Considérate un arqueólogo que cava en su pasado y el de su generación en busca de artefactos, de observaciones que puedas unir para formar una imagen del espíritu subyacente. Cuando examines tus recuerdos, hazlo con cierta distancia, aun si rememoras tus emociones del momento. Sorpréndete en el inevitable proceso de emitir juicios sobre lo bueno y lo malo de tu generación o la siguiente, y libérate de ellos. Desarrollarás esta habilidad con la práctica. La forja de esa actitud cumplirá un papel clave en tu desarrollo.

Ley cotidiana: Con un poco de distancia y conciencia, tú puedes convertirte en algo más que un seguidor de o un rebelde contra tu propia generación; puedes moldear tu propia relación con el *Zeitgeist* y convertirte en un formidable creador de tendencia.

Las leyes de la naturaleza humana, 17: Aprovecha el momento histórico.
La ley de la miopía generacional

18 de octubre

•

Piensa como un escritor

La familia de Anton Chéjov era pobre y numerosa, y su padre alcohólico golpeaba sin piedad a todos sus hijos, incluido él. Chéjov se hizo médico y adoptó la creación literaria como ocupación extra. Aplicó su formación médica al animal humano, con la meta de entender lo que nos vuelve tan irracionales, infelices y peligrosos. En sus cuentos y obras de teatro hallaba sumamente terapéutico entrar en sus personajes y dotar de sentido aun a los peores entre ellos. Así pudo perdonar a todos a su alrededor, incluso a su padre. Su método era imaginar que cada persona, por retorcida que fuese, tenía una razón para haber terminado como estaba, una lógica que le daba sentido. A su modo, esas personas buscaban realizarse, aunque de forma irracional. Cuando daba un paso atrás e imaginaba su historia desde dentro, Chéjov desmitificaba a los brutos y los agresores, los reducía a su estatura humana. Ya no le provocaban odio sino piedad.

Ley cotidiana: Piensa más como un escritor al acercarte a las personas con las que tratas, incluso las de la peor clase.

Las leyes de la naturaleza humana, 1: Domina tu lado emocional.
La ley de la irracionalidad

19 de octubre

•

Acepta a la gente como un hecho

Aunque las interacciones con los demás son la principal fuente de confusión emocional, no tiene por qué ser así. El problema es que los juzgamos a toda hora, deseamos que sean lo que no son. Queremos que cambien. Deseamos que piensen y actúen de cierta manera, muy a menudo como nosotros. Y como esto no es posible, al ser cada persona distinta, nos sentimos desilusionados y molestos. Ve a los demás como fenómenos físicos, tan neutrales como los cometas o las plantas. Simplemente existen. Se presentan en todas las variedades, y eso vuelve la vida rica e interesante. Trabaja con lo que ellos te dan en lugar de resistirte e intentar que cambien. Haz del acto de comprenderlos un juego divertido, como resolver adivinanzas. Todo esto forma parte de la comedia humana. Sí, las personas son irracionales, pero tú también. Vuelve tu aceptación de nuestra naturaleza tan radical como puedas. Esto te tranquilizará y te ayudará a observar a la gente de forma más desapasionada, a entenderla en un nivel más profundo. Dejarás de proyectar tus emociones en los demás. Todo esto te dará más equilibrio y serenidad, más espacio mental para pensar.

Ley cotidiana: Examina los defectos que ves en los demás y cómo también están en ti.

Las leyes de la naturaleza humana, 1: Domina tu lado emocional.
La ley de la irracionalidad

20 de octubre
•

Observa más allá del momento

Los seres humanos tendemos a vivir en el momento. Ésta es la parte animal de nuestra naturaleza. Reaccionamos antes que nada a lo que vemos y oímos, a lo más dramático en un suceso. Pero no somos meros animales atados al presente. La realidad humana también abarca el pasado: cada suceso guarda relación con algo que sucedió antes en una larga cadena de causalidad histórica. Cada problema presente tiene profundas raíces en el pasado. Y también llega al futuro: todo lo que hacemos tiene consecuencias que se extenderán a los años por venir. Cuando limitamos nuestro pensamiento a lo que nos ofrecen los sentidos, a lo inmediato, descendemos al nivel animal, donde nuestras facultades racionales son neutralizadas. Dejamos de saber por qué o cómo ocurren las cosas. Imaginamos que un plan exitoso que ha durado varios meses sólo puede mejorar. No pensamos en las consecuencias de lo que echamos a andar. Reaccionamos a lo que se da en el momento, con base únicamente en una reducida pieza del rompecabezas. Vendedores y demagogos explotan esta debilidad de nuestra naturaleza para engañarnos con la perspectiva de ganancias fáciles y una gratificación instantánea. El único antídoto a la mano es que aprendamos a distanciarnos de la urgencia inmediata de los hechos y a elevar nuestra perspectiva.

Ley cotidiana: En lugar de simplemente reaccionar, da un paso atrás y observa el contexto más amplio. Considera las ramificaciones de cualquier acción que decidas hacer. Date cuenta de que a menudo es mejor no hacer nada, no reaccionar, dejar que pase el tiempo para ver qué revela.

Las leyes de la naturaleza humana, 6: Eleva tus perspectivas.
La ley de la cortedad de miras

21 de octubre

•

Reconoce tus impulsos agresivos

Los hombres no son criaturas gentiles y amables, deseosas de amor y que simplemente se defienden si se les ataca. [...] Un poderoso deseo de hostilidad tiene que reconocerse como parte de su [...] don.
—SIGMUND FREUD

Esto significa lo siguiente: todos sabemos que los seres humanos hemos sido capaces de albergar un alto grado de violencia y agresividad en el pasado y el presente. Sabemos que en el mundo hay criminales siniestros, personas de negocios codiciosas e inescrupulosas, negociadores belicosos y agresores sexuales. Pero trazamos una marcada línea divisoria entre esos especímenes y nosotros. Nos resistimos a aceptar cualquier clase de espectro o *continuum* en relación con nuestros momentos de agresividad y los de la variedad extrema en otros. De hecho, definimos la palabra en una forma que describe las manifestaciones más fuertes de violencia, que nos excluyen. Siempre son los otros los belicosos, los que comienzan, los agresivos. Ésta es una idea muy equivocada de la naturaleza humana. La agresividad es una tendencia latente en cada individuo. Es una tendencia innata en nuestra especie. Nos convertimos en el animal preeminente de este planeta justo en razón de nuestra energía agresiva, complementada por la inteligencia y la astucia. No podemos separar esa agresividad del modo en que atacamos los problemas, alteramos el medio ambiente para facilitarnos la existencia, combatimos la injusticia o creamos cualquier cosa a gran escala.

Ley cotidiana: Busca señales de tus propios impulsos agresivos en acciones pasadas: cómo te condujeron a fricciones o al éxito.

Las leyes de la naturaleza humana, 16: Ve la hostilidad detrás de la apariencia amable. La ley de la agresividad

22 de octubre

•

Perdido en las trivialidades

La complejidad de tu trabajo te abruma. Sientes la necesidad de estar al tanto de todos los detalles y las tendencias mundiales para controlar mejor las cosas, pero te ahogas en información. Es difícil ver el bosque proverbial a través de las hojas. Esto es señal segura de que has perdido la noción de tus prioridades: cuáles son las cosas importantes, qué problemas o detalles requieren más atención. Necesitas un sistema de filtración mental basado en una escala de prioridades y en tus metas a largo plazo. Saber qué persigues te ayudará a distinguir lo esencial de lo no esencial. No es preciso que conozcas todos los detalles. En ocasiones debes delegar: permitir que tus subordinados se ocupen de recopilar información.

Ley cotidiana: Recuerda que un mayor control sobre los acontecimientos vendrá de las evaluaciones realistas que hagas de la situación, precisamente lo que se vuelve más difícil para un cerebro hundido en las trivialidades.

Las leyes de la naturaleza humana, 6: Eleva tus perspectivas.
La ley de la cortedad de miras

23 de octubre

•

El yo perdido

Tu tarea es deshacerte de la rigidez que se apodera de ti cuando te identificas en exceso con el rol de género esperado. El poder reside en explorar ese rango medio entre lo masculino y lo femenino, en incumplir las expectativas de la gente. Recupera el lado duro o suave de tu carácter que has perdido o reprimido. Al relacionarte con la gente, amplía tu repertorio desarrollando más empatía o aprendiendo a ser menos cortés. Cuando enfrentes un problema o la resistencia ajena, enséñate a reaccionar de diferente forma: atacar cuando por lo general te defiendes, o viceversa. Aprende a combinar en tu pensamiento lo analítico con lo intuitivo para que seas más creativo. No temas externar el lado sensible o ambicioso de tu carácter. Esas partes reprimidas claman por ser liberadas. En el teatro de la vida, amplía los papeles que ejerces. No te preocupes por las reacciones de los demás ante cualquier cambio en ti. No seas fácil de catalogar, lo cual les fascinará y te dará el poder de jugar con sus percepciones sobre ti, alterándolas a voluntad.

Ley cotidiana: Regresa a los lados más duros o más suaves de tu carácter que hayas perdido o reprimido.

Las leyes de la naturaleza humana, 12: Recupera lo masculino o femenino en ti. La ley de la rigidez de género

24 de octubre

•

Reconoce cuán poco es lo que sabes

Cuando lo dejé, razoné así conmigo: soy más sabio que este hombre, porque ninguno
de nosotros parece saber nada grande y bueno; pero él se imagina que sabe algo,
aunque no sabe nada; mientras que yo, como no sé nada, tampoco me imagino que sé.
En este detalle insignificante, entonces, parezco ser más sabio que él, porque no me
imagino que sé lo que no sé.

—SÓCRATES

Hoy nos burlamos de las supersticiosas e irracionales ideas que la gente tenía en el siglo XVII; imagina cómo se reirán de nosotros en el siglo XXV. Nuestro conocimiento del mundo es limitado, pese a los avances de la ciencia. Nuestras ideas están condicionadas por los prejuicios que nos inculcaron nuestros padres, nuestra cultura y el periodo histórico en el que vivimos. Y están adicionalmente limitadas por la creciente rigidez de la mente. Un poco más de humildad respecto a lo que sabemos nos volvería más curiosos e interesados en una gama de ideas más amplia.

Ley cotidiana: Cuando se trate de las ideas y opiniones que tienes, velas como juguetes o bloques de construcción con los que estás jugando. Algunas las conservarás, otras las derribarás, pero tu espíritu seguirá siendo flexible y juguetón.

Las leyes de la naturaleza humana, 7: Vence la resistencia de la gente confirmando su opinión de sí misma. La ley de la actitud defensiva

25 de octubre

•

Examina tus emociones hasta sus raíces

Estás molesto. Permite que esta sensación se calme un poco y piensa en ella. ¿Fue detonada por algo aparentemente trivial o insignificante? Éste es signo seguro de que algo o alguien está detrás. Quizá su fuente sea una emoción más desagradable, como la envidia o la paranoia. Mírala a los ojos. Escudriña cualquier disparador para saber de dónde procede. Con este fin, podría ser prudente que lleves un diario en el que registres tus autoevaluaciones con una objetividad implacable. Tu mayor peligro aquí es tu ego y la forma en que te hace mantener ilusiones inconscientes acerca de ti. Éstas podrían ser reconfortantes de momento, pero a la larga te pondrán a la defensiva y te impedirán aprender o progresar. Busca una posición neutral desde la que puedas observar tus acciones, con algo de desapego y hasta humor. Pronto todo esto se volverá automático y cuando el lado emocional asome la cabeza, te darás cuenta de ello, serás capaz de dar un paso atrás y buscarás esa posición neutral.

Ley cotidiana: Desarrolla el hábito de examinar a profundidad tus propias respuestas emocionales. Terminarás eliminando lentamente las reacciones innecesarias.

Las leyes de la naturaleza humana, 1: Domina tu lado emocional.
La ley de la irracionalidad

26 de octubre

•

Resístete a aceptar las explicaciones simples

Porque no me afrentó un enemigo, lo cual habría soportado; ni se alzó contra mí el que me aborrecía, porque me hubiera ocultado de él: mas tú, hombre, al parecer íntimo mío, mi guía, y mi familiar. [...] Extendió sus manos contra sus pacíficos: violó su pacto. Ablanda más que manteca su boca, pero guerra hay en su corazón: suavizan sus palabras más que el aceite, mas ellas son cuchillos.

SALMO 55, 12-13, 20-21

Los seres humanos padecemos una limitación particular de nuestras facultades racionales que nos causa interminables problemas: cuando pensamos en alguien o en algo que nos ha ocurrido, generalmente optamos por la más simple, la interpretación digerible más fácil. Un conocido es bueno o malo, amable o grosero, con nobles o atroces intenciones; un hecho es positivo o negativo, benéfico o perjudicial; estamos contentos o tristes. Pero la verdad es que nada en la vida es tan simple. La gente es invariablemente una combinación de cualidades buenas y malas, fortalezas y debilidades. Sus intenciones al hacer algo pueden ser útiles y perjudiciales para nosotros al mismo tiempo, resultado de sus ambivalentes sentimientos hacia nosotros. Aun el hecho más positivo tiene un lado negativo. Y con frecuencia nos sentimos felices y tristes al mismo tiempo. Reducir las cosas a términos simples nos las hace más fáciles de manejar; pero como esto no tiene nada que ver con la realidad, también significa que constantemente incurrimos en malentendidos y malas interpretaciones.

Ley cotidiana: Sería de infinito beneficio para nosotros que permitiéramos más matices y ambigüedad en nuestros juicios sobre las personas y los acontecimientos.

Las 33 estrategias de la guerra, Estrategia 32: Domina mientras simulas sumisión. La estrategia de la agresividad pasiva

27 de octubre

•

Observa tu sombra

Mi demonio había estado enjaulado tanto tiempo que tuvo que salir a rugir.
—Doctor Jekyll

Robert Louis Stevenson expresó la ley de la represión en la novela *El extraño caso del doctor Jekyll y el señor Hyde*, publicada en 1886. El protagonista, el doctor Jekyll, es un respetado y adinerado médico y científico de modales impecables, a la manera de los dechados de bondad en la cultura moderna. Inventa un brebaje que lo transforma en el señor Hyde, la encarnación de su sombra, quien procede a asesinar, violar y consentir los más desenfrenados placeres sensuales. La idea de Stevenson es que entre más civilizados y morales seamos en apariencia, más peligrosa será la sombra que tan fervientemente negamos. La solución no es más represión y corrección. Jamás alteraremos la naturaleza humana mediante una bondad impuesta. La horquilla no funciona. La solución no es tampoco liberar nuestra sombra en el grupo, lo cual sería volátil y peligroso. La respuesta consiste en ver la sombra en acción y tomar más conciencia de nosotros. Es difícil que proyectemos nuestros impulsos secretos en los demás o que idealicemos demasiado una causa una vez que estamos conscientes del mecanismo que opera en nosotros.

Ley cotidiana: A través del autoconocimiento podemos encontrar una forma de integrar el lado oscuro a nuestra conciencia creativa y productivamente. Al hacer esto, nos convertiremos en alguien más auténtico y completo, explotando al máximo las energías que naturalmente poseemos.

Las leyes de la naturaleza humana, 9. Enfrenta tu lado oscuro.
La ley de la represión

28 de octubre

•

Acércate a lo que envidias

Porque no muchos hombres [...] pueden amar sin envidiar a un amigo cuya suerte
prospera; el frío veneno de la mente envidiosa se instaura, y duplica el dolor que la vida
le asesta. Ha de cuidar de sus propias heridas, sentirá maldición en la dicha del otro.

—ESQUILO

La gente tiende a ocultar sus problemas y mostrar su mejor cara. Sólo vemos y oímos acerca de sus triunfos, nuevas relaciones, brillantes ideas que redundarán en una mina de oro. Si nos acercáramos más —si viéramos las batallas a puerta cerrada o el horrible jefe implicado en ese nuevo empleo—, tendríamos menos motivos para sentir envidia. Nada es nunca tan perfecto como parece; si viéramos las cosas de cerca, a menudo descubriríamos que nos equivocamos. Pasa algo de tiempo con esa familia que envidias y querrías tener, y no tardarás en reevaluar tu opinión. Si envidias a la gente con mucha fama y atención, recuerda que esa atención se acompaña de gran hostilidad y escrutinio, lo cual es sumamente penoso. La gente adinerada suele ser infeliz. Lee acerca de los últimos diez años de vida de Aristóteles Onassis (1906-1975), uno de los hombres más ricos de la historia, quien se casó con la glamorosa Jacqueline Kennedy, y verás que su riqueza le causó interminables pesadillas, entre ellas los hijos más mimados e indiferentes que puedas imaginar. El proceso de aproximación es doble: por un lado, intenta ver más allá de la resplandeciente fachada que la gente presenta; por el otro, imagina las inevitables desventajas que conlleva su posición.

Ley cotidiana: Recuerda que pocas personas son tan felices como la imagen que presentan. Ve más allá de su fachada y podrás apreciar lo que tú tienes.

Las leyes de la naturaleza humana, 10: Guárdate del ego frágil. La ley de la envidia

29 de octubre

•

Controla tus tendencias a la grandiosidad

Supongamos que tienes un proyecto por realizar o quieres convencer a un individuo o grupo de que haga algo. Concibe el proyecto ante ti como un bloque de mármol que debes esculpir para convertirlo en algo preciso y hermoso. Ese bloque es mucho más grande que tú, y el material muy resistente, pese a lo cual la tarea no resulta imposible. Con suficiente esfuerzo, concentración y resiliencia, podrás convertirlo en lo que necesitas. Sin embargo, debes empezar con un apropiado sentido de la proporción: las metas son difíciles de cumplir, las personas se opondrán y lo que puedes hacer tiene límites. Con esta actitud realista podrás reunir la paciencia necesaria y llevar a cabo el trabajo. No obstante, imagina que tu cerebro ha sucumbido a un padecimiento psicológico que afecta tu percepción de la magnitud y la proporción. En lugar de ver la tarea frente a ti como magna y al material como resistente, bajo la influencia de ese padecimiento percibes el bloque de mármol como pequeño y maleable. La pérdida de tu sentido de la proporción te hace creer que no tardarás mucho en dar a ese bloque la imagen del producto terminado que tienes en mente. Imaginas que las personas a las que tratas de llegar no son resistentes por naturaleza, sino muy predecibles. Sabes cómo reaccionarán a tu maravillosa idea: les gustará. De hecho, te necesitan a ti y tu trabajo más que tú a ellas. Deberían buscarte. El énfasis no está en lo que debes hacer para tener éxito, sino en lo que crees que mereces. Prevés que este proyecto te atraerá mucha atención, pero si tu pronóstico falla, la culpa será de los demás, porque tú tienes dones, tu causa es la correcta y sólo los malvados o envidiosos podrían interponerse en tu camino. Llamemos *presunción* a ese padecimiento psicológico.

Ley cotidiana: Acepta tus limitaciones y trabaja con lo que tienes, en lugar de fantasear con poderes divinos que nunca obtendrás. Mantén una actitud realista.

Las leyes de la naturaleza humana, 11: Conoce tus límites. La ley de la presunción

30 de octubre

•

El mito del progreso

Una última palabra acerca de lo irracional en la naturaleza humana: no supongas que las más extremas clases de irracionalidad han sido vencidas por el progreso y la instrucción. A lo largo de la historia hemos atestiguado persistentes ciclos de ascensión y caída de lo irracional. La gran edad de oro de Pericles, con sus filósofos y los indicios del espíritu científico, fue seguida por una época de superstición, sectas e intolerancia. Este mismo fenómeno ocurrió después del Renacimiento italiano. Que esto se repita una y otra vez forma parte de la naturaleza humana. Lo irracional simplemente cambia de apariencia. Aunque ya no realizamos cacerías de brujas, hace no mucho tiempo, en el siglo xx, presenciamos los juicios ejemplarizantes de Stalin, las audiencias de McCarthy en el senado estadunidense y las persecuciones masivas durante la Revolución Cultural china. Varios cultos se generan sin cesar, entre ellos a la personalidad y el fetichismo de las celebridades. Hoy la tecnología inspira fervor religioso. La gente tiene una desesperada necesidad de creer en algo y lo hallará en cualquier parte. Las encuestas revelan que un número creciente de personas cree en fantasmas, espíritus y ángeles en pleno siglo xxi. Mientras haya seres humanos, lo irracional encontrará su voz y su forma de difundirse.

Ley cotidiana: La racionalidad es algo que debe ser adquirido por los individuos, no por los movimientos de masas o el progreso tecnológico. Sentirse superior y más allá de esto es una señal segura de que lo irracional está en acción.

Las leyes de la naturaleza humana, 1: Domina tu lado emocional.
La ley de la irracionalidad

31 de octubre

•

Tú eres el obstáculo

En este mundo en el que se juega con dados cargados, un hombre debe poseer temple
de hierro, armadura a prueba de los golpes del destino y armas para abrirse camino
contra los demás. La vida es una larga batalla; tenemos que luchar a cada paso;
y Voltaire dice muy atinadamente que, si triunfamos, será a punta de espada,
y que morimos con las armas en la mano.
—Arthur Schopenhauer

La vida es batalla y contienda, y tú enfrentarás constantemente situaciones desagradables, relaciones destructivas y compromisos riesgosos. La forma en que encares estas dificultades determinará tu destino. Como dijo Jenofonte, tus obstáculos no son los ríos ni las montañas ni las demás personas; tu obstáculo eres tú mismo. Si te extravías y confundes, si pierdes tu noción de dirección, si no puedes distinguir entre amigos y enemigos, sólo debes culparte a ti mismo. Piensa que siempre estás a punto de iniciar una batalla. Todo depende de tu marco mental y tu forma de ver el mundo. Un cambio de perspectiva puede transformarte de mercenario pasivo y confundido a combatiente motivado y creativo.

Ley cotidiana: Como dijo Jenofonte, tus obstáculos no son los ríos ni las montañas ni las demás personas; tu obstáculo eres tú mismo.

Las 33 estrategias de la guerra, Estrategia 1: Declara la guerra a tus enemigos:
la estrategia de la polaridad

Noviembre

El humano racional

ALCANZANDO TU YO MÁS ELEVADO

El yo más inferior tiende a ser más fuerte. Sus impulsos nos jalan hacia abajo hasta las reacciones emocionales y las posturas defensivas, haciéndonos sentir engreídos y superiores a los demás. Nos hace buscar los placeres inmediatos y las distracciones, escogiendo siempre el camino de menor resistencia. Nos induce a adoptar lo que otras personas están pensando, perdiéndonos en el grupo. Sentimos los impulsos del yo más elevado cuando salimos de nosotros mismos porque queremos conectar más con los otros, concentrar nuestra mente en el trabajo, pensar en lugar de reaccionar, seguir nuestro propio camino en la vida y descubrir lo que nos hace únicos. El más inferior es el lado más animal y reactivo de nuestra naturaleza, y uno en el que fácilmente caemos. El más elevado es el lado más auténticamente humano de nuestra naturaleza, el que nos hace reflexivos y autoconscientes. Puesto que el impulso más elevado es más débil, conectar con él requiere de esfuerzo y perspicacia. Sacar este yo ideal que está dentro de nosotros es lo que realmente todos queremos, porque es únicamente desarrollando este lado de nosotros mismos que los humanos nos sentimos verdaderamente realizados. El mes de noviembre te ayudará a lograr esto volviéndote consciente de los elementos potencialmente positivos y activos que están contenidos en tu naturaleza.

Existe una idea equivocada sobre la racionalidad humana que es muy común entre la gente. Esta idea errónea es que la racionalidad tiene que ver con la supresión o la represión de las emociones. En otras palabras, si estás sintiendo miedo o ira o amor u odio, tienes que aplacar esas emociones. Tienes que deshacerte de ellas para ser racional.

Según esta visión, la racionalidad no es algo muy divertido o emocionante. Es un poco como la comida saludable. Es buena para ti, pero no sabe muy bien. Yo quiero decirte que esto en realidad está muy equivocado. De hecho, es lo contrario. La racionalidad tiene que ver con algunas emociones muy importantes sin las que no puedes empezar a pensar racionalmente.

La neurociencia ha demostrado esto con estudios de gente que ha sufrido un daño en los centros emocionales del cerebro. Después de esto, no son capaces de tomar decisiones racionales ni de pensar racionalmente.

Puedo ilustrar mi idea de la racionalidad con algunos ejemplos que posiblemente has experimentado.

Digamos que tienes un plan: algo que quieres lograr en la vida. Escribir un libro, perder peso o comenzar un negocio. Te has estado sintiendo muy frustrado e impaciente con el rumbo de tu vida. Entonces decides, voy a cambiar, realmente haré este proyecto, voy a crear esta empresa, o lo que sea. Y reflexionas en ello y gradualmente vas dando los pasos para llegar allí.

O digamos que estás padeciendo una difícil situación de divorcio y estás peleando por la custodia de tu hijo, a quien amas mucho. Se está poniendo tan feo que te das cuenta de que, si todo continúa de esa manera, el niño resultará dañado por el proceso. Entonces, en algún punto, das un paso atrás y piensas: "Lo que realmente importa es la salud a largo plazo de mi hijo, así que no voy a seguir con este proceso. Al contrario, me voy a retirar y voy a pensar en lo que es mejor para el niño".

O digamos, para terminar, que hay una persona muy tóxica en tu vida. Una especie de narcisista furibundo, por ejemplo, que está enredándote en todo este drama que te está haciendo miserable. Y en algún punto te dices: "Maldición, ya he tenido bastante de esta persona. Voy a buscar la manera de deshacerme de este narcisista". No es fácil porque esta persona está involucrada en tu vida de muchas maneras. Así que das un paso atrás, recuperas el control de ti mismo y piensas: "¿Cómo puedo deshacerme de esta persona?". Y entonces lo haces. Finalmente, el narcisista se va, y tú sientes una tremenda sensación de alivio.

Analicemos estos tres ejemplos.

En el primero, estás harto del hecho de tener sobrepeso o de no haber sido capaz de lograr ninguno de tus sueño o deseos en la vida. Esa frustración —la emoción— te impulsa a actuar, esto es, a recorrer los pasos del pensamiento racional para salir de ese estado de frustración. Y entonces, cuando terminas, cuando finalmente has logrado ese proyecto o esa meta, sientes una tremenda sensación de alivio y orgullo.

En el caso del niño, eres impulsado por el sentido de la empatía y el amor por tu hijo. Te preocupas por él, y ese amor provoca que des un paso atrás y sigas el proceso racional. Y cuando termina, te sientes mucho mejor contigo mismo.

O con esa persona tóxica en tu vida: estás lleno de coraje, pero das un paso atrás, recorres los pasos racionales y te deshaces de ella. Sientes felicidad y alivio.

Por lo tanto, si no hubieras tenido esas emociones al principio, nunca habrías sido capaz de emprender las acciones que te llevaron a esa decisión racional. Y si no hubieras sentido la recompensa del orgullo, la empatía y el amor por haber logrado algo, no estarías motivado a volver a pasar por el proceso racional una y otra y otra vez. Entonces la racionalidad tiene que ver con las emociones y el pensamiento. La racionalidad no se trata de aplacar tus emociones. Se trata de crear una bonita armonía entre el proceso de pensamiento y las partes animales emocionales de nuestra naturaleza. Es importante no ver el camino de la racionalidad como algo doloroso y ascético. De hecho, acarrea poderes que son inmensamente satisfactorios y agradables, mucho más profundos que esos placeres frenéticos que el mundo tiene para ofrecernos.

1 de noviembre

•

Esperanza para todos nosotros

Pese a nuestras acusadas tendencias irracionales, dos factores deberían darnos esperanzas a todos. El primero y más relevante es la existencia a lo largo de la historia y en todas las culturas de personas de alta racionalidad, los individuos que han hecho posible el progreso. Son ideales a los que todos debemos aspirar. Incluyen a Pericles, el rey Ashoka de la antigua India, Marco Aurelio en la antigua Roma, Marguerite de Valois en la Francia medieval, Leonardo da Vinci, Charles Darwin, Abraham Lincoln, el escritor Antón Chéjov, la antropóloga Margaret Mead y el hombre de negocios Warren Buffett, por mencionar unos cuantos. Todos ellos comparten ciertas cualidades: una realista evaluación de sí mismos y sus debilidades, devoción por la verdad y la realidad, una actitud tolerante hacia los demás y capacidad para cumplir las metas que se proponen. El segundo factor es que en algún momento de nuestra vida casi todos hemos experimentado instantes de gran racionalidad. Esto suele surgir de lo que llamaremos la *mentalidad del creador*. Tenemos que llevar a cabo un proyecto, quizá con una fecha límite. Las únicas emociones que podemos permitirnos en estas circunstancias son entusiasmo y energía. Otras nos impedirían concentrarnos. Como debemos obtener resultados, nos volvemos muy prácticos. Nos abstraemos en el trabajo, con la mente tranquila y sin la intromisión del ego. Nos incomoda que alguien pretenda interrumpirnos o contagiarnos de sus emociones.

> Ley cotidiana: Estos momentos —tan efímeros como unas pocas semanas u horas— revelan el yo racional que está esperando para surgir. Sólo requiere de un poco de conciencia y algo de práctica.

Las leyes de la naturaleza humana, 1: Domina tu lado emocional.
La ley de la irracionalidad

2 de noviembre

•

Mantente libre del remolino emocional

Para tener éxito en el juego del poder es necesario aprender a dominar las emociones. Pero aun cuando logres ese tipo de autocontrol, nunca podrás controlar la disposición temperamental de quienes te rodean. Y ése es el mayor de
los riesgos. La mayoría de la gente se maneja en un torbellino de emociones,
reaccionando constantemente y procurando allanar disputas y conflictos. Tu
autocontrol y tu autonomía no harán sino enfurecer a los demás. Tratarán de
arrastrarte al torbellino, y te rogarán que tomes partido en interminables batallas o que hagas de pacificador. Si sucumbes a estos emotivos ruegos, poco a
poco verás que tu mente y tu tiempo terminan absorbidos por los problemas de
los demás. No permitas que la compasión por los otros te lleve a involucrarte. Es
un juego que nunca podrás ganar, pues los conflictos no harán sino multiplicar-
se. Tal vez temas que la gente te condene por indiferente y desalmado, pero a la
larga el mantener la independencia y la confianza te permitirá ganar mayor respeto y situarte en una posición de poder, a partir de la cual podrás elegir ayudar
a quienes quieras, por propia iniciativa.

> **Ley cotidiana:** Recuerda que sólo tienes cierta cantidad de energía y cierta
> cantidad de tiempo. Cada momento desperdiciado en los dramas de los de-
> más te resta fuerza.

Las 48 leyes del poder, Ley n° 20: No te comprometas con nadie

3 de noviembre
•

Incrementa tu tiempo de reacción

"¡Confía en tus sentimientos!" Pero éstos no son algo último ni original; detrás de ellos
hay juicios y evaluaciones que heredamos bajo la forma de [...] inclinaciones
o aversiones. [...] La inspiración que nace de un sentimiento es nieta de un juicio
—¡a menudo un juicio falso!—, ¡y en todo caso, no de uno propio! Confiar en los
sentimientos propios significa prestar más obediencia a nuestro abuelo y nuestra
abuela, y a los abuelos de éstos, que a los dioses que residen en nosotros:
nuestra razón y experiencia.
—FRIEDRICH NIETZSCHE

Esta habilidad se deriva de la práctica y la repetición. Cuando un hecho o interacción requiere una respuesta, aprende a dar marcha atrás. Esto podría implicar que te traslades a un sitio donde estés solo y no te sientas presionado a reaccionar, o que escribas ese iracundo correo electrónico pero no lo envíes sin antes consultarlo con la almohada. No hagas llamadas telefónicas ni te comuniques mientras experimentas una emoción súbita, rencor en particular. Si ves que te apresuras a comprometerte con la gente, a contratar o ser contratado por alguien, da un paso atrás y espera un día. Apacigua tus emociones. Entre más tiempo te tomes, mejor, porque la perspectiva viene con el tiempo.

Ley cotidiana: Considera esto como un entrenamiento de resistencia —entre más tiempo puedas resistirte a reaccionar, más espacio mental tendrás para la verdadera reflexión y más fuerte se volverá tu mente.

Las leyes de la naturaleza humana, 1: Domina tu lado emocional.
La ley de la irracionalidad

4 de noviembre

•

Haz de la envidia un estímulo para el éxito

En vez de querer lastimar o despojar a la persona que ha logrado más, deseemos estar a su nivel. La envidia se convierte de esta forma en un acicate para la excelencia. Incluso podríamos rodearnos de personas que estimulen en nosotros esos deseos competitivos, gente que está levemente por encima de nuestro nivel de habilidades. Hacer esto requiere algunos cambios psicológicos. Primero, debemos estar convencidos de que somos capaces de crecer. La seguridad en nuestra aptitud para aprender y mejorar será un magnífico antídoto contra la envidia. En lugar de desear tener lo que otro tiene y recurrir al sabotaje por impotencia, sentiremos la urgencia de conseguir lo mismo para nosotros y de creer que tenemos la destreza para lograrlo. Segundo, debemos desarrollar una sólida ética de trabajo para respaldar esto. Si somos rigurosos y persistentes, lograremos superar casi cualquier obstáculo y subir de posición. Las personas flojas e indisciplinadas suelen ser envidiosas.

Ley cotidiana: No podemos detener el mecanismo de comparación en nuestro cerebro, así que es mejor redireccionarlo hacia algo productivo y creativo.

Las leyes de la naturaleza humana, 10: Guárdate del ego frágil. La ley de la envidia

5 de noviembre

•

Conócete a fondo

El lado emocional prospera en la ignorancia. Tan pronto como tomas conciencia del modo en que opera y te domina, pierde su poder sobre ti y puede ser controlado. Así, tu primer paso hacia lo racional siempre es interno. Debes sorprender en acción a ese lado emocional. Con este fin, piensa cómo operas bajo estrés. ¿Qué debilidades particulares salen a la luz en esos momentos: el deseo de agradar, hostigar o controlar, hondos niveles de desconfianza? Examina tus decisiones, en especial las que han sido ineficaces: ¿adviertes en ellas un patrón, una inseguridad subyacente que las impele? Inspecciona tus fortalezas, lo que te vuelve diferente a los demás. Esto te ayudará a decidirte por metas que armonicen con tus intereses a largo plazo y se ajusten a tus habilidades. Si conoces y valoras lo que te distingue como diferente, también serás capaz de resistir la influencia del sesgo y efecto grupales.

Ley cotidiana: ¿Puedes mirarte a ti mismo desde cierta distancia y ver a través de la niebla del autoengaño?

Las leyes de la naturaleza humana, 1: Domina tu lado emocional.
La ley de la irracionalidad

6 de noviembre

•

¿A quién hay que culpar?

Cada vez que algo marcha mal, es propio de la naturaleza humana culpar a tal o cual persona. Deja que los demás incurran en esta estupidez, limitados por sus narices, mirando sólo lo inmediatamente visible para el ojo. Tú ve las cosas de otra manera. Cuando una acción marche mal —en los negocios, la política, la vida—, atribúyelo a la política que la inspiró en primer término. La meta fue descaminada. Esto significa que tú eres en gran medida el agente de todo lo malo que te pasa. Con más prudencia, políticas más sabias y mayor visión, habrías podido evitar el peligro. Así que cuando algo marche mal, mira profundamente dentro de ti, no en forma emocional, para culparte o ceder a tus sentimientos de culpa, sino para cerciorarte de que comenzarás tu siguiente campaña con un paso más firme y una visión más amplia.

Ley cotidiana: Observa el papel que jugaste en cada fracaso; siempre puede ser encontrado.

Las 33 estrategias de la guerra, Estrategia 12: Pierde batallas pero gana la guerra. La gran estrategia

7 de noviembre

•

Practica el Mitfreude

La serpiente que nos muerde quiere herirnos y se regocija cuando lo hace; los animales
inferiores pueden imaginar el dolor de otros. Pero imaginar la alegría de los demás
y regocijarse por ello es privilegio de los animales superiores.
—FRIEDRICH NIETZSCHE

La *Schadenfreude*, complacerse en el dolor ajeno, se relaciona específicamente con la envidia, como lo han demostrado diversos estudios. Cuando envidiamos a alguien, nos agradará o hasta alegrará que sufra un revés o tropiezo. Sería sensato practicar lo opuesto, lo que el filósofo Friedrich Nietzsche llamó la *Mitfreude*, "alegrarse con algo". Esto quiere decir que en lugar de limitarte a felicitar a alguien por su buena suerte, algo fácil de hacer y de olvidar, debes tratar de sentir su alegría, como una modalidad de la empatía. Quizás esto parezca artificial, porque nuestra primera reacción es sentir la punzada de la envidia, pero podríamos enseñarnos a imaginar cómo se sienten quienes experimentan felicidad y satisfacción. Esto no sólo sacará la envidia de nuestro cerebro, sino que también generará una inusual forma de afinidad. Si somos los blancos de la *Mitfreude*, sentiremos la auténtica emoción del otro por nuestra buena fortuna, no sólo oiremos palabras, y esto nos inducirá a sentir lo mismo por él. Como es raro que esto ocurra, contiene una gran eficacia para vincular a la gente.

Ley cotidiana: Interioriza la alegría de las demás personas. Al hacer esto, incrementamos nuestra propia capacidad para sentir esta emoción en relación con nuestras propias experiencias.

Las leyes de la naturaleza humana, 10: Guárdate del ego frágil. La ley de la envidia

8 de noviembre

•

La paciencia suprema

El tiempo es un concepto artificial que hemos creado para hacer más tolerables y humanos la infinita eternidad y el universo. Dado que nosotros hemos creado el concepto del tiempo, también podemos, en cierta medida, modelarlo y jugar con él. El tiempo de un niño es largo y lento, con grandes espacios; el tiempo de un adulto pasa con aterradora rapidez. Por lo tanto, el tiempo depende de la percepción, la cual, según sabemos, puede alterarse a voluntad. Esto es lo primero que debemos comprender en relación con el arte de controlar el tiempo y determinar el momento oportuno. Si el torbellino interior causado por nuestras emociones hace que el tiempo parezca pasar más de prisa, se puede deducir que, una vez que controlemos nuestras respuestas emocionales a los hechos, el tiempo transcurrirá con mayor lentitud. Esta forma alterada de manejar las cosas tiende a alargar nuestra percepción del futuro, a abrir posibilidades que el temor y la ira nos cierran, y nos permite ejercer la paciencia, principal requisito para determinar el momento oportuno. Nunca demuestres tener prisa, ya que el apuro delata una falta de control sobre el tiempo y sobre tu propio accionar. Muéstrate siempre paciente, como si supieras que, con el tiempo, todos tus deseos se cumplirán. Conviértete en especialista en el arte de detectar el momento propicio para cada cosa. Descubre el espíritu de los tiempos actuales y las tendencias que te llevarán al poder. Aprende a mantenerte a la expectativa cuando el momento propicio no haya llegado, y a golpear con fuerza cuando la oportunidad te sea favorable.

Ley cotidiana: Practica la paciencia. Espera un día antes de pasar a la acción con ese problema urgente.

Las 48 leyes del poder, Ley nº 35: Domina el arte de la oportunidad

9 de noviembre

•

Canaliza tus impulsos de presunción

La presunción es una forma de energía primordial que todos poseemos. Nos impulsa a desear más de lo que tenemos, a obtener el reconocimiento y la estimación de los demás, y a sentirnos unidos a algo superior. El problema no es esa energía en sí, que puede avivar nuestras ambiciones, sino la dirección que toma. Normalmente, la presunción nos hace imaginar que somos más grandes de lo que en verdad somos. Llamemos a esto *presunción fantástica*, porque se basa en nuestras fantasías y la sesgada impresión que nos formamos a partir de la atención que recibimos. La presunción fantástica te hará pasar de una idea fantasiosa a otra, imaginando el aplauso y atención que recibirás pero que nunca llega. Haz lo contrario. Adopta el hábito de concentrarte por completo en un solo proyecto o problema. Elige una meta relativamente fácil de alcanzar en unos meses, no en años. Divídela en pequeños pasos y metas parciales. El propósito es que entres en un estado de flujo en el que tu mente se abstraiga cada vez más en el trabajo, al punto de que se te ocurran ideas en el momento menos esperado. Esta sensación de flujo será placentera y adictiva. No te permitas fantasear en otros proyectos en el horizonte. Sumérgete lo más posible en tu trabajo. Si no entras en este estado de flujo es porque realizas demasiadas tareas y esto te impide concentrarte. Supéralo. Tu proyecto podría ser ajeno a tu empleo. Lo importante no es el número de horas que le dediques, sino la intensidad y esfuerzo sistemático que pongas en él. En relación con esto, tu proyecto debe implicar habilidades que ya tienes o que están en proceso de desarrollo. Tu meta es ver la mejora continua de tu nivel de habilidad, lo que se desprenderá sin duda de la profundidad de tu concentración. Tu seguridad en ti mismo aumentaría. Esto bastará para motivar tu avance constante.

Ley cotidiana: No te permitas perderte en fantasías sobre otros proyectos en el horizonte. Tú debes canalizar esta energía grandiosa absorbiéndote en el trabajo tan profundamente como sea posible.

Las leyes de la naturaleza humana, 11: Conoce tus límites. La ley de la presunción

10 de noviembre

•

Trascendiendo el tribalismo

El tribalismo echa raíces en las partes más profundas y primitivas de nuestra naturaleza, pero ahora se acopla con una mayor destreza tecnológica, haciéndolo más peligroso. Lo que hace miles de años nos permitía vincularnos fuertemente con nuestro grupo y sobrevivir, ahora podría desembocar con facilidad en nuestra extinción como especie. La tribu siente que su existencia misma está en juego por la presencia del enemigo. Hay escaso terreno común. Las batallas entre tribus pueden ser más intensas y violentas. El futuro de la raza humana tal vez dependerá de nuestra aptitud para trascender este tribalismo y ver que nuestro destino está interrelacionado con el de los demás. Somos una sola especie, todos descendemos de los mismos seres humanos originales, somos hermanos y hermanas. Nuestras diferencias son principalmente una ilusión. Imaginar diferencias forma parte de la locura de los grupos. Debemos vernos como un gran grupo real y experimentar una honda sensación de pertenencia a él. Resolver los problemas creados por el ser humano que nos amenazan requerirá cooperación de alto nivel y un espíritu práctico ausentes en la tribu. Esto no significa el fin de las diversas culturas y la riqueza que se desprende de ellas. De hecho, el grupo real alienta la diversidad interna.

Ley cotidiana: Debemos llegar a la conclusión de que el grupo principal al que pertenecemos es el de la raza humana. Ése es nuestro futuro inevitable. Cualquier otra cosa es regresiva y demasiado peligrosa.

Las leyes de la naturaleza humana, 14: Resiste la influencia degradante del grupo

11 de noviembre

•

Asciende la montaña

Encerrados en el presente, es como si los seres humanos viviéramos al pie de la montaña. Lo que vemos —las personas que nos rodean, el bosque circundante— nos ofrece una visión limitada y distorsionada de la realidad. El paso del tiempo es como el lento ascenso por la montaña. Las emociones que sentimos en el presente ya no son tan fuertes; podemos distanciarnos de ellas y ver las cosas con más claridad. Cuanto más ascendemos al paso del tiempo, más información añadimos al panorama. Lo que vimos tres meses después de los hechos no es tan nítido como lo que terminamos por saber un año más tarde. Está en la parte animal de tu naturaleza que te impresione lo que ves y oyes en el presente: las noticias y tendencias más recientes, las opiniones y acciones de quienes te rodean, cualquier cosa de aspecto demasiado drástico. Por eso te tragas los tentadores planes que prometen resultados rápidos y dinero fácil. Por eso reaccionas de forma exagerada a tus circunstancias: te relajas o alarmas en exceso cuando los acontecimientos siguen una dirección u otra. Aprende a medir a la gente por la estrechez o amplitud de su visión; no te enredes con quienes no ven las consecuencias de sus actos y están siempre en modo reactivo: te contagiarán. Fija la mirada en las grandes tendencias que gobiernan los hechos, en lo que no se advierte de inmediato. Nunca pierdas de vista tus metas a largo plazo. Con una perspectiva elevada, tendrás paciencia y claridad para cumplir casi cualquier objetivo.

Ley cotidiana: Fabrica el efecto del tiempo contemplando una vista expandida del momento presente.

Las leyes de la naturaleza humana, 6: Eleva tus perspectivas.
La ley de la cortedad de miras

12 de noviembre

•

Rompe los códigos de la convención

Desde hace siglos, y aún hoy, los roles de género son la convención más fuerte de todas. Lo que hombres y mujeres pueden hacer o decir ha sido sumamente controlado, al grado de casi representar diferencias biológicas en lugar de convenciones sociales. A las mujeres, en particular, se les condiciona socialmente a ser demasiado agradables y complacientes. Se sienten presionadas en todo momento a asimilarlo y tomarlo como algo natural y biológico. Algunas de las mujeres más influyentes de la historia han roto deliberadamente esos códigos: artistas como Marlene Dietrich y Josephine Baker, figuras políticas como Eleanor Roosevelt, empresarias como Coco Chanel. Ellas sacaron a relucir su sombra y la mostraron actuando en formas tradicionalmente consideradas masculinas, con lo que combinaron y confundieron los roles de género. Incluso Jacqueline Kennedy Onassis alcanzó un gran poder al no ceñirse al papel de primera dama tradicional. Tenía una vena muy maliciosa. Cuando la gente le desagradaba, se lo hacía saber con franqueza. Le importaba poco lo que se pensara de ella. Y se volvió una sensación gracias a la naturalidad que exudaba. En general, considera esto como una modalidad de exorcismo. Una vez que exhibes esos deseos e impulsos, dejan de yacer ocultos en los rincones de tu personalidad, donde se retorcían y operaban de modo encubierto.

Ley cotidiana: Muestra tu sombra. Libera tus demonios y refuerza tu presencia como un auténtico humano.

Las leyes de la naturaleza humana, 9. Enfrenta tu lado oscuro.
La ley de la represión

13 de noviembre

•

Padece a los tontos con alegría

No puedes estar en todas partes ni combatir a todos. Tu tiempo y energía son limitados, y debes aprender a preservarlos. La fatiga y la frustración pueden arruinar tu presencia de ánimo. El mundo está lleno de necios: personas impacientes de obtener resultados, que cambian con el viento, que no pueden ver más allá de sus narices. Las encontrarás en todas partes: el jefe indeciso, el colega precipitado, el subordinado histérico. Cuando trabajes con necios, no riñas con ellos. Concíbelos en cambio como niños, o como mascotas, no lo bastante importantes para afectar tu equilibrio mental. Despréndete emocionalmente de ellos. Y mientras te ríes de su necedad para tus adentros, consiente alguna de sus más inofensivas ideas. La capacidad de permanecer jovial ante los necios es una habilidad importante.

Ley cotidiana: Desapégate emocionalmente de los tontos. Y mientras que por dentro te ríes de su tontería, complácelos con alguna de sus ideas más inofensivas.

Las 33 estrategias de la guerra, Estrategia 3: En la confusión de los hechos, no pierdas tu presencia de ánimo: la estrategia del contrapeso

14 de noviembre

•

Proyecto santidad

Sea cual fuere el periodo histórico en que vivamos, ciertos rasgos serán vistos siempre como positivos y debes saber cómo exhibirlos. Por ejemplo, la apariencia de santidad nunca pasa de moda. Hoy parecer santo es distinto en contenido al siglo xvi, pero la esencia es la misma: encarnas lo que se considera bueno y por encima de todo reproche. En el mundo moderno esto significa que te muestres como una persona progresista, muy tolerante y de amplio criterio. Querrás que se te vea haciendo generosos donativos a ciertas causas y apoyándolas en las redes sociales. Proyectar sinceridad y honestidad siempre da excelentes resultados. Bastará para ello con que hagas algunas confesiones públicas de tus debilidades y vulnerabilidades. Por alguna razón, la gente juzga auténtico cualquier signo de humildad, pese a que sea una mera simulación. Aprende a bajar de vez en cuando la cabeza y parecer humilde. Si ha de hacerse trabajo sucio, consigue que lo hagan otros: tus manos están limpias. Jamás actúes abiertamente como un líder maquiavélico; esto sólo funciona en la televisión.

Ley cotidiana: Si la gente en gran medida juzga a los demás por las apariencias, aprende a tomar el control de la dinámica adoptando la imagen pública adecuada. Un aire de humildad, incluso de santidad, siempre funciona bien. Evita cualquier indicio de hipocresía o superioridad.

Las leyes de la naturaleza humana, 3: Ve más allá de la máscara de la gente.
La ley del juego de roles

15 de noviembre

•

Adopta un espíritu generoso

Llevamos con nosotros traumas y heridas desde nuestra más tierna infancia. En la vida social, y a medida que envejecemos, acumulamos desilusiones y desprecios. Con frecuencia nos persigue también una sensación de inutilidad, de que no merecemos las cosas buenas de la existencia. Todos tenemos momentos de grandes dudas sobre nosotros mismos. Estas emociones pueden producirnos pensamientos obsesivos. Nos llevan a restringir lo que experimentamos como una forma de controlar nuestras angustias y decepciones. Hacen que recurramos al alcohol o a cualquier otro hábito para adormecer el dolor. Sin darnos cuenta, asumimos ante la vida una actitud negativa y temerosa, la cual se convierte en una prisión autoimpuesta. Pero nada obliga a que las cosas sean así. Todos podemos liberarnos. Es producto de una decisión, de una nueva manera de ver el mundo, un cambio de actitud. Esa libertad procede en esencia de adoptar un espíritu generoso hacia los demás y nosotros mismos. Al aceptar a las personas, entenderlas y, si es posible, quererlas por su propia naturaleza, liberaremos nuestra mente de emociones obsesivas y triviales. Dejaremos de reaccionar a todo lo que la gente hace y dice. Asumiremos cierta distancia y ya no nos tomaremos todo personalmente. Una vez que sintamos la vivificante fuerza de esta nueva actitud, querremos llevarla lo más lejos posible.

Ley cotidiana: Cuando nos sentimos generosos hacia nosotros mismos y hacia los demás, ellos se sienten atraídos hacia nosotros y quieren corresponder con nuestro espíritu.

Las leyes de la naturaleza humana, 8: Cambia tus circunstancias, cambia de actitud. La ley del autosabotaje

16 de noviembre

•

Integra el lado sombrío

Desde temprana edad, a Abraham Lincoln le gustaba analizarse, y un tema recurrente en ello era que tenía una personalidad dividida: por un lado, una vena ambiciosa, casi cruel, en su naturaleza; por otro, una sensibilidad y delicadeza que a menudo lo deprimían. Ambos lados de su naturaleza lo hacían sentir raro e incómodo. Del lado rudo, por ejemplo, le gustaba boxear y aniquilar a su adversario en el cuadrilátero. En la ley y la política, tenía un humor mordaz. Del lado suave, le gustaba la poesía, apreciaba mucho a los animales y detestaba presenciar cualquier clase de crueldad física. En su peor aspecto, este lado lo volvía proclive a una profunda melancolía y a cavilar sobre la muerte. En general, creía ser demasiado sensible para el violento mundo de la política. En lugar de negar ese lado suyo, lo canalizó hacia una increíble empatía con la gente, el hombre y la mujer de la calle. Sumamente preocupado por la pérdida de vidas en la guerra, empeñó todos sus esfuerzos para que terminara pronto. No transmitió maldad en el sur; empatizó con su penuria y planeó una paz que no fuera vengativa. Incorporó por igual ese lado suyo en un saludable sentido del humor sobre sí mismo: hacía frecuentes bromas sobre su fealdad, su aguda voz y naturaleza taciturna. Al abrazar e integrar esos rasgos opuestos en su personalidad pública, daba la impresión de gran autenticidad. La gente podía identificarse con él en una forma nunca antes vista con un líder político.

Ley cotidiana: Tu meta debe ser no solamente la aceptación total de tu lado sombrío, sino también el deseo de integrarlo a tu personalidad presente. Al hacer esto, serás un humano más completo e irradiarás una autenticidad que atraerá a la gente hacia ti.

Las leyes de la naturaleza humana, 9. Enfrenta tu lado oscuro.
La ley de la represión

17 de noviembre

•

Equilibra la imaginación y la realidad

Tu proyecto comienza con una idea, cuando quieras afinarla, deja volar tu imaginación y ábrete a varias posibilidades. En algún momento pasarás de la fase de planeación a la de ejecución. Ahora debes buscar la retroalimentación y crítica de personas que respetas o de tu público natural. Escucha hablar de los defectos y deficiencias de tu plan, porque sólo de esta forma tus habilidades mejorarán. Si el proyecto no alcanza los resultados que imaginaste o el problema no se resolvió, acéptalo como la mejor manera de aprender. Analiza a fondo lo que hiciste mal y sé lo más severo posible. Una vez que obtengas retroalimentación y hayas analizado los resultados, regresa a tu proyecto o inicia uno nuevo y da rienda suelta otra vez a tu imaginación, pero incorpora lo que aprendiste de la experiencia. Repite sin cesar este proceso y reconoce tus avances. Si permaneces mucho tiempo en la fase imaginativa, crearás algo presuntuoso y apartado de la realidad. Si escuchas la retroalimentación e intentas lograr que tu trabajo refleje lo que los demás dicen o quieren, tu obra será convencional y plana. Si mantienes un diálogo continuo entre la realidad (retroalimentación) y tu imaginación, crearás algo práctico y eficaz.

> Ley cotidiana: Al estar en un ciclo continuo entre tu imaginación y la retroalimentación de la gente, lo que produzcas será único, pero estará conectado con tu audiencia: la mezcla perfecta.

Las leyes de la naturaleza humana, 11: Conoce tus límites. La ley de la presunción

18 de noviembre

•

Enfócate hacia fuera

Los seres humanos somos ensimismados por naturaleza y dedicamos la mayor parte de nuestro tiempo a volcarnos en nuestro interior para considerar nuestras emociones, heridas y fantasías. Desarrolla el hábito de revertir eso lo más posible. Puedes hacerlo de tres maneras. Primero, afina tus habilidades de escucha y abstráete en las palabras y señales no verbales de los demás. Aprende a leer entre líneas lo que dice la gente. Sintoniza con su ánimo y necesidades, y percibe lo que le falta. No confundas sus sonrisas y miradas de aprobación con la realidad; siente su tensión o fascinación de fondo. Segundo, dedícate a ganarte el respeto de la gente. No te sientas a priori con derecho a él; no pongas tu atención en tus sentimientos y lo que te deben los demás en virtud de tu posición o grandeza (mirada a tu interior). Gánate su respeto respetando sus necesidades individuales y demostrando que trabajas por el bien mayor. Tercero, sé un líder con una gran responsabilidad, ya que el bienestar del grupo pende de cada una de tus decisiones. Lo que te impulsa no es llamar la atención, sino brindar los mejores resultados posibles para la mayoría. Abstráete en el trabajo, no en tu ego. Experimenta un firme y visceral lazo con el grupo, ya que tu destino y el suyo están estrechamente entretejidos.

> Ley cotidiana: Si tú exudas esta actitud, la gente lo sentirá y se sentirá atraída hacia ti por el simple hecho de que es raro encontrar a una persona tan sensible al ánimo de los demás y tan extremadamente enfocada en los resultados.

Las leyes de la naturaleza humana, 15: Haz que quieran seguirte.
La ley de la inconstancia

19 de noviembre

•

Destino

El verdadero yo de cada persona es la mente. Sabe, pues, que eres un dios.
Porque un dios es alguien que mueve, que siente, que recuerda, que mira hacia
el futuro, que gobierna y guía y dirige el cuerpo del que es dueño, así como ese
Dios supremo dirige el universo. Y así como este Dios eterno controla el universo,
que es en parte mortal, así también tu espíritu eterno dirige tu frágil cuerpo.

—CICERÓN

En la Antigüedad, muchos grandes líderes, como Alejandro Magno y Julio César, creían descender de los dioses y ser en parte divinos. Esta creencia se traducía en un alto grado de seguridad que otros aprovechaban y reconocían. Era una profecía autocumplida. Aunque no es indispensable que cedas a iguales pensamientos de grandeza, sentirte destinado a algo grandioso o importante te dará cierta medida de resiliencia cuando la gente se oponga o resista a ti. No interiorizarás las dudas que provengan de esos momentos. Tendrás un espíritu emprendedor. Intentarás sin cesar cosas nuevas e incluso correrás riesgos, confiando en tu aptitud para recuperarte del fracaso y en la sensación de que estás destinado a triunfar.

Ley cotidiana: Tú estás destinado a lograr grandes cosas, y al pensar eso crearás una dinámica de autorrealización.

Las leyes de la naturaleza humana, 8: Cambia tus circunstancias, cambia de actitud.
La ley del autosabotaje

20 de noviembre

•

Enfócate y prioriza

Nada nos pertenece realmente sino el tiempo, que incluso tiene quien no tiene nada más. Es igualmente desafortunado desperdiciar tu preciosa vida en tareas mecánicas o en una profusión de trabajo importante.
—BALTASAR GRACIÁN

Ciertas actividades son una pérdida de tiempo. Ciertas personas de naturaleza inferior te arrastrarán consigo y debes evitarlas. No pierdas de vista tus metas a largo y corto plazos, y mantente concentrado y alerta. Date el lujo de explorar y divagar creativamente, pero siempre con un propósito de fondo.

Ley cotidiana: En un mundo lleno de distracciones sin fin, debes enfocarte y priorizar.

Las leyes de la naturaleza humana, 15: Haz que quieran seguirte.
La ley de la inconstancia

21 de noviembre

•

Conecta con lo que está más cerca de ti

La vida es corta y nuestra energía limitada. Movidos por nuestros codiciosos deseos, perderemos mucho tiempo en búsquedas y cambios fútiles. En lo general, no aguardes ni pongas constantemente tus esperanzas en algo mejor; saca el mayor provecho de lo que ya tienes. La realidad te llama. Abstraerte en lo próximo, no en lo remoto, te procurará una sensación muy distinta. Tu relación con quienes te rodean puede ser siempre más profunda. Nunca conocerás lo suficiente a las personas que tratas, y esto puede ser fuente de una fascinación inagotable. Puedes vincularte más con tu entorno. El lugar donde vives posee una larga historia en la que puedes sumergirte. Conocer mejor tu medio te brindará muchas oportunidades de poder. En cuanto a ti, tienes rincones misteriosos que nunca conocerás del todo. Si intentas conocerte mejor, podrás hacerte cargo de tu naturaleza en lugar de seguir siendo su esclavo. Y tu trabajo ofrece posibilidades infinitas de mejora e innovación, innumerables retos a tu imaginación. Estas cosas son las que están más cerca de ti y componen tu mundo real, no virtual.

Ley cotidiana: Al final, lo que realmente debes ambicionar es una relación más profunda con la realidad, lo que te traerá calma, enfoque y poderes prácticos para modificar lo que es posible modificar.

Las leyes de la naturaleza humana, 5: Sé un elusivo objeto del deseo.
La ley de la codicia

22 de noviembre

•

Acepta cualquier cosa que te suceda

En 1928, la actriz Joan Crawford disfrutaba de razonable éxito en su carrera en Hollywood, pese a lo cual se sentía cada vez más exasperada por los limitados papeles que se le ofrecían. Veía que actrices menos talentosas que ella la aventajaban. Quizás esto se debía a que no era suficientemente resuelta. Decidió expresar su opinión ante uno de los jefes de producción más poderosos de la MGM, Irving Thalberg. No previó que éste lo juzgaría como una insolencia y que era vengativo por naturaleza. Así, le dio un papel en un western, a sabiendas de que era lo último que ella quería y de que tal destino era un callejón sin salida para muchas actrices. Crawford aprendió la lección y aceptó su destino. Se aficionó al género. Se convirtió en una jineta experta. Leyó acerca del Viejo Oeste y su folclor le fascinó. Si esto iba a llevarla al frente, sería la actriz principal de los westerns. En el peor de los casos, ampliaría sus habilidades actorales. Ésta se convirtió en su actitud de por vida hacia el trabajo y los grandes retos que una actriz enfrentaba en Hollywood, donde una carrera suele ser muy corta. Cada revés es una oportunidad de crecer y desarrollarse.

Ley cotidiana: Acepta todos los obstáculos como experiencias de aprendizaje, como un medio para volverte más fuerte.

Las leyes de la naturaleza humana, 8: Cambia tus circunstancias, cambia de actitud. La ley del autosabotaje

23 de noviembre
·

Admira la grandeza humana

La admiración es el polo opuesto de la envidia: reconocemos los logros ajenos, los celebramos sin que eso nos haga sentir inseguros. Admitimos la superioridad de otros en las artes, ciencias o negocios sin que tal cosa nos aflija. Pero esto puede llegar más lejos. Cuando reconocemos la grandeza de alguien, celebramos el máximo potencial de nuestra especie. Experimentamos *Mitfreude* con lo mejor de la naturaleza humana. Compartimos el orgullo que se desprende de todo gran logro humano. Esta admiración nos eleva sobre la insignificancia de la vida diaria y tiene un efecto tranquilizador.

Ley cotidiana: Aunque es más fácil admirar sin tintes de envidia a aquellos que ya están muertos, intentemos incluir cuando menos a una persona viva en nuestro panteón. Si eres lo suficientemente joven, tales objetos de admiración también pueden servir como modelos a emular.

Las leyes de la naturaleza humana, 10: Guárdate del ego frágil. La ley de la envidia

24 de noviembre

•

Busca la atracción hacia arriba del grupo

Para un grupo, la realidad es la siguiente: el colectivo existe para emprender cosas, terminarlas y resolver problemas. Tiene ciertos recursos de los cuales echar mano: el trabajo y fortalezas de sus miembros, sus finanzas. Opera en un entorno particular casi siempre muy competitivo y en constante cambio. Un grupo saludable pone énfasis antes que nada en el trabajo, en sacar el máximo provecho de sus recursos y adaptarse a todos los ineludibles cambios. Como no pierde tiempo en interminables jugarretas políticas, este grupo puede rendir diez veces más que la variedad disfuncional. Saca a relucir lo mejor de la naturaleza humana: la empatía de la gente, su aptitud para trabajar con los demás en un alto nivel. Nos agrada mirar por la salud psicológica de los individuos y la forma en que un terapeuta podría remediar algún problema que tengan. Pero lo que no consideramos es que estar en un equipo disfuncional puede volver inestables y neuróticos a los individuos. También lo contrario es cierto: si participamos en un grupo funcional conectado con la realidad, nos sentiremos más sanos y realizados. Tales experiencias son memorables y cambian la vida. Aprendemos el valor de cooperar a un más alto nivel, de ver nuestro destino entrelazado con el de quienes nos rodean. Desarrollamos más empatía. Adquirimos confianza en nuestras capacidades, que un grupo así recompensa. Nos sentimos conectados con la realidad.

Ley cotidiana: Debes tener un entendimiento absoluto del efecto que los grupos tienen sobre tu pensamiento y tus emociones. Con tal conocimiento, podrás unirte a grupos que ejerzan sobre ti una atracción ascendente.

Las leyes de la naturaleza humana, 14: Resiste la influencia degradante del grupo

25 de noviembre

•

Transforma el amor propio en empatía

Creemos conocer muy bien a quienes tratamos. La vida puede ser ardua y tenemos muchas otras tareas que atender. Somos perezosos y preferimos depender de juicios simplificados. De hecho, sin embargo, *sí* se trata de una cuestión de vida o muerte y nuestro éxito depende del desarrollo de esas habilidades. No lo sabemos porque no vemos la relación entre nuestros problemas y la mala interpretación que hacemos de los ánimos e intenciones de la gente, ni percibimos que esto provoca que se acumulen muchas oportunidades perdidas. El primer paso es entonces el más importante: darte cuenta de que posees una magnífica herramienta social que no cultivas. La mejor manera de notarlo es hacer la prueba. Abandona tu constante monólogo interior y presta más atención a las personas. Sintoniza con los variables estados de ánimo de los individuos y el grupo. Obtén una lectura de la particular psicología de cada persona y lo que la motiva. Intenta adoptar su punto de vista, entrar en su mundo y sistema de valores. Tomarás súbita conciencia de todo un mundo de conducta no verbal cuya existencia desconocías, como si tus ojos pudieran ver de pronto la luz ultravioleta. Una vez que percibas ese poder, sentirás su importancia y distinguirás nuevas posibilidades sociales.

Ley cotidiana: Todos somos narcisistas, algunos más profundos en el espectro que otros. Nuestra misión en la vida es aceptar este amor propio y aprender cómo redirigir esta sensibilidad hacia fuera, hacia los demás, en lugar de hacia dentro.

Las leyes de la naturaleza humana, 2: Transforma el amor propio en empatía.
La ley del narcisismo

26 de noviembre

•

El sesgo de confirmación

La prueba de una inteligencia de primer nivel es la capacidad de tener en mente dos ideas opuestas al mismo tiempo y aun así conservar la capacidad de funcionar.
—F. Scott Fitzgerald

Para convencernos de que llegamos racionalmente a una idea, buscamos evidencias que sustenten nuestra opinión. ¿Qué podría ser más objetivo o científico que eso? Pero debido al principio del placer y su inconsciente influencia en nosotros, nos las arreglamos para dar con las evidencias que confirman lo que queremos creer. Esto se conoce como *sesgo de confirmación*. Cuando investigues este sesgo en el mundo, analiza las teorías que parecen demasiado buenas para ser verdad. Suelen basarse en estudios y estadísticas, muy fáciles de encontrar una vez que te convences de que tu argumento es correcto. En internet es muy sencillo hallar estudios que apoyen ambos lados de una cuestión. En general, nunca aceptes la validez de una idea sobre la base de que se apoya en "evidencias". Examina éstas a la luz del día, con todo el escepticismo que puedas.

Ley cotidiana: Tu primer impulso debería ser siempre encontrar la evidencia que desmiente tus creencias más apreciadas y aquéllas de los otros. Ésa es la verdadera ciencia.

Las leyes de la naturaleza humana, 1: Domina tu lado emocional.
La ley de la irracionalidad

27 de noviembre

•

Asume que estás juzgando equivocadamente a la gente que te rodea

El mayor peligro que enfrentas es tu suposición general de que comprendes a la gente y puedes juzgarla y clasificarla con rapidez. Parte en cambio del supuesto de que eres ignorante y tienes sesgos innatos que te harán juzgar incorrectamente a otros. Quienes te rodean exhiben la máscara que mejor se ajusta a sus propósitos y tú confundes esa máscara con la realidad. Abandona tu tendencia a hacer juicios inmediatos. Abre tu mente para que veas a la gente bajo una nueva luz. No supongas que eres afín a los otros o que ellos comparten tus valores. Cada persona que tratas es como un país aún por descubrir, con una química psicológica muy particular que deberás explorar con cuidado. Prepárate para sorprenderte con tus hallazgos.

Ley cotidiana: Este espíritu abierto y flexible es similar a la energía creativa: una disposición a considerar más posibilidades y opciones. De hecho, desarrollar tu empatía también aumentará tus poderes creativos.

Las leyes de la naturaleza humana, 2: Transforma el amor propio en empatía. La ley del narcisismo

28 de noviembre

•

Haz que el pasado reviva

Aunque no lo sepamos, somos en el presente productos variopintos de todos los cambios acumulados hasta la fecha en el pensamiento y la psicología humanos. Cuando concebimos el pasado como algo muerto, negamos lo que somos. Desconocemos nuestras raíces, nos convertimos en bárbaros y nos desconectamos de nuestra naturaleza. Tienes que alterar radicalmente tu relación con la historia y darle nueva vida dentro de ti. Comienza por elegir una época pasada de tu interés. Recrea el espíritu de esos tiempos y entra con tu imaginación en la experiencia subjetiva de los actores sobre los que lees. Ve el mundo a través de sus ojos. Sírvete de los excelentes libros escritos en los últimos cien años para hacerte una idea de la vida cotidiana en periodos particulares (como *Everyday Life in Ancient Rome*, de Lionel Casson, o *El otoño de la Edad Media*, de Johan Huizinga). En la literatura de la época detectarás el espíritu prevaleciente. Las novelas de F. Scott Fitzgerald te transportarán más vivamente a la era del jazz que cualquier libro especializado en el tema. Abandona cualquier tendencia a juzgar y moralizar.

Ley cotidiana: Las personas estaban experimentando su momento presente con un contexto que tenía sentido para ellas. Tú debes entender esto desde dentro hacia fuera.

Las leyes de la naturaleza humana, 17: Aprovecha el momento histórico.
La ley de la miopía generacional

29 de noviembre

•

El jinete y el caballo

Los antiguos griegos tenían una metáfora apropiada: el jinete y el caballo. El caballo es nuestra naturaleza emocional, que nos empuja continuamente a movernos. Este caballo tiene una energía prodigiosa, pero sin un jinete va a la deriva; es salvaje, está expuesto a depredadores y se ve inmerso en incontables problemas. El jinete es nuestro lado pensante. Mediante la enseñanza y la práctica, sostiene las riendas y guía al caballo, con lo que transforma la potente energía de este animal en algo productivo. El uno sin el otro serían inútiles. Sin el jinete, no habría movimiento ni propósito dirigidos; sin el caballo, no habría energía ni poder. En la mayoría de las personas predomina el caballo y el jinete es débil; en algunas, el jinete es demasiado fuerte, tensa mucho las riendas y en ocasiones teme permitir que el animal galope. El caballo y el jinete deben trabajar en común. Es decir, tenemos que considerar nuestras acciones con anticipación, pensar lo más posible en una situación antes de decidirnos. Pero una vez tomada una resolución, debemos soltar las riendas y actuar con osadía y espíritu de aventura. En lugar de ser esclavos de esta energía, la canalizamos. Ésta es la esencia de la racionalidad. Como ejemplo de este ideal en operación, intenta mantener un equilibrio perfecto entre escepticismo (el jinete) y curiosidad (el caballo). Así, duda de tu entusiasmo y el ajeno. No aceptes al pie de la letra las explicaciones de los demás ni su uso de "evidencias". Analiza los resultados de sus acciones, no lo que dicen de sus motivaciones. Pero si llevas esto demasiado lejos, tu mente se cerrará a ideas excéntricas y especulaciones incitantes, a la curiosidad misma. Conserva la elasticidad de espíritu que tenías de niño, cuando todo te interesaba, y preserva al mismo tiempo la obstinada necesidad de verificar y escudriñar toda idea y creencia. Ambas cosas pueden coexistir. Éste es un equilibrio que todos los genios poseen.

Ley cotidiana: No podemos divorciar las emociones del pensamiento. Ambos están completamente entrelazados. Pero inevitablemente hay un factor dominante, algunas personas claramente están más gobernadas por las emociones que otras. Aprende a canalizar tus emociones en lugar de seguirlas adonde ellas te lleven.

Las leyes de la naturaleza humana, 1: Domina tu lado emocional.
La ley de la irracionalidad

30 de noviembre

•

Avanza con un sentido de propósito

En la historia de la milicia pueden identificarse dos tipos de ejércitos: el que lucha por una causa o ideal, y el que pelea por dinero, en un mero cumplimiento de su deber. El que va a la guerra por una causa, lucha con gran intensidad. Sus miembros atan su destino individual a la causa y la nación. Están más dispuestos a morir en batalla por la causa. Sus integrantes menos entusiastas son arrebatados por el espíritu grupal. El general puede pedir más de sus soldados. Los batallones están más unificados y los líderes de los diversos batallones son más creativos. Luchar por una causa es un conocido multiplicador de fuerza: cuanto mayor es la identificación con la causa, más alta es también la moral, lo que se traduce en más fuerza. Un ejército así puede derrotar a uno mucho más grande, pero menos motivado. Algo similar puede decirse respecto a tu vida: operar con un propósito elevado es un multiplicador de fuerza. Todas tus decisiones y acciones cobran un ímpetu enorme, porque son guiadas por una idea y un propósito centrales. Los muchos lados de tu carácter son canalizados hacia ese propósito, lo que te da una energía continua. Tu concentración y aptitud para recuperarte de la adversidad te confieren un impulso irresistible. Puedes pedir más de ti mismo.

Ley cotidiana: En un mundo donde tanta gente anda deambulando, aquéllos con un sentido de propósito rebasan con facilidad al resto y atraen la atención por esto. Encuentra el tuyo y elévalo haciendo la conexión tan profunda como sea posible.

Las leyes de la naturaleza humana, 13: Avanza con un propósito.
La ley de la falta de dirección

Diciembre

Lo Sublime Cósmico

Tú determinas la cualidad de tu mente por la naturaleza de tus pensamientos cotidianos. Si estos giran alrededor de las mismas obsesiones y dramas, crearás un paisaje mental árido y monótono, y esto te hará secretamente miserable. En lugar de eso, debes buscar extender tu mente hacia fuera, dar rienda suelta a tu imaginación e intensificar tu experiencia de vida. Y lo más lejos que puedes expandir tu mente es conectándola al Sublime Cósmico. Considera lo ilimitado del espacio y el tiempo, la indescriptiblemente asombrosa cadena de eventos desencadenada por el Big Bang. Regresa a los orígenes mismos de nuestro planeta visitando ciertos paisajes primigenios. Piensa en la infinita naturaleza del cerebro humano como un espejo del infinito cosmos. Medita en nuestra mortalidad común. Todos los días estás rodeado por maravillas sin fin, y en el grado en que las dejes entrar a tu conciencia cotidiana, expandirás tu mente y reactivarás sus inmensos poderes. El mes de diciembre te ayudará a expandir tu mente hasta sus más lejanos alcances: lo Sublime Cósmico.

La muerte es nuestro miedo más grande. Pero este miedo tiene efectos de los que ni siquiera somos conscientes. Infecta nuestra vida mental en general. Secretamente infunde un miedo a la vida. Mucha de la ansiedad crónica latente que atormenta a la mayoría de nosotros está enraizada en la incapacidad para confrontar nuestra mortalidad.

Vivimos en una cultura que lleva la negación de la muerte al extremo, eliminando su presencia tanto como sea posible.

Si te remontas algunos cientos de años, no podrías evitar ver a la gente morir frente a ti. Lo verías en las calles o en tu hogar. La mayoría de la gente tenía que matar su propia comida. Veías animales siendo sacrificados frente a tus ojos.

La muerte tenía una presencia. Constantemente estaba allí. Y entonces la gente pensaba en ella todo el tiempo. Y tenían a la religión para ayudarle a mitigar la idea de su mortalidad.

Ahora vivimos en un mundo donde es totalmente lo contrario. Tenemos que reprimir el pensar siquiera en ella. No podemos verla por ningún lado. Ha sido encerrada en los hospitales, donde es sanitizada, donde sucede a puerta cerrada. Nadie habla nunca de ella. Nadie te dice que ésta es probablemente la habilidad más importante que podrías tener: saber cómo lidiar con ese miedo a la mortalidad. Nadie lo enseña. Tus padres no hablan de ello. Tu novia o novio, ellos no hablan al respecto. Nadie. Es un secretito sucio. Pero es la única realidad que tenemos. Todos vamos a morir.

Así que, si estás en negación, si lo estás reprimiendo —lo que hace la mayoría de la gente— saldrá de formas secretas. Te volverá ansioso en tu vida diaria, porque no estás enfrentando lo más importante de todo. No te das cuenta, pero te está infectando en tus decisiones del día a día, en cómo interactúas con la gente. Es muy simple: necesitas confrontar este miedo encontrar una manera de transformarlo en vitalidad y poder.

Piénsalo de este modo: podrías morir mañana. Tú no tienes control sobre ello. Quizá seas joven, quizá tengas veinticuatro años —la gente muere joven todo el tiempo. Entiende lo que eso significa —significa que tu tiempo está limitado. No tienes todas esas largas décadas de vida por delante. Tienes sueños y aspiraciones y cosas que quieres lograr —conocer la brevedad y precariedad de la vida te da un sentido de urgencia. También te hace apreciar todo lo que ves a tu alrededor. La vida se vuelve más vívida e intensa cuando comprendes que en cualquier momento puede ser arrancada de ti.

A mí personalmente se me presentó esto como una bofetada en el rostro. Dos meses después de que terminé *Las leyes de la naturaleza humana* sufrí un derrame cerebral, uno bastante severo. Fui muy afortunado de sobrevivir y no quedar con daño permanente. Fue sólo cuestión de minutos y entonces todo terminó. Estuve en coma, y al despertar, todo el lado de mi cuerpo estaba básicamente paralizado. El movimiento regresó lentamente. Pero tuve que confrontar esta realidad luego de haber escrito el capítulo sobre meditar en nuestra mortalidad común. Y lo que escribí en el libro es cierto.

Ahora miro a mi alrededor y veo todo lo que tengo —y la experiencia volvió todo más intenso. Los colores son más intensos. Los sonidos son más intensos. La sensación de estar conectado con la gente es más intensa porque ahora soy consciente no sólo de mi propia mortalidad, sino de la de la gente con la que estoy. Mi novia podría morir mañana. Mi madre y mi hermana podrían morir mañana. Mis amigos podrían morir mañana. Tengo que apreciarlos a un nivel más alto. Tengo que entender que todos tienen esto dentro de ellos. Y saber que las demás personas también están enfrentándolo es para mí una manera de conectar con ellos, una manera de profundizar mi empatía a un nivel humano muy primitivo.

El poder esencial que te dará el confrontar tu mortalidad, yo lo llamo lo Sublime. Porque también nos abre a la idea de cuán maravilloso es el mundo en el que vivimos, y cuánto damos por sentado porque pensamos que vamos a vivir para siempre. Es un concepto increíblemente importante para mí y también es muy personal, en el sentido de que yo mismo estuve a punto de morir.

Yo lo comparo con estar de pie a la orilla de un vasto océano. El miedo a ese oscuro mar te hace darte la vuelta y retirarte. Yo quiero que te subas a tu pequeño bote y quiero que entres a ese océano y lo explores.

1 de diciembre

•

Lo infinito y lo asombroso

Mientras que los otros animales agachan la cabeza con los ojos fijos en la tierra,
los dioses quisieron darle al hombre un rostro sublime, un rostro cuyos ojos pudiera
levantar al cielo y contemplar las estrellas en el firmamento.
—OVIDIO

Podemos definir lo Sublime Cósmico de la siguiente manera: es un encuentro con cualquier objeto físico que represente o implique una sensación de infinito, en el espacio o el tiempo. En el mundo antiguo, nuestros ancestros entendieron esta profunda necesidad humana. En las culturas de todo el mundo se crearon rituales, a menudo ritos de iniciación, que despertaban la conciencia a las grandiosas fuerzas que trascienden al humano. Los chamanes o los ancianos sabios a menudo servían de guías. En nuestra cultura no contamos *fácilmente* con tales guías o medios aceptados para encontrar lo Sublime Cósmico. De hecho, encontramos lo opuesto: los medios de comunicación que dominan nuestra mente nos saturan con banalidades y con los exagerados dramas del momento. Si buscamos la expansión que nos saque de nuestras rutinas mentales, estamos prácticamente solos. Por fortuna, esto no es tan difícil como podríamos imaginar: estamos rodeados por representaciones de lo infinito y lo asombroso. Lo infinito aparece de muchas formas: silencio, horizontes aparentemente interminables, espacios vacíos, etcétera. Lo que importa es nuestro nivel de sintonización con esos lugares —nuestro deseo de expandir y trascender nuestros límites habituales, y nuestra disposición para dejar las distracciones y abrirnos a los elementos. Buscamos una experiencia, no más palabrería.

Ley cotidiana: Aparta tu mente de los dramas del momento y busca la expansión.

Ley de lo Sublime, 1: Expande la mente hasta sus alcances más lejanos.
Lo Sublime Cósmico.

2 de diciembre

•

Un suceso totalmente improbable

El modelo de sentir lo sublime se ubica en el marco de nuestra meditación en la mortalidad, pero podemos adiestrar nuestra mente para que lo experimente a través de otros pensamientos y acciones. Por ejemplo, cuando miremos el cielo nocturno, permitamos que la mente comprenda el espacio infinito y la abrumadora pequeñez de nuestro planeta, perdido en medio de toda esa oscuridad. Busquemos lo sublime pensando en el origen de la vida en la Tierra, cómo surgió hace miles de millones de años, quizás en un momento particular, y lo improbable que era su aparición si se consideran los miles de factores que tuvieron que confluir para que el experimento de la vida cobrara forma en este planeta. Tan vastas cantidades de tiempo y el origen de la vida exceden nuestra capacidad de conceptualizarlos, lo que nos procura una sensación de lo sublime. Podemos llevar esto más lejos: el experimento humano comenzó hace varios millones de años, cuando nos desprendimos de nuestros antepasados primates. No obstante, a causa de nuestra débil naturaleza física y número reducido, nos vimos frente a una continua amenaza de extinción. Si ese suceso más que probable hubiera tenido lugar —como lo tuvo para muchas especies, entre ellas, otras variedades humanas—, el mundo habría dado un giro muy distinto. De hecho, el encuentro de nuestros padres y nuestro nacimiento fueron fruto de una serie de coincidencias igualmente improbables.

Ley cotidiana: Esto provoca que veamos nuestra existencia presente como individuos, algo que damos por sentado, como un suceso altamente improbable, considerando todos los elementos fortuitos que tenían que suceder.

Las leyes de la naturaleza humana, 18: Medita en nuestra mortalidad común.
La ley de la negación de la muerte

3 de diciembre

•

Voltea y enfrenta tu mortalidad

Porque siempre es así con el valor sagrado de la vida. Lo olvidamos mientras nos pertenece, y durante las horas despreocupadas de nuestra vida le prestamos tan poca atención como a las estrellas a la luz del día. La oscuridad debe caer antes de que seamos conscientes de la majestuosidad de las estrellas sobre nuestras cabezas.

—STEFAN ZWEIG

Casi todos evitamos pensar en la muerte mientras vivimos, cuando ese hecho inevitable debería estar siempre en nuestra mente. Aceptar la cortedad de la vida nos llena de propósito y apremio para cumplir nuestros objetivos. Si nos preparamos para enfrentar y admitir esa realidad, manejaremos mejor los ineludibles reveses, separaciones y crisis de la vida. Esto nos dará un sentido de la proporción, de lo que importa de verdad en nuestra breve existencia. La mayoría de la gente busca formas de distinguirse de los demás y sentirse superior; por el contrario, debemos ver la mortalidad en todos, cómo nos iguala y nos enlaza con quienes nos rodean.

Ley cotidiana: Al volvernos profundamente conscientes de nuestra mortalidad, intensificamos nuestra experiencia en cada aspecto de la vida.

Las leyes de la naturaleza humana, 18: Medita en nuestra mortalidad común.
La ley de la negación de la muerte

4 de diciembre

•

El Universo está en ti

Estoy feliz hasta el borde del miedo... De pie sobre la tierra desnuda —mi cabeza bañada por el aire alegre, levantada hacia el espacio infinito— todo miserable egoísmo se desvanece. Me convierto en un ojo transparente; no soy nada; veo todas las corrientes del Ser Universal circular a través de mí; yo soy parte o porción de Dios.
—Ralph Waldo Emerson

La forma del infinito que es quizá la más sublimemente maravillosa de contemplar es la que está más cerca de ti: tu propio cerebro. Considera lo siguiente: hay aproximadamente un millón de sinapsis (las conexiones entre las células nerviosas) en la capa cortical del cerebro humano. Como especulaba el biólogo Gerald Edelman, si tuvieras que contar dichas sinapsis a razón de una por segundo, tardarías 32 millones de años en terminar. Por tanto, si trataras de calcular todas las posibles rutas que estas sinapsis podrían tomar para conectarse, el número sería hiperastronómico —alrededor de veinte seguido de millones de ceros, una cifra mayor a la de todas las partículas con carga positiva del universo, y más que toda la materia que este contiene. El neurocientífico Christof Koch una vez declaró que el cerebro humano es "el objeto más complejo del Universo conocido". Igualmente notables son las hipervelocidades con que funciona el cerebro humano. El espacio interior del cerebro humano se corresponde con el espacio exterior del Universo; su alcance es casi infinito. (Y toda esta velocidad y poder se da en un órgano compuesto por los elementos básicos que encontramos en las rocas.)

Ley cotidiana: La grandeza del Universo está en verdad entre nosotros.

Ley de lo Sublime, 1: Expande la mente hasta sus alcances más lejanos.
Lo Sublime Cósmico.

5 de diciembre

•

Sumerge la mente en el momento

Cada mañana, antes de comer o hacer cualquier otra cosa, medito durante cuarenta minutos. Son cuarenta minutos muy intensos porque vacío mi mente. Lo he estado haciendo religiosamente cada mañana por casi una década ya, y desearía que hubiera sido por más tiempo. Piensas: "sólo cuarenta minutos", pero es intenso y extremadamente difícil. Intenta silenciar a tu mente por esa cantidad de tiempo y descubrirás lo increíblemente difícil que es. Pero es inmensamente poderoso —la habilidad de concentrarse y silenciar la mente. La mente pensante y conversadora es lo que enreda a la gente. Puedes verlo en un golfista que se prepara para un *putt* de seis metros en el hoyo dieciocho o en un bateador de beisbol en la parte baja de la novena entrada con dos *outs* o en un pateador de campo con el juego en la línea —están pensando, y ese pensamiento interrumpe el proceso físico. Incluso si tienes dominada la memoria muscular, el pensar te hará meter la pata siempre. Ésta es la razón por la que los guerreros samurái estaban obsesionados con el budismo zen y la meditación zazen. Tú crees que ese golfista o ese bateador o ese pateador están en una situación de presión, pero en una lucha de espadas es un asunto de vida o muerte. Si los samuráis no podían silenciar su mente pensante, morían. El budismo zen era una manera de alterar el entorno mental. Les otorgaba control mental. Los hacía uno con el momento.

Ley cotidiana: Éste es el punto más poderoso que puedes alcanzar en los deportes o en cualquier otra tarea —cuando dejas de pensar, estás en el momento. Vuélvelo una práctica cotidiana: concéntrate intensamente en el momento presente.

"Robert Greene: maestría e investigación", *Encontrando la maestría: conversaciones con Michael Gervais,* 25 de enero de 2017

6 de diciembre

•

¿Tiempo vivo o tiempo muerto?

Vivre sans temps mort. *(Vivir sin tiempo muerto.)*
CONSIGNA POLÍTICA PARISINA

El tiempo que estás vivo es la única posesión real que tienes. Todas las otras cosas pueden serte arrebatadas: tu familia, tu casa, tus autos, tu empleo. El tiempo que estás vivo es la única cosa que verdaderamente posees, y tú puedes regalarlo. Puedes regalarlo trabajando para otras personas —ellos poseerán tu tiempo y tú podrás ser miserable. Puedes regalarlo buscando los placeres y las distracciones externas —pasando el tiempo que tienes siendo esclavo de distintas pasiones y obsesiones. O puedes apropiarte del tiempo que estás vivo. De verdad puedes venir y tomar posesión de este tiempo y hacer que cada momento cuente. Y cuando haces esto, significa que el tiempo es tuyo. Que vive dentro de ti. Que está verde. Que está creciendo. Tú lo posees y estás haciendo que ocurra. Otra manera de verlo —la manera en la que yo siempre pienso al respecto— es apropiándote de las cosas. Todo lo que haces en la vida es un proceso de apropiamiento: de tu tiempo, tus ideas, tu vida mental, etcétera, etcétera.

Ley cotidiana: Nunca desperdicies un minuto. Aprópiate del día de hoy: sea que estés atorado en el tráfico, enfermo en cama o trabajando por largas horas.

El estoico diario, "Robert Greene sobre la idea del tiempo vivo
contra el tiempo muerto" YouTube, 10 de mayo de 2020

7 de diciembre

•

La bala en el costado

La realidad de la muerte ha caído sobre nosotros y la conciencia del poder de Dios ha hecho trizas nuestra complacencia, como una bala en el costado. Una sensación de lo dramático, de lo trágico, del infinito, ha descendido sobre nosotros y nos ha llenado de dolor, aunque también, y por encima de él, de asombro.
—FLANNERY O'CONNOR

En los años posteriores al brote de lupus que sufrió a la edad de veinticinco años, Flannery O'Connor miró fijamente el cañón del arma que le apuntaba, negándose a apartar la mirada, durante más de trece años. La proximidad de la muerte era para ella un llamado a la acción, a una sensación de urgencia, a acendrar su fe y activar su capacidad de asombro ante todos los misterios e incertidumbres de la existencia. Se sirvió de esa cercanía de la muerte para determinar lo que realmente importa y despojarse de las mezquinas querellas y preocupaciones que aquejaban a otros. La usó para anclarse en el presente y apreciar cada momento y encuentro. Acostumbramos leer con cierta distancia historias como la de Flannery O'Connor. No podemos menos que sentir cierto alivio al vernos en una posición mucho más cómoda. Pero cometemos un grave error al hacerlo. El destino de ella es el nuestro: todos moriremos algún día, todos enfrentamos hoy y siempre las mismas incertidumbres. De hecho, que para Flannery su mortalidad haya sido tan palpable y presente le dio una ventaja sobre nosotros: la impulsó a afrontar la muerte y a hacer uso de la conciencia de ella. Nosotros, por nuestra parte, podemos eludir esa idea, imaginar múltiples aspectos del tiempo que nos aguarda y abrirnos camino por la vida. Y entonces, cuando la realidad nos alcance, cuando recibamos nuestra bala en el costado en forma de una crisis profesional inesperada, el doloroso rompimiento de una relación, la muerte de alguien cercano o incluso una enfermedad que ponga en peligro nuestra vida, no estaremos preparados para manejarla.

Ley cotidiana: El destino de Flannery O'Connor es nuestro destino: todos estamos en el proceso de morir, todos enfrentamos las mismas incertidumbres.

Las leyes de la naturaleza humana, 18: Medita en nuestra mortalidad común.
La ley de la negación de la muerte

8 de diciembre

•

Conéctate con algo más grande que tú

En 1905, la escritora de veintitrés años Virginia Woolf regresó por primera vez desde su infancia a la cabaña junto al mar en Cornwall, Inglaterra, donde su familia había pasado muchos veranos idílicos. Su madre había muerto cuando ella era joven, y recientemente su padre y su hermanastra más cercana también habían muerto, y ella había caído en una profunda depresión. En el momento en que se acercó a la cabaña, vio a los fantasmas de su infancia —todas aquellas personas que habían muerto o se habían mudado lejos— habitando el lugar. La casa abandonada, con sus muebles en ruinas, le habló del inexorable paso del tiempo. Afuera, el rítmico sonido de las olas, un sonido que había sido el mismo durante millones de años en el pasado y seguiría siéndolo por el mismo periodo en el futuro, mucho tiempo después de que ella hubiera muerto, le evocó una sobrecogedora sensación de infinito. Conectada con algo mucho más grande que ella misma, volvió a experimentar las sensaciones y la intensidad de su infancia. Encontrar los Sublime Cósmico puso sus problemas y su depresión en la perspectiva correcta. A lo largo de los siguientes treinta años continuó regresando a ese lugar que la ayudó a sanar. Más tarde inmortalizó aquellas experiencias en su novela semiautobiográfica *Al faro*.

Ley cotidiana: Puedes intentar algo similar conforme envejeces, volviendo a los lugares de tu juventud o tu niñez, sintiendo el paso del tiempo a tu alrededor y conectando esto con los eternos ciclos de la naturaleza de la cual formas parte.

Ley de lo Sublime, 1: Expande la mente hasta sus alcances más lejanos.
Lo Sublime Cósmico.

9 de diciembre

•

Encuentros con lo inhumano y lo infinito

Si las puertas de la percepción fueran limpiadas, todo le parecería al hombre
tal como es: infinito.
—WILLIAM BLAKE

La mayoría de nosotros rara vez salimos de la burbuja humana en la que vivimos —estamos inmersos en palabras, símbolos, estructuras físicas y una naturaleza domesticada que lleva nuestra huella en casi todo lo que vemos. Salir de esa burbuja y viajar a lo desconocido no es suficiente. Tenderás a cargar contigo tu tecnología y los pensamientos que arrastras a todos lados donde vas. Tu cerebro está demasiado acostumbrado a sus propios patrones. Para realmente acceder a lo Sublime Cósmico donde quiera que viajes, debes seguir el proceso que describo a continuación. Primero, debes visitar lugares donde la influencia humana es nula o apenas detectable. Afortunadamente, no tienes que viajar muy lejos para esta aventura —tales lugares están por todas partes a tu alrededor y son fácilmente alcanzables. Necesitas penetrar tan profundamente como puedas en estos paisajes. Segundo, debes dejar atrás tanta tecnología como te sea posible. En este estado más desnudo, debes aceptar con gusto cualquier reto físico e incluso peligros manejables. Tercero, despójate de tus distracciones habituales, intenta dejar ir todos los patrones previos en el pensar y en el ver —regresa en el tiempo y siente la antigüedad de esos lugares, indicios de la Tierra de mucho antes de que los humanos domináramos la escena. Deja que los elementos de estos paisajes llenen tu mente tanto como sea posible y siente que te fusionas con ellos. Cuando vuelvas a tu entorno familiar, date cuenta de qué tan diferentes te parecen las cosas, y de cualquier otro cambio interno.

Ley cotidiana: Abandona hoy la burbuja humana.

Ley de lo Sublime, 1: Expande la mente hasta sus alcances más lejanos.
Lo Sublime Cósmico.

10 de diciembre

•

Ve el Todo

Los humanos tendemos a ver las cosas en aislamiento. Nos vemos a nosotros mismos y a los otros como individuos, sin darnos cuenta de cómo nuestra existencia misma, nuestra conciencia, nuestro cerebro y nuestra psicología dependen de todos aquellos que vivieron antes de nosotros, en el pasado, hasta muy atrás en el tiempo. Cuando miramos a otros animales, imaginamos un abismo insalvable entre ellos y nosotros. Los hilos que conectan todas las formas de vida simplemente no son visibles para nosotros y por lo tanto no forman parte de nuestra conciencia diaria. Tú debes entrenarte para pensar y sentir de otro modo, tratando siempre de distinguir los hilos ocultos. Imagina que hay un Todo del cual forman parte todos los eventos y fenómenos —el Todo que es tu psicología y todas tus motivaciones inconscientes que se extienden hasta tu niñez temprana; el Todo que eres tú y las numerosas influencias en tu vida, incluyendo a tus padres, amigos, sociedad y el *Zeitgeist* cultural; el Todo que eres tú y todas las generaciones pasadas de humanos que le han dado forma al mundo en el que vives; y finalmente, el Todo que eres tú y todas las formas de vida que han conducido a la evolución de los humanos y a la vida que hay dentro de ti.

Ley cotidiana: Cuando mires el mundo, deja de obsesionarte en todas las formas separadas que ves y trata de contemplarlas como una sola: una vibrante y palpitante red que se extiende a lo largo de cuatro mil millones de años hasta el presente, contigo como un diminuto pero necesario puntito en un solo hilo.

Ley de lo Sublime, 2: Despierta a la extrañeza de estar vivo. Lo Sublime Biológico.

11 de diciembre

•

El sentido de escala del niño

Si fuéramos honestos con nosotros mismos, muchos de nosotros tendríamos que admitir que sentimos una cierta monotonía en nuestras experiencias: tantas cosas parecen iguales y hay pocas cosas que nos sorprendan. Algo falta en nuestras vidas, pero es difícil señalar de qué se trata. Si nos sentimos inquietos, viajamos, tenemos una aventura amorosa, cambiamos de empleo, cualquier cosa que nos sacuda. Pero cuando la novedad se agota, la monotonía regresa. En lugar de buscar las posibles causas específicas del problema, intentemos atacarlo desde otro ángulo más global. Quizás el origen yace en el sentido general de escala que desarrollamos cuando somos adultos, y para entender el rol que esto juega en nuestros estados emocionales, tenemos que mirar a nuestra propia niñez, cuando nuestra perspectiva era muy distinta. La realidad fundamental de la infancia era nuestra pequeñez y debilidad en comparación con casi todo a nuestro alrededor. Estábamos rodeados por objetos y fuerza que nos hacían parecer enanos en tamaño y poder —árboles, edificios, colinas y montañas, el océano, las tormentas, la vida social de los adultos. Este sentimiento de pequeñez encendía en nosotros una intensa curiosidad sobre este mundo. Al tratar de comprender el mundo que nos rodeaba, de alguna manera lográbamos reducirlo de tamaño y volverlo menos atemorizante. Y cómo éramos tan pequeños en un mundo tan inmenso, todo lo que veíamos nos parecía novedoso, maravilloso y lleno de misterio.

Ley cotidiana: Trata de ver el mundo hoy con el sentido de escala que tenías cuando eras niño.

Ley de lo Sublime, 1: Expande la mente hasta sus alcances más lejanos.
Lo Sublime Cósmico.

12 de diciembre

•

Vida y muerte

Tenemos miedo de la vejez que tal vez nunca alcancemos.
—JEAN DE LA BRUYÈRE

El contraste entre vida y muerte puede describirse de la siguiente forma: la muerte es quietud absoluta, sin otro movimiento o cambio que la descomposición. Nos separa de los demás y nos deja completamente solos. La vida, en cambio, es movimiento, relación con otros seres vivos y diversidad de formas. Cuando negamos la muerte y evitamos pensar en ella, alimentamos nuestras ansiedades y nos asemejamos por dentro a ella misma: nos alejamos de los demás y nuestro pensamiento se vuelve habitual y repetitivo, con poco cambio y movimiento. Por el contrario, la familiaridad y cercanía con la muerte, la capacidad para pensar en ella, tiene el paradójico efecto de hacernos sentir más vivos.

Ley cotidiana: Al conectarnos con la realidad de la muerte, nos conectamos más profundamente con la realidad y la plenitud de la vida. Al separar la muerte de la vida y reprimir nuestra conciencia de ella, hacemos lo contrario.

Las leyes de la naturaleza humana, 18: Medita en nuestra mortalidad común. La ley de la negación de la muerte

13 de diciembre

•

Cómo ver el mundo

Concíbete como un explorador. Con el don de la conciencia, yérguete ante un vasto y desconocido universo que los seres humanos apenas comenzamos a investigar. La mayor parte de las personas prefieren apegarse a ciertas ideas y principios, muchos de ellos adoptados en los primeros años de su vida. Temen en secreto lo desconocido e incierto. Reemplazan la curiosidad por la convicción. Para cuando llegan a los treinta años de edad, actúan como si ya conocieran todo lo que necesitaban conocer. Como explorador, deja atrás todas esas certidumbres. Busca sin cesar nuevas ideas y formas de pensar. No veas límites en el alcance de tu mente y no te preocupes si pareces incongruente o desarrollas ideas que contradicen tus opiniones de meses antes. Las ideas son juguetes. Si te aferras a ellas demasiado tiempo, pasan de moda. Recupera tu espíritu y curiosidad infantil, de antes de que tuvieras un ego y que tener la razón fuera más importante que vincularte con el mundo. Explora todas las formas del conocimiento, de todas las culturas y periodos. Anhela ser desafiado. Al abrir la mente de esa forma, liberarás una fuerza creativa aún por realizar y te concederás un grandioso placer mental. Como parte de esto, accede a explorar el conocimiento que surge de tu inconsciente, el cual se revela en tus sueños, momentos de fatiga y los deseos reprimidos que escapan en determinadas circunstancias. No tienes nada que temer o reprimir. El inconsciente es sólo un ámbito más abierto a tus libres merodeos.

Ley cotidiana: Al abrir la mente de esta manera liberarás poderes creativos aún no alcanzados y te darás a ti mismo un gran placer mental.

Las leyes de la naturaleza humana, 8: Cambia tus circunstancias, cambia de actitud. La ley del autosabotaje

14 de diciembre

•

Libérate de los hábitos y la banalidad

Mientras que lo bello es limitado, lo sublime es ilimitado, de modo que la mente
en presencia de lo sublime, tratando de imaginar lo que no puede, tiene
dolor en el fracaso pero placer en contemplar la inmensidad del intento.
—IMMANUEL KANT

Experimentaremos lo sublime si contemplamos otras formas de vida. Tenemos nuestra propia creencia de la realidad con base en nuestros sistemas nervioso y de percepción, pero la realidad de los murciélagos, que perciben mediante la ecoubicación, es de un orden distinto. Ellos sienten cosas que están más allá de nuestro sistema de percepción. ¿Cómo son los elementos que no podemos percibir, las realidades invisibles para nosotros? (Los descubrimientos más recientes en la mayoría de las ciencias tienen este mismo efecto de revelación, y la lectura de cualquier revista científica de divulgación abre paso a pensamientos sublimes.) Podemos exponernos igualmente a lugares del planeta en los que nuestra brújula enloquezca, así se trate de una cultura muy distinta de la nuestra o de paisajes donde el elemento humano parezca demasiado endeble, como el mar abierto, un inmenso campo nevado o una gran montaña. Frente a lo que nos empequeñece, nos vemos obligados a invertir nuestra percepción normal, en la que somos el centro y la medida de todo.

Ley cotidiana: Frente a lo Sublime sentimos un escalofrío, un anticipo de la muerte misma, algo demasiado grande para que nuestra mente lo pueda abarcar. Y por un momento nos sacude fuera de nuestra petulancia y nos libera de la sujeción, similar a la de la muerte, del hábito y la banalidad.

Las leyes de la naturaleza humana, 18: Medita en nuestra mortalidad común.
La ley de la negación de la muerte

15 de diciembre
•

Crea una conciencia física de la muerte

Siempre haz lo que te da miedo hacer.
—Ralph Waldo Emerson

Para los samuráis japoneses, el centro de nuestros nervios más sensibles y nuestra conexión con la vida era el estómago, las vísceras; ése era también el centro de nuestra conexión con la muerte, y ellos meditaban en esa sensación lo más posible, para crear una conciencia física de la muerte. Más allá de esto, también podemos sentir algo similar en los huesos cuando nos fatigamos. A menudo percibimos esa misma sensación física antes de caer dormidos: sentimos por unos segundos que pasamos de una forma de conciencia a otra, y ese deslizamiento tiene el sabor de la muerte. No hay nada que temer en esto; de hecho, si seguimos esa dirección, disminuiremos en gran medida nuestra ansiedad crónica.

Ley cotidiana: También podemos usar nuestra imaginación para esto, visualizando el día que nos llegue la muerte, dónde podría ser, cómo podría venir. Debemos hacer esto tan vívido como sea posible. Podría ser mañana.

Las leyes de la naturaleza humana, 18: Medita en nuestra mortalidad común.
La ley de la negación de la muerte

16 de diciembre

•

La experiencia cercana a la muerte

*Podrías dejar la vida ahora mismo. Deja que eso determine
lo que haces, dices y piensas.*
—MARCO AURELIO

Hay libros escritos por personas que han tenido experiencias cercanas a la muerte y son fascinantes. La razón de este efecto puede explicarse como sigue: normalmente recorremos la vida en un intenso estado de distracción y adormecimiento, con la mirada vuelta al interior. Gran parte de nuestra actividad mental gira en torno a fantasías y rencores completamente internos y con escasa relación con la realidad. La proximidad de la muerte llama de pronto nuestra atención, ya que nuestro cuerpo entero responde a la amenaza. Sentimos una descarga de adrenalina y la sangre irrumpe en torrente en el cerebro y el sistema nervioso. Esto hace que nos concentremos más que de costumbre y notemos nuevos detalles: vemos los rostros ajenos bajo una nueva luz y sentimos la transitoriedad de todo lo que nos rodea, lo que agudiza nuestras reacciones emocionales. Este efecto puede permanecer años en nosotros, e incluso décadas.

Ley cotidiana: No podemos reproducir esa experiencia sin arriesgar nuestra vida, pero podemos experimentar un poco el mismo efecto a través de dosis más pequeñas. Debemos comenzar por meditar sobre nuestra muerte para tratar de convertirla en algo más real y físico.

Las leyes de la naturaleza humana, 18: Medita en nuestra mortalidad común.
La ley de la negación de la muerte

17 de diciembre

•

Deja que la impermanencia de todo se asimile

Si el hombre nunca se desvaneciera como el rocío de Adashino,
nunca lo haría como el humo sobre Toribeyama, sino que permanecería
para siempre en el mundo. ¡Cómo perderían las cosas su poder para movernos!
Lo más preciado de la vida es su incertidumbre.
—Yoshida Kenko

Podemos intentar mirar las cosas como si las viéramos por última vez: la gente que nos rodea, las imágenes y sonidos diarios, el rumor del tráfico, el canto de las aves, el paisaje a través de la ventana. Imaginemos que esas cosas prosiguen sin nosotros y sintamos después que volvemos a la vida: esos detalles aparecerán ahora bajo una nueva luz, no los daremos por hecho ni los percibiremos a medias. Permite que la transitoriedad de la vida y sus formas se dejen sentir en tu interior. La estabilidad y solidez de las cosas que vemos es mera ilusión. No temamos la tristeza que se deriva de esta percepción. La tensión de nuestras emociones, usualmente referida a nuestras necesidades e inquietudes, se abre ahora al mundo y a la vida, y deberíamos aceptar esto con gusto.

Ley cotidiana: El día de hoy, haz como si vieras las cosas por última vez.

Las leyes de la naturaleza humana, 18: Medita en nuestra mortalidad común.
La ley de la negación de la muerte

18 de diciembre

•

Ten un sentido de urgencia y desesperación

¡La vida es un don, la vida es felicidad, cada minuto podría haber sido una eternidad
de dicha! ¡Si acaso los jóvenes lo supieran! Mi vida cambiará a partir de ahora;
renaceré. Te juro que no perderé la esperanza, querido hermano.
Mantendré un alma pura y un corazón abierto. Renaceré para bien.
—FIÓDOR DOSTOIEVSKI

Cuando renunciamos inconscientemente a pensar en la muerte, establecemos una relación particular con el tiempo, laxa y distendida. Acabamos por imaginar que tenemos más tiempo que el real. Nuestra mente divaga en el futuro, donde todas nuestras esperanzas y deseos alcanzarán su más entera satisfacción. Si tenemos un plan o meta, no lo asumimos con mucha energía. Lo acometeremos al día siguiente, nos decimos. Quizás en el presente nos sentimos tentados a trabajar en otra meta o plan: todos parecen incitadores y diferentes, así que ¿cómo podemos comprometernos seriamente con uno u otro? Experimentamos una ansiedad generalizada, ya que percibimos la necesidad de hacer cosas, pero siempre posponemos y dispersamos nuestras fuerzas. Luego, si se nos impone una fecha límite en un proyecto, esa relación adormecida con el tiempo se hace añicos y por una misteriosa razón hallamos la concentración que requerimos para hacer en días lo que habría llevado varias semanas o meses. El cambio impuesto por la fecha límite tiene un componente físico: la adrenalina se acelera, nos llena de energía y centra la mente, que se vuelve entonces más creativa. Es tonificante sentir totalmente comprometidos el cuerpo y la mente con un propósito, algo que es raro que experimentemos hoy en el mundo, en nuestro permanente estado de distracción.

Ley cotidiana: Debemos pensar en nuestra mortalidad como una especie de fecha de vencimiento continua, dándole un efecto similar al arriba descrito a todas nuestras acciones en la vida.

Las leyes de la naturaleza humana, 18: Medita en nuestra mortalidad común.
La ley de la negación de la muerte

19 de diciembre

•

Siéntete renacido

La vida es un proceso constante de morir.
—ARTHUR SCHOPENHAUER

En 1849, el escritor Fiódor Dostoievski, quien tenía entonces veintisiete años y había sido encarcelado por participar en una supuesta conspiración contra el zar ruso, fue transportado repentinamente junto con otros presos a una plaza de San Petersburgo, donde se les dijo que serían ejecutados por sus crímenes. Esta sentencia de muerte fue por completo inesperada. Dostoievski dispuso de apenas unos minutos para prepararse a enfrentar el pelotón de fusilamiento. En esos minutos, emociones que jamás había sentido se precipitaron sobre él. Vio los rayos de luz que chocaban contra la cúpula de la catedral y comprendió que la vida era tan fugaz como ellos. Todo le pareció más vibrante. Notó las expresiones faciales de sus compañeros, y que podía ver terror detrás de su fachada de valentía. Fue como si los pensamientos y sentimientos de todos los circunstantes se hubieran vuelto transparentes. En el último minuto, un representante del zar llegó a la plaza y anunció que las sentencias habían sido conmutadas por varios años de trabajos forzados en Siberia. Completamente apabullado por ese roce psicológico con la muerte, Dostoievski se sintió renacer. Esta experiencia permaneció hendida en su interior el resto de su vida, le inspiró una nueva y sincera empatía e intensificó su capacidad de observación. Otros que también se vieron expuestos a la muerte en una forma muy personal tuvieron una experiencia parecida.

Ley cotidiana: Imagina que te has librado de una sentencia de muerte y que ahora cada día es uno que no pensabas que ibas a vivir. Vive acorde con eso.

Las leyes de la naturaleza humana, 18: Medita en nuestra mortalidad común.
La ley de la negación de la muerte

20 de diciembre

•

Comprende qué es lo importante

Actúa como mortal en todo lo que temes, y como inmortal en todo lo que desees.
—SÉNECA

Todos tenemos metas que cumplir, proyectos por llevar a cabo, relaciones que mejorar. Éste podría ser nuestro último proyecto, nuestra última batalla en la Tierra, dada la incertidumbre de la vida, y debemos comprometernos por completo con lo que hacemos. Con esta continua conciencia, veremos lo que en realidad importa, y que las querellas mezquinas y actividades extra son distracciones irritantes. Debemos perseguir la sensación de realización que se deriva de hacer cosas. Perdámonos en la sensación del flujo, en la que nuestra mente se hace uno con lo que hacemos. Cuando dejamos de trabajar, los placeres y distracciones que buscamos cobran más significado e intensidad, porque conocemos su evanescencia.

Ley cotidiana: Deja que la conciencia de la cortedad de la vida clarifique nuestras acciones diarias.

Las leyes de la naturaleza humana, 18: Medita en nuestra mortalidad común.
La ley de la negación de la muerte

21 de diciembre

•

Deja que la conciencia de la muerte disuelva nuestras diferencias

Otro año más de peste pondría fin a todos los desacuerdos. La visión de una muerte próxima, o de un mal que lleva en sí la amenaza de muerte, libraría a nuestro humor de los malos gérmenes, borraría las animosidades que existen entre nosotros y nos llevaría a ver las cosas con otros ojos.
—Daniel Defoe

En 1665, una terrible peste devastó Londres y costó la vida de cerca de cien mil personas. Daniel Defoe, más tarde escritor, tenía apenas cinco años, pero esa experiencia dejó en él una impresión duradera. Sesenta años después, decidió recrear esos sucesos a través de los ojos de un narrador mayor, para lo que se sirvió de sus recuerdos, amplias investigaciones y el diario de su tío. Fue así como creó el libro *Diario del año de la peste*. Conforme la peste arrecia, el narrador señala un fenómeno peculiar: la gente siente una empatía mucho mayor por sus conciudadanos; las diferencias entre ellos, principalmente religiosas, se desvanecen. Con esta filosofía generaremos el mismo efecto purificador de la peste en nuestras tendencias tribales y habitual egocentrismo. Debemos empezar a pequeña escala y considerar primero a quienes nos rodean en casa y en el trabajo; imaginemos su muerte y veamos cómo altera esto la forma en que los percibimos. Tenemos que ver en el presente esa singularidad del otro y sacar a relucir cualidades que habíamos dado por descontadas. Debemos experimentar su vulnerabilidad al dolor y la muerte, no nada más la nuestra.

Ley cotidiana: Experimenta la vulnerabilidad de las otras personas ante el dolor y la muerte, no solamente la tuya.

Las leyes de la naturaleza humana, 18: Medita en nuestra mortalidad común.
La ley de la negación de la muerte

22 de diciembre

•

La máxima estupidez

Sólo hay tres eventos en la vida de un hombre; nacimiento, vida y muerte;
él no es consciente de haber nacido, muere sufriendo y se olvida de vivir.
—JEAN DE LA BRUYÈRE

A menudo me preguntan qué opino de la obsesión actual de Silicon Valley de prolongar indefinidamente la vida o acabar con la muerte. Yo creo que es la máxima estupidez y he estado despotricando contra ella durante años. Es como si te alejaras corriendo de la única realidad que existe. Podemos discutir sobre lo que es la realidad. Nosotros tenemos nuestra propia realidad. Ella no es lo que ven una mosca o un murciélago. No tenemos ecolocación. Cada criatura tiene su propia realidad. Pero lo único que podemos decir es que nacemos y morimos. Y la idea de que quieras escapar de la muerte y prolongar la vida… ¿qué tan egoísta y narcisista es eso? ¿Qué pasaría si todos trataran de extender su vida unos cincuenta o cien años? ¿Qué pasaría con el planeta? Ya somos ocho mil millones de personas en la tierra. La gente tiene que morir o no tendremos recursos, no tendremos aire para respirar, agua para beber. Así que, al tratar de prolongar la vida, estás priorizándote a ti mismo. ¿Vas a consumir más Yo, más energía, a ocupar más espacio en el mundo? ¿Para que en lugar de ocho mil millones de personas tengamos quince mil millones? ¿Qué clase de locura es ésa? Es la máxima forma de la estupidez y la locura.

Ley cotidiana: Negar la mortalidad y luchar contra ella es la máxima forma de la estupidez y el mayor insulto a la naturaleza humana, como si pudieras trascenderla. No puedes trascender a la naturaleza, ella te define.

"Las leyes de la naturaleza humana: una entrevista con Robert Greene", dailystoic.com, 23 de octubre de 2018

23 de diciembre

•

Evita el Falso Sublime

El problema que enfrentamos hoy es que muchos de nosotros somos demasiado sofisticados y escépticos para considerar un concepto tan pintoresco y pasado de moda como lo Sublime, que apesta a experiencias religiosas que aparentemente hemos dejado en el pasado. Pero siempre que los humanos intentamos reprimir o negar algo tan natural e integrado a nuestra configuración psicológica, lo único que sucede es que el deseo reprimido regresa de formas corruptas, en lo que podríamos llamar el Falso Sublime. El Falso Sublime puede ser buscado a través de drogas, alcohol y cualquier clase de estimulante que temporalmente nos libere de nuestros rígidos yos y nos dé una sensación de expansión y poder, o al menos que adormezca la depresión que experimentamos en el mundo moderno. También puede ser buscado a través de videojuegos o pornografía, donde la violencia y el nivel de estimulación deben ser continuamente aumentados para tener el mismo efecto. Luego están todas las microcausas y los cultos que brotan para canalizar el desasosiego y la ira latentes en las personas. A través de estos grupos, la gente puede experimentar una salida temporal de la banalidad de sus vidas, hasta que el aura de la causa se desvanece y entonces una nueva causa debe ser encontrada. Y en esta era, la tecnología en sí misma puede convertirse en la nueva religión. Gracias a la tecnología y los algoritmos, nos decimos, podemos resolver cualquier cosa. Éstas son formas falsas por la siguiente razón: el Verdadero Sublime puede ser provocado por cualquier fuente externa —la vista de una montaña, el cielo nocturno, un encuentro con un animal, mojar una galleta en el té, una intensa experiencia de grupo, un amor profundo por una persona o por la naturaleza. Pero en estos casos, una transformación ocurre *dentro de nosotros*. Nuestra percepción se altera, nuestra mente se expande más allá del círculo. A partir de entonces, vemos el mundo de otra manera.

Ley cotidiana: El Falso Sublime proviene de una fuente externa y no deja cambios internos duraderos, con excepción de una creciente dependencia por la sustancia misma. Todas las adicciones que asolan a la humanidad del siglo XXI son formas falsas y degradadas de lo Sublime.

Ley de lo Sublime, Introducción

24 de diciembre

•

Colócate en el campo de la muerte

Los jefes militares han pensado en este asunto desde que los ejércitos existen: ¿cómo motivar a los soldados, volverlos más agresivos, más temerarios? Algunos generales han confiado en la oratoria ardiente, y los particularmente buenos en esto han alcanzado cierto éxito. Pero hace más de dos mil años, el estratega chino Sun Tzu terminó por creer que escuchar discursos, por vehementes que fueran, era una experiencia demasiado pasiva para tener un efecto duradero. Sun Tzu se refirió en cambio al "campo de la muerte", un lugar en el cual poner a un ejército contra un accidente geográfico como una montaña, río o bosque y sin vía de escape. Sin una vía de retirada, argumentaba Sun-tzu, un ejército pelea con el doble o triple del espíritu que tendría en descampado, porque la muerte está visceralmente presente. Sun Tzu abogaba por apostar deliberadamente a los soldados en el campo de la muerte para darles el filo temerario que hace que los hombres peleen como demonios. El mundo está regido por la necesidad: la gente cambia de conducta sólo si tiene que hacerlo. Sentirá urgencia sólo si su vida depende de eso.

> Ley cotidiana: Ponte en situaciones donde te sea demasiado riesgoso perder tiempo o recursos: si no puedes permitirte perder, no lo harás. Colócate en el "campo de la muerte", donde tengas la espalda contra la pared y tengas que pelear como perro para salir vivo.

Las 33 estrategias de la guerra, Estrategia 4: Genera una sensación de urgencia y desesperación. La estrategia del campo de la muerte

25 de diciembre

•

Esto tampoco durará

La mente humana naturalmente congela el inexorable paso del tiempo presentándonos imágenes estáticas de la gente, de nuestra cultura y de nuestra propia identidad. Pero si fuéramos verdaderamente sensibles a la evolución, nos daríamos cuenta de que éstas son sólo sombras pasajeras en un mundo de incesante flujo. Cada minuto de cada día estamos envejeciendo; cada encuentro con otros modifica y da forma a nuestras ideas; somos un continuo trabajo en proceso, nunca exactamente los mismos. Cómo alguna vez dijo Heráclito: "No puedes meterte dos veces al mismo río; ni es el mismo río, ni eres la misma persona". La evolución requiere de este flujo continuo y de ciclos periódicos de destrucción masiva para hacer espacio para nuevas formas y experimentos. Nosotros los humanos, sin embargo, conscientes de nuestra mortalidad, rechazamos esto; queremos aferrarnos al pasado y mentalmente detenemos el flujo. Queremos aferrarnos a nuestros agravios e incluso a nuestro dolor, al igual que a nuestros placeres —todo para crear una ilusión de permanencia interior y estabilidad. En vez de eso tenemos que aprender a soltar, a aceptar completamente todas las separaciones que la vida nos impone. Es la transitoriedad misma de nuestras experiencias y de todas las cosas vivas que nos rodean lo que les da intensidad y significado. Siente consuelo de que nada durará —ni la depresión ni las decepciones que sentimos en el presente. La sublimidad del mundo a nuestro alrededor se eleva al saber cuán corto es nuestro tiempo para atestiguarla.

Ley cotidiana: Deja ir el pasado y siente cómo te arrastra la corriente de la vida y todo el poder y la energía que nos aportará en su estela.

Ley de lo Sublime, 2: Despierta a la extrañeza de estar vivo.
Lo Sublime Biológico

26 de diciembre

•

Viaja al interior del cerebro global

Tú te vuelves lo que piensas, tus pensamientos se vuelven tu realidad. Tú creas el paisaje rico o árido de tu cerebro. Si tú constriñes tus pensamientos a la misma obsesión, al diminuto universo de tu teléfono inteligente, ése es el mundo que creas para ti. ¡Qué desperdicio de este magnífico instrumento que has heredado! Pero si intentas moverte en la dirección opuesta, notarás la dinámica opuesta: expansión continua, puertas mentales abriéndose en todas las direcciones, conexiones creativas y nuevas ideas inundando tu cerebro. No querrás parar de explorar, porque tu exploración se convertirá en una continua fuente de placer para la incansable energía de la mente humana. Ésta es una elección que tú haces. Es interesante notar cómo los humanos inconscientemente hemos creado una analogía a este espacio interior infinito en la forma del internet, una especie de cerebro global. Éste contiene casi toda la historia registrada, las ideas y experiencias de billones de personas en todos los campos y quehaceres; mucho de su contenido es una tontería, pero algo de eso contiene nuevas posibilidades en la forma de conexiones entre diferentes campos e ideas.

Ley cotidiana: En lugar de usar este notable instrumento como un medio para conseguir atención o para ventilar tu ira y exhibir tu superioridad, mira al internet bajo esta otra luz: una invitación a un fascinante viaje al interior de un cerebro global, a las sorpresas que puedes encontrar al navegar libremente en este vasto espacio y a las conexiones extraordinarias que puedes hacer.

Ley de lo Sublime, 1: Expande la mente hasta sus alcances más lejanos.
Lo Sublime Cósmico

27 de diciembre

•

Amor fati (*amor al destino*)

Mi fórmula para la grandeza en un ser humano es el amor fati: aquel que no desea ser otro que quien es, ni en el futuro, ni el pasado, ni en toda la eternidad. No sólo soportar por necesidad lo que sucede... sino amarlo.
—Friedrich Nietzsche

Lo que significa *amor fati* ("amor al destino") es lo siguiente: hay muchas cosas en la vida que no podemos controlar, y la muerte es el ejemplo más alto de ello. Experimentaremos enfermedades y dolor físico. Pasaremos por nuestra separación de otras personas. Enfrentaremos fracasos debidos a nuestros errores y la malevolencia de nuestros semejantes. Nuestra tarea es aceptar esos momentos, e incluso abrazarlos, no por su dolor sino por las oportunidades que nos brindan de aprender y fortalecernos. Afirmaremos de esta manera la vida, porque aceptamos todas sus posibilidades. Y en el núcleo de esto se encuentra nuestra completa aceptación de la muerte.

Ley cotidiana: Ponemos esto en práctica al ver continuamente los eventos como cosa del destino: todo sucede por una razón, y depende de nosotros extraer la lección.

Las leyes de la naturaleza humana, 18: Medita en nuestra mortalidad común.
La ley de la negación de la muerte

28 de diciembre
•
El cielo y las estrellas

Las estrellas... Cada noche salen estos emisarios de la belleza e iluminan el universo con su sonrisa admonitoria.
—Ralph Waldo Emerson

En un día despejado, solo con tus pensamientos y sin distracciones, mira hacia arriba y deja que tu mente se expanda junto con el infinito azul del cielo. Intenta sentir el espacio sin límites. Entonces mira al sol. Normalmente das por sentada su existencia, pero esta vez míralo como una estrella igual a cualquier otra, una que nació y está en proceso de morir. Trata de captar por un momento esta realidad absolutamente desquiciada: su perfecta distancia con la Tierra para permitir la vida; y la vida agregando tal variedad de colores iluminada por ese mismo sol. Los astronautas del *Apollo* que caminaron sobre la Luna señalaron los grises y marrones cenizos que dominan sus paisajes sin vida. Sabiendo lo improbable que es su existencia, mira el fenómeno del color en sí como algo extraordinario y maravilloso. Por la noche, date cuenta de que cuando observas la Luna o las estrellas estás viendo la misma vista que tanto deslumbró y cautivó a nuestros ancestros —los babilonios, los antiguos egipcios y griegos, los mayas, por nombrar algunos. Ellos construyeron mitos enteros y sistemas de creencias a partir del cielo nocturno, haciendo que el cosmos cobrara vida. Intenta, mientras lo asimilas, abandonar tu sofisticada perspectiva moderna y observa el cielo como algo animado —velo con ojos paganos. Cuando mires a la Luna, piensa en sus orígenes como polvo surgido de la colisión de la Tierra con Tea (un antiguo planeta de nuestro sistema solar). Reflexiona en el hecho de que, cuando miras las estrellas, estás viendo luz que ha tardado millones, a veces miles de millones de años en alcanzarnos.

Ley cotidiana: Observa el cielo y las estrellas como si los vieras por primera vez.

Ley de lo Sublime, 1: Expande la mente hasta sus alcances más lejanos.
Lo Sublime Cósmico.

29 de diciembre

•

Medita en los misterios

Empieza contigo mismo. Tu mente y tu cuerpo son unos verdaderos misterios. No tienes acceso a la fuente de tus emociones; no puedes ver dentro de tu cerebro ni el proceso que genera ciertos pensamientos, o el grado en el que tus ideas son el producto de tantísimas influencias externas. Tampoco puedes asomarte a tus procesos corporales, a la complejidad de alto nivel de todo lo que hay dentro de ti y que te hace estar vivo. Tus sensaciones sólo te revelan una versión parcial de la realidad. No puedes percibir lo que ven un murciélago o un delfín, ni escuchar lo que escucha un gato o un perro. Tantas cosas permanecen invisibles a tus sentidos. Contempla el misterio total que eres tú, y entonces expande esto hacia fuera. Realmente no tienes idea de los pensamientos y la vida interior de la gente que te rodea. Ellos son mucho más complejos de lo que imaginas. No tienes un verdadero entendimiento de las tendencias que recorren el momento presente en la cultura, ni del futuro que presagian. No comprendes el funcionamiento interior ni las experiencias de otras formas de vida, ni los orígenes de la misma Tierra sobre la que caminas. Sigue expandiéndote. Los planetas de nuestra galaxia y más allá contienen misterios sin fin, e incluso la posibilidad de formas de vida extraterrestre sumamente extrañas. El universo es en su mayoría materia oscura y energía. Estás rodeado por lo que es verdaderamente invisible. Pondera el hecho de que entre más avanza la ciencia, más misterios descubre. Sigue viajando y llega finalmente a las fronteras del Universo conocido —lo que puede haber al otro lado está más allá de lo que somos capaces de concebir, quizás el misterio máximo.

Ley cotidiana: Contempla cualquier sentimiento de incertidumbre e incluso de malestar y aférrate a él. Entre tanta incertidumbre, tu sentido latente de asombro comenzará a agitarse y las cosas empezarán a parecer novedosas y sorprendentes, como te parecían cuando eras muy joven.

Ley de lo Sublime, 1: Expande la mente hasta sus alcances más lejanos.
Lo Sublime Cósmico

30 de diciembre

•

Acepta tu insignificancia

Comienza imaginando que gradualmente te encoges hasta alcanzar el tamaño que tenías cuando eras niño. Vuelve a experimentar por un momento la sensación de pequeñez con relación a tus padres, a la escuela que asististe y al mundo físico que te rodea. Regresa a esas sensaciones de miedo y emoción frente a lo que parecía inmenso. Entonces sigue encogiéndote hasta tu primera infancia y vuelve a imaginar el sentimiento de terror que alguna vez sentiste por cualquier forma de sombras u oscuridad. Imagina que continúas encogiéndote hasta llegar a la matriz, a tus orígenes más pequeños como ser vivo a nivel celular, a las meras moléculas, luego a los átomos, a una partícula, hasta el punto de literalmente disolverte en la atmósfera —una especie de proceso de muerte invertido. Siente por un momento la pequeñez a un grado tal que nada te separe de todo en el universo.

Una vez que hayas sentido desde adentro esta disolución en la nada, piensa en lo siguiente: ésa es tu realidad como individuo en relación con el infinito espacio y tiempo.

Ley cotidiana: El hecho de que seas consciente de esta insignificancia y pequeñez es paradójicamente lo que te vuelve poderoso y significante. Es una comprensión de la realidad que ningún otro animal es capaz de tener. Tal conciencia puede empezar a devolverte tu sentido del asombro y la conexión que proviene de un sentido de escala apropiado.

Ley de lo Sublime, 1: Expande la mente hasta sus alcances más lejanos.
Lo Sublime Cósmico

31 de diciembre

•

La libertad máxima

Meditar en la muerte es meditar en la libertad. [...] Quien aprende a morir desaprende a ser esclavo. Saber cómo morir nos liberará de toda servidumbre y restricción.
—MICHEL DE MONTAIGNE

En definitiva, concibe esta filosofía de la vida a través de la muerte en estos términos: desde los albores de la conciencia humana, la muerte nos ha aterrado. Este terror ha definido nuestras creencias, religiones, instituciones y gran parte de nuestro comportamiento en formas que somos incapaces de ver o entender. Nos hemos vuelto esclavos de nuestros temores y evasiones. Cuando cambiemos esto y tomemos conciencia de nuestra mortalidad, experimentaremos un poco de la verdadera libertad. Ya no necesitaremos limitar lo que pensamos y hacemos a fin de volver predecible la vida. Podremos ser más atrevidos sin temer las consecuencias. Nos desprenderemos de todas las ilusiones y adicciones a las que recurrimos para calmar nuestra ansiedad. Nos comprometeremos por completo con nuestro trabajo, relaciones y acciones.

Ley cotidiana: Una vez que probemos un poco de esta libertad, querremos explorar más allá y expandir nuestras posibilidades tan lejos como el tiempo nos lo permita.

Las leyes de la naturaleza humana, 18: Medita en nuestra mortalidad común.
La ley de la negación de la muerte

Esta obra se imprimió y encuadernó
en el mes de septiembre de 2024,
en los talleres de Impregráfica Digital, S.A. de C.V.,
Av. Coyoacán 100-D, Col. Del Valle Norte,
C.P. 03103, Benito Juárez, Ciudad de México.